ALTIN KİTAPLAR

KİTABIN ORİJİNAL ADI	THINK AND GROW RICH
YAYIN HAKLARI	©1988 NAPOLEON HILL AKCALI TELİF HAKLARI AJANSI ALTIN KİTAPLAR YAYINEVİ VE TİCARET AŞ
KAPAK TASARIMI	THE KEY BAŞARI AKADEMİSİ
KAPAK DÜZENİ	GÜLHAN TAŞLI
BASKI	1. BASIM / NİSAN 1999 2. BASIM / OCAK 2006 3. BASIM / HAZİRAN 2007 (GENİŞLETİLMİŞ BASKI) 4, 5, 6. BASIM / 2007 7. BASIM / MAYIS 2008 8. BASIM / NİSAN 2009 9. BASIM / TEMMUZ 2010 10. BASIM / ARALIK 2012 ALTIN KİTAPLAR YAYINEVİ VE TİCARET AŞ

ISBN 978 - 975 - 405 - 883 - 3

ALTIN KİTAPLAR YAYINEVİ
Göztepe Mah. Kazım Karabekir Cad.
No: 32 Mahmutbey - Bağcılar / İstanbul
Yayınevi Sertifika No: 10766

Tel: 0.212.446 38 88 pbx
Faks: 0.212.446 38 90

http://www.altinkitaplar.com.tr
info@altinkitaplar.com.tr

DÜŞÜN VE ZENGİN OL

Napoleon Hill

TÜRKÇESİ
ZELİHA İYİDOĞAN BABAYİĞİT

GÜNCELLEYEN
THE KEY BAŞARI AKADEMİSİ

ALTIN KİTAPLAR

İÇİNDEKİLER

SIRRIN BAŞLADIĞI NOKTA

The Secret (Sır)'ın temeli olan Çekim Yasası ilk defa Amerika'da 1937'de, çok başarılı 500 insan üzerinde yaptığı (ki bunların arasında Henry Ford, Thomas Edison gibi birçok tanınmış isim de bulunmaktadır) 25 yıllık bir araştırmanın sonucunda, tüm insanlığa yaymak amacıyla Napoleon Hill tarafından yazıldı. Dünyanın en çok satan kitaplarından olan bu eser, her bölümünde sırrın farklı detaylarını içermektedir. Sırrın detaylarını tüm kitabın içine yayan Napoleon Hill'i okuyarak milyonlarca insanın hayatı değişti. *The Secret*'dan Bob Proctor'un hayatını değiştiren ve 40 yıldır Çekim Yasası'nı öğretmek için kullandığı bu kitabı anlayan ve uygulayabilen herkes tüm hayallerini gerçekleştirebilir. Sırdaki birçok öğretmenin ve dünyada birçok tanınmış ve başarılı kişinin başucu kitabı olan *Düşün ve Zengin* Ol'u bir kez okumak kesinlikle yetmez...

Mucize bir birey ya da grubun "imkânsız" olduğuna inandığı bir hedefi düşünce, motivasyon ve eylem yoluyla başarmasıdır. Hedefler ve buna ulaşma yöntemleri evrensel yasaları, Tanrı'nın kanunlarını ve insan haklarını ihlal etmediği sürece, imkânsız hedeflere ulaşılması mümkündür. Üstün başarıya sahip milyonlarca insanın hayatındaki en önemli günlerden biri Düşün ve Zengin Ol'*u okumaya başladıkları gündür. Siz de* Düşün ve Zengin Ol'*da mucizeler bulacaksınız."*

Clement Stone

Bu kitap bireylerin hayatını değiştirdiği kadar, iş dünyası için de bir dönüm noktası olmuştur. Günümüzde Çekim Yasası'nı birçok uluslararası şirket özellikle satış ve pazarlama kadrolarının eğitimleri için kullanmaktadır. Amerika'nın en büyük emlak şirketleri, sigorta şirketleri son 50 yıldaki büyümelerini yine bu sırra borçludurlar. Bob Proctor'un en büyük müşterileri Amerika'nın emlak ofisi devleridir ve Bob birçok uluslararası markaya bu konuda danışmanlık vermektedir. *Düşün ve Zengin Ol*'daki başarı formülü ile bir şirket günümüzün rekabet dünyasında kendisini ciddi şekilde ayırt edebilir.

Çekim Yasası Hızla Yayılıyor

Çekim Yasası'yla artık dünyada milyonlarca insan tanıştı. Misafirliğe gittiğimiz bir ailenin kahvaltı sohbetinde dahi annenin çocuğuna "sınavının kötü geçmesinden korkarsan, kötü geçer, o yüzden öyle düşünme" dediğine şahit olduğumda oldukça şaşırmıştım. Türkiye'de de oldukça hızlı bir şekilde benimsediğimiz bu yasayı aslında "Ne ekersen onu biçersin" atasözüyle eskilerin zaten anlamış olduğunu görüyoruz.

Tarih boyunca bir sır olarak dolaşan Çekim Yasası hayatımıza yepyeni bir bakış açısı kazandırdı ve istediklerimize ulaşmak için tüm insanlığa cesaret verdi. Siz de son dönemlerde sır ile ilgili olarak "inanılmaz bir şey bu, kesinlikle çalışıyor" cümlesini birçok kez duymuşsunuzdur. Öte yandan Bob Proctor'un Türkiye Danışmanı ve Çekim Yasası'nın Eğitmeni ve Koçu olduğumdan beri birçok kişiden "biliyorum sır gerçek ama neden olmuyor o zaman istediklerim" sorusuyla veya "bazen çalışıyor bazen çalışmıyor bu sır" gibi yorumlarla da çok karşılaşıyorum. Çekim Yasası'nı, bu yasanın bilimsel, ruhsal, maddesel yönlerini ve altında yatan evrensel kanunları 1999'dan beri araştıran biri olarak size güzel bir haberim var: aradığınız cevaplar size geliyor. İhtiyacınız olan tüm bilgileri siz fark etseniz de etmeseniz de kendinize yine bu sır aracılığıyla çekiyorsunuz. Tıpkı bu kitabı kendinize çektiğiniz ve hayatınızı değiştirmeyi seçtiğiniz gibi. Bu kitabı şu anda okuduğunuza göre yakın bir zaman önce sırrı nasıl çalıştıracağınız sorusunu sordunuz (veya hissederek düşündünüz) ve de hayatınızın belirli alanlarında daha iyi sonuçlar alabileceğinize inanıyorsunuz.

Daha çok para, daha huzurlu bir ilişki, daha mutlu bir hayat, yani tüm hayal ettiklerinize ve isteklerinize sahip olabilirsiniz, tabii formülü doğru şekilde uygulamak kaydıyla. Formülü doğru şekilde çalıştırabilmek içinde gerekli bilgileri almanız ve uygulamayla tecrübe etmeniz gerekir. Önemli olan bildikleriniz değil, YAPAbildiklerinizdir (ve yapabilecekleriniz karşısında çok şaşıracaksınız). Sır ile ilgili işte eksik kalan en önemli öğe budur: büyük bir arzuyla istediğiniz hedeflerinize ulaşmak için planınızı uygulamaya koyma yeteneği, kısaca HAREKETE GEÇMEK. Harekete geçmeden ne size gökten para yağacaktır ne de sınavdan hayal ettiğiniz notu alırsınız. "Umut bir görevdir, bir lüks değil. Umut etmek hayal kurmak değil, hayalleri gerçeğe dönüştürmektir. Hayaller kuran ve bunları gerçekleştirmek için gerekli bedeli ödemeye gönüllü olan insanlar kutsanmıştır" diyen Clement Stone bunu çok açıkça ifade etmiştir. Bu kitabı okumakla harekete geçtiğiniz için sizi tebrik ediyorum; zamanla sırrın tüm yönleriyle ilgili daha detaylı bilgi sahibi olacaksınız ve yapabildiklerinizi hızla arttıracaksınız.

"Başarı son bir nokta değil, yolculuğun kendisidir. Hayalinizdeki evde oturduğunuzda, hayalinizdeki ilişkiyi yaşadığınızda veya 1 milyon dolara sahip olduğunuzda kendinizi başarılı ya da mutlu hissetmeyeceksiniz. Kendinizi bugün, şu anda başarılı ve mutlu hissettiğinizde istedikleriniz olmaya başlayacaktır" der eğitimlerinde yine *The Secret*'dan James Arthur Ray. Yolculuğunuz boyunca size eşlik edecek bu kitabı Bob Proctor'un Türkiye Danışmanları - The KEY Başarı Akademisi olarak sizin için güncelledik. Sır ile ilgili size yardımcı olmak için birçok bilgi ve eğitim getirdik. Bu bilgiyi alıp kullanmak isteyen herkesle yolumuzun bir yerlerde kesişeceğini biliyoruz.

Düşün ve Zengin Ol

Düşün ve Zengin Ol'u ya da diğer Çekim Yasası kaynaklarını kullanarak hayatınızda yaptığınız tüm değişiklikleri bize yazın, hepimize ilham vermesi ve mutluluğun hepimize yayılması adına internet sayfamızda paylaşalım: basarihikayeleri@basariakademisi.com

The KEY Başarı Akademisi adına

Timur Tiryaki

Bob Proctor'un Türkiye Danışmanı

Çekim Yasası Eğitmeni ve Koçu

YAZARIN ÖNSÖZÜ

Bu kitabın her bölümünde, uzun yıllar boyunca incelediğim, son derece zengin 500'den fazla insana servet getiren para kazanma sırrından bahsediliyor.

Bu sırra dikkatimi, çeyrek yüzyıldan daha uzun bir süre önce Andrew Carnegie çekmişti. Bu zeki, sevimli, yaşlı İskoçyalı adam ben henüz bir delikanlıyken umursamaz bir tavırla önüme atıvermişti bu sırrı. Sonra gözlerinde mutlu pırıltılarla arkasına yaslanmış ve bana söylediği şeyin anlamını kavrayacak yapıda bir zihnim olup olmadığını görmek için dikkatle beni izlemeye başlamıştı.

Fikri kavradığımı görünce, bu fikri dünyaya, söz konusu sır olmaksızın muhtemelen hayatlarını başarısız bir şekilde sürdürecek olan insanlara yaymak için, yirmi ya da daha fazla yıl boyunca kendimi hazırlamayı isteyip istemediğimi sormuştu. İstediğimi söyledim ve Carnegie'nin işbirliğiyle sözümü tuttum.

Elinizdeki kitap bu sırrı içermektedir, hayatın hemen her adımında binlerce insan tarafından somut olarak teste tabı tutulan sırrı. Kendisine görkemli bir servet kazandıran sihirli formülün, başkalarının nasıl para kazandığını araştıracak zamanı olmayan insanlara sunulması Carnegie'nin fikriydi ve insanların deneyimleri yardımıyla formülün sağlamlığını sınayıp gösterebileceğimi umuyordu. Formülün okullarda ve üniversitelerde okutulması gerektiğine inanıyordu ve onun fikrine göre, eğer bu formül uygun bir şekilde öğretilirse bütün eğitim sistemi öyle bir evrimden geçecekti ki, okullarda geçirilen zaman yarıdan aza düşecekti.

Sırrın Şaşırtıcı Gücünü Kanıtlayan Gerçek Hikâyeler

İnanç'la ilgili bölümde, genç bir adam tarafından kurulup yönetilen Birleşik Devletler Çelik Şirketi adındaki dev bir kuruluşun şaşırtıcı hikâyesini okuyacaksınız. Bu genç adam, Carnegie'nin formülünün *hazır olan herkes için* işe yarayacağını kanıtlamıştı. Sırrın Charles M. Schwab tarafından uygulanması, kendisine hem para hem de fırsat açısından büyük bir servet kazandırmıştı. Kabaca söylemek gerekirse, bu uygulama *altı yüz milyon dolar* değerindeydi.

Bu gerçekler -ki bunları Carnegie'yi tanıyan hemen hemen herkes bilir- *ne istediğinizi bildiğiniz* takdirde bu kitabı okumanın size neler getirebileceği hakkında iyi bir fikir vermektedir.

Bu sır, Carnegie tarafından planlandığı şekliyle, onu kişisel kazançları için kullanan binlerce insana verilmiştir. Bazıları bununla bir servet kazanmıştır. Diğerleri bu sırrı evlerinde uyum yaratmak için başarılı bir şekilde kullanmıştır.

Cincinnati'li bir terzi olan Arthur Nash iflasın eşiğinde olan işini, formülü denemek için "kobay" olarak kullanmıştır. İşletme canlanmış ve sahiplerine servet kazandırmıştır. Nash olmadan da şirketin başarısı hâlâ sürüyor. Deney öylesine eşsizdi ki, gazeteler ve dergiler milyonlarca dolar değerindeki reklamın yerine geçecek tanıtımlarla bu deneyimi halka duyurdular.

Sır, Teksas, Dallas'taki Stuart Austin Wier'e kadar ulaşmıştı. O buna hazırdı; hem de o kadar hazırdı ki, mesleğini bırakıp hukuk okudu. Başarılı oldu mu? Bu hikâye de kitapta anlatılıyor.

LaSalle Üniversitesi adından başka bir özellik taşımıyorken üniversitenin reklam müdürü olarak çalışmaktaydım ve üniversitenin dekanı J. G. Chapline ile tanışma ayrıcalığına sahip oldum. J. G. Chapline sırrı o kadar etkin bir şekilde kullandı ki, LaSalle'i ülkenin en büyük üniversitelerinden biri haline getirdi.

Burada sözünü ettiğim sırdan en az yüz defa bahsedildi bu kitapta. Ama sırra doğrudan bir isim verilmedi. Çünkü sırra açılan kapı hafifçe aralandığında, onu aramakta olan ve fark edip anlayan bireyler için böylesinin çok daha faydalı olduğu görüldü. Bu nedenle Carnegie sırrı böyle sessizce vermiş, özel bir ad söylememişti bana.

Eğer kullanmaya hazırsanız her bölümde en az bir kez varacaksınız bu sırrın farkına. Keşke hazır olup olmadığınızı nasıl anlayacağınızı size söylemeye izinli olsaydım, ama bu durumda sırrın farkına kendi kendinize vardığınızda elde edeceğiniz yarar azalacaktır.

Eğer cesaretinizin kırıldığı, ruhsal gücünüzü yok eden şeyi yenmede zorluk çektiğiniz olduysa, eğer bir şeyleri deneyip başaramadıysanız, eğer bir hastalık ya da fiziksel bir sıkıntı sizin için bir engel oluşturduysa, kendi oğlumun gerçek keşif hikâyesi ve Carnegie formülünü kullanışı Kayıp Umutlar Çölü'nde aramakta olduğunuz vaha olabilir.

Bu sır, I. Dünya Savaşı sırasında Başkan Woodrow Wilson tarafından geniş ölçüde kullanılmıştı. Savaşan her askere cepheye gitmeden önce aldığı eğitime dikkatlice karıştırılmış olarak verildi bu sır.

Bu sırla ilgili garip olan bir şey, bunu bir kez elde edip kullananların kelimenin tam anlamıyla başarıya sürüklenmeleridir. Eğer bundan şüpheniz varsa ikna olmak için daha önce kullananların adlarını incelemenizi ve kayıtlarına bakmanızı tavsiye ederim.

HİÇBİR BEDEL ÖDEMEDEN BİR ŞEY ELDE EDİLEMEZ!

Burada sözünü ettiğim sırra bir bedel ödenmeden sahip olunmaz, bedeli değerinden çok daha az olsa bile. Bilinçli olarak aramayanlar hiçbir fiyata satın alamazlar bu sırrı. Öylesine verilemez, parayla satın alınamaz, çünkü iki kısım halinde bulunmaktadır. Birinci kısım bu sır için hazır olanlarda zaten bulunmaktadır.

Sır onun için hazır olan herkeste aynı şekilde işe yaramaktadır. Eğitimin bununla hiçbir ilgisi yoktur. Ben doğmadan uzun süre önce sır Thomas A. Edison'a ulaşmıştı ve sadece üç ay okula gitmiş olan Edison bunu çok zekice kullanarak dünyanın en önde gelen mucitlerinden biri olmuştu.

Sır Edison'un iş ortağı olan Edwin C. Barnes'a ulaşmıştı. O da sırrı o kadar etkin bir şekilde kullanmıştı ki, o zamanlar yılda sadece 12.000 dolar kazanıyor olmasına rağmen müthiş bir servet yapmış ve hâlâ genç bir adamken faal bir işten emekli olmuştu. Onun hikâyesini birinci bölümün başında bulacaksınız. Bu hikâye, zenginliğin sizin erişemeyeceğiniz bir yerde olmadığına, hâlâ ne istiyorsanız onu olabileceğinize, para, şöhret ve mutluluğun hazır olanlar ve bu nimeti ele geçirmeye kararlı olanlar tarafından elde edilebileceğine inanmanızı sağlayacaktır.

Bütün bunları nereden mi biliyorum? Kitabı bitirmeden bu sorunun cevabını anlamış olacaksınız. Bu cevabı ilk bölümde de anlayabilirsiniz, son sayfada da.

Carnegie'nin ricası üzerine kabul ettiğim yirmi yıllık görevi yerine getirirken yüzlerce iyi tanınmış adamı inceledim. Bu adamların çoğu büyük servetlerini Carnegie'nin sırrının yardımıyla elde ettiklerini itiraf ediyorlar; bu kişilerin arasında şu isimler bulunuyor:

Henry Ford
Theodore Roosevelt
King Gillette
Alexander Graham Bell
Thomas A. Edison
John D. Rockefeller
William Wrigley
John Wanamaker
James J. Hill
Wilbur Wright

William Jennings Bryan
Woodrow Wilson
William Howard Taft
Clarence Darrow
Elbert H. Gary

Bu isimlerin, mali ya da diğer alanlardaki başarıları Carnegie sırrını anlayıp uygulayanların hayatta yüksek yerlere ulaştıklarını kanıtlayan yüzlerce başarı hikâyesinin sadece küçük bir kısmını oluşturmaktadır. Sırrı kullanmaya karar verip de seçtiği alanda kayda değer bir başarıya ulaşmayan hiç kimseyi tanımıyorum. Sır olmaksızın kendini ünlü, seçkin biri kılan ya da her türlü zenginliği elde eden birini de tanımıyorum. Bu iki gerçekten çıkardığım sonuç, özgür irade için esas olan bilginin bir parçası olarak sırrın, "eğitim" yoluyla kazanılanlardan daha önemli olduğudur.

Okumaya devam ederken sözünü ettiğim sır sayfadan dışarı atlayıp göze çarpar şekilde karşınızda dikilecektir, tabii bunun için hazırsanız! Ortaya çıktığında onu tanıyacaksınız. İşareti ilk ya da son sayfada da alsanız, bir an için durun ve bu olay hayatınızdaki dönüm noktası olacağı için o anı kutlayın.

Kitabı okumaya devam ederken onun hayal ürünü olmayıp gerçeklerle uğraştığını, amacının hazır olanlara *neyi nasıl* yapacaklarını öğrenecekleri büyük evrensel gerçeği aktarmak olduğunu da unutmayın! Hazır olanlar bir başlangıç yapmak için gerekli uyaranı da alacaklardır.

Son bir hazırlık sözü olarak, birinci bölüme başlamadan önce size Carnegie sırrının tanınmasına ilişkin bir ipucu verecek olan küçük bir tavsiyede bulunabilir miyim? Şöyle ki: *Tüm başarıları, bütün kazanılmış zenginlikleri elde edenler her şeye bir fikirle başladılar!* Eğer sır için hazırsanız sırrın yarısına sahipsiniz demektir; bu nedenle diğer yarısını da zihninize ulaşır ulaşmaz tanıyacaksınız.

NAPOLEON HILL, 1937

BÖLÜM 1

DÜŞÜNCENİN GÜCÜ

"Düşünerek" Thomas A. Edison ile Ortak Olmanın Yolunu Bulan Adam

Gerçek anlamda "düşünceler maddedir", öyle ki kendilerini zenginliğe ya da diğer somut nesnelere dönüştürmek için amaç, kararlılık ve ateşleyici bir arzu ile birleştiğinde düşünceler sanıldığından da kuvvetli maddeler haline gelir.

Uzun yıllar önce Edwin C. Barnes, insanların gerçekten *düşünerek zengin olabildiklerinin* ne kadar doğru olduğunu keşfetmişti. Keşfi bir kerede gerçekleşmemişti. Büyük Edison'un iş ortağı olmak için yanıp tutuşan bir arzuyla başlayıp yavaş yavaş artarak gelmişti bu keşif.

Barnes'ın arzusunun en önemli özelliklerinden biri *kesin* olmasıydı. Edison'la çalışmak istiyordu, Edison *için* değil. Bu arzusunu nasıl gerçeğe dönüştürdüğüyle ilgili hikâyeyi dikkatle inceleyin. O zaman insanları zenginliğe götüren prensipleri daha iyi anlayacaksınız.

Bu arzu veya düşünce zihninde ilk kez belirdiğinde bu konuda bir şey yapabilecek durumda değildi. Yolunda iki büyük zorluk vardı. Edison'u tanımıyordu ve New Jersey, Doğu Orange'a gitmek için tren biletini ödeyebilecek parası yoktu.

Bu zorluklar birçok kişiyi bu arzu ve kararından caydırmaya yeterdi. Ama onunki sıradan bir arzu değildi!

Edison'un laboratuvarına gidip mucitle birlikte çalışmak istediğini bildirdi. Barnes'la yaptığı ilk görüşmeden yıllar sonra Edison şunları söyledi:

"Karşımda sıradan bir serseri gibi dikiliyordu, *ama yüzündeki ifade peşinden gittiği şeyi elde etmeye kararlı olduğunu açıklıyordu.* Bu adamla geçirdiğim yılların verdiği deneyimden sonra öğrendim ki, bir insan bir şeyi, bütün geleceğini tek bir tekerleğin dönüşüne bağlamaya hazır olacak kadar istiyorsa, onu elde edeceği kesindir. İstediği fırsatı verdim ona, *çünkü başarana kadar direnmeyi kafasına koymuş olduğunu gördüm. Sonraki olaylar bunun bir hata olmadığını gösterdi.*"

Edison'un ofisinde çalışmasını sağlayan şey genç adamın görünüşü olamazdı, çünkü görünüşü kesinlikle onun aleyhineydi. Önemi olan, ne *düşündüğüydü.*

Barnes ilk görüşmede Edison'un ortaklığını kazanmadı. Önemsiz bir maaşla Edison'un ofisinde çalışma şansı elde etti.

Aylar geçti. Barnes'ın *kesin ana amaç* olarak aklına koyduğu hedefi kendisine yaklaştıracak hiçbir şey olmadı. Ama Barnes'ın zihninde önemli bir şey oluyordu. Edison'un iş ortağı olma arzusu sürekli olarak yoğunlaşıyordu.

Psikologlar doğru bir şekilde derler ki, "Bir insan bir şey için gerçekten hazırsa bu, görünüşüne de yansır." Barnes, Edison'la iş ortaklığına hazırdı; üstelik aradığı şeyi elde edene dek hazır olarak beklemeye kararlıydı.

Kendi kendine, "Ah, bunun yararı ne? Galiba kararımı değiştirip satış elemanı olsam daha iyi olacak," demedi. Bunun yerine, "Buraya Edison'la birlikte çalışmaya geldim ve hayatımın sonuna kadar da sürse bunu elde edeceğim," dedi. *Kararlıydı!* Eğer kesin bir amaç edinseler ve kendilerini tüketen bir saplantı haline gelene kadar bu amaca sahip çıksalar, insanların ne kadar farklı hikâyeleri olurdu!

Belki genç Barnes o sırada bilmiyordu, ama dinmeyen kararlılığı, tek bir arzusunun arkasında durma kararlılığı bütün engelleri yıkmasını sağlayacak ve istediği fırsatı kendisine getirecekti.

Fırsat geldiğinde Barnes'ın beklediğinden farklı bir şekilde ve farklı bir yönden geldi. Bu, fırsatın hilelerinden biridir. Arka kapıdan içeri süzülmek ve talihsizlik ya da geçici yenilgi kılığına bürünmek gibi sinsi alışkanlıkları vardır fırsatın. Belki de bu yüzden birçokları fırsatı tanımada başarısız olurlar.

Edison o sırada Edison Dikte Makinesi olarak bilinen yeni bir büro aletini tamamlamıştı. Satış elemanları bu makine konusunda fazla coşkulu davranmıyorlardı. Büyük çaba harcanmadan satılamayacağını düşünmekteydiler.

Barnes, Edison Dikte Makinesi'ni satabileceğini biliyordu. Bunu Edison'a teklif etti ve hemen şansı yakaladı. Makineyi sattı. Aslında makineyi o kadar başarılı bir şekilde sattı ki, Edison ona makineyi bütün ülke genelinde pazarlayıp satma yetkisi verdi. Bu iş bağlantısıyla Barnes zengin oldu, ama çok daha büyük bir şey yaptı. İnsanın gerçekten *düşünerek zenginleşebileceğini* kanıtladı.

Barnes'ın başlangıçtaki arzusunun nakit değeri ne kadardı, bunu bilemem. Belki ona iki ya da üç milyon dolar kazandırdı, ama miktar ne olursa olsun, edindiği muhteşem bilgi ve deneyimle karşılaştırıldığında önemsiz hale geliyordu. Bu bilgi, *soyut düşüncenin* bilinen prensiplerin kullanımıyla *somut ödüllere dönüştürülebileceğiydi.*

Barnes muhteşem Edison'la ortak olmayı kelimenin tam anlamıyla *düşünerek* başarmıştı! Kendini bir servetin sahibi olarak *düşünmüştü.* Başlarken, ne istediğini bilme kapasitesi ve gerçekleştirene kadar bu arzuda direnme kararlılığı dışında hiçbir şey yoktu elinde.

Altından Bir Metre Ötede

Yenilginin en yaygın nedenlerinden biri, *geçici yenilgi* nedeniyle umutsuzluğa düşüp vazgeçme alışkanlığıdır. Herkes ara sıra bu hataya düşer.

R.U. Darby'nin amcası altına hücum günlerinde "altın tutkusu"na yakalanmış ve altın bulup zengin olmak için batıya gitmişti. *İnsanların zihninde yeryüzünden kazılandan daha fazla altın bulunduğunu duymamıştı hiç.*

Haftalar boyunca zor şartlarda çalıştıktan sonra parlayan bir maden cevheriyle ödüllendirilmişti. Cevheri yüzeye çıkaracak bir makineye ihtiyacı vardı. Sessizce madeni kapatıp Maryland, Williamsburg'daki evine geri döndü. Akrabalarına ve komşularına bulduğu "maden filizinden" söz etti. Hepsi bir araya gelip makine için gerekli olan parayı topladılar ve makineyi oraya gönderdiler. Amca ve Darby madene geri döndü.

Madenden çıkarılan ilk vagon maden tasfiyehanesine gönderildi. Sonuç, Colorado'daki en zengin maden yatağından birine sahip olduklarını gösteriyordu! Çıkarılan birkaç vagon borçları kapatacaktı. Sonra büyük kârlar gelecekti.

Kazılar başladı! Darby ve amcasının ümitleri arttı! Sonra bir şey oldu. Altın damarı ortadan kaybolmuştu! Gökkuşağının sonuna gelmişlerdi ve altın küpü orada değildi. Kazmaya devam ettiler, ümitsizce damarı yeniden bulmaya çalıştılar, ama hepsi boştu.

Sonunda *vazgeçmeye* karar verdiler.

Makineyi birkaç yüz dolara hurdacıya sattılar, trene binip eve geri döndüler. Hurdacı madene bakmak üzere bir maden mühendisi çağırdı ve biraz hesap yaptı. Mühendis projenin başarısız olduğunu, çünkü maden sahiplerinin "yanlış damarları" tanımadıklarını söyledi. Hesaplamaları damarın *Darbylerin kazmayı durdurduğu yerin bir metre ötesinde* olduğunu gösteriyordu! Tam olarak da orada bulundu.

Hurdacı madendeki cevherden milyonlarca dolar kazandı, çünkü vazgeçmeden önce bir uzmanın yardımını almayı düşünebilmişti.

Uzun süre sonra Darby arzunun altına çevrilebileceğini *keşfedince* kaybını birkaç kez telafi etti. Keşfi hayat sigortası satmaya başladığında gerçekleşti.

Altından bir metre ötede durduğu için büyük bir servet kaybettiğini hatırlayarak seçtiği işinde bu deneyiminden yararlandı. Kendi kendine durmadan şunları söyledi: "Altından bir metre ötede durdum, ama insanlardan hayat sigortası almalarını istediğimde *'hayır' derlerse* durmayacağım."

Darby yılda bir milyon doların üzerinde hayat sigortası satan küçük bir grubun içine girdi. "Kararlılığını" altın arama işindeki "vazgeçişinden" aldığı derse borçluydu.

Başarı bir insanın hayatına girmeden önce insanın geçici yenilgiler ve belki de başarısızlıklarla karşılaşacağı kesindir. Başarısızlık bir insanı ele geçirdiğinde en kolay ve en mantıklı yol vazgeçmek gibi görünür. Çoğu insanın yaptığı da budur.

Bu ülkedeki sayısı beş yüzden fazla olan en başarılı insan, yazara, en büyük başarılarının yenilgiyle karşılaştıkları noktadan bir adım *ötede* ortaya çıktığını söylemişlerdir. Başarısızlık keskin bir alaycılık ve kurnazlık gösteren bir hiledir. Başarı neredeyse elle tutulabilecekken insana çelme takmaktan büyük zevk alır.

Kararlılık Konusunda 50 Kuruşluk Bir Ders

Darby "Hayat Üniversitesi"nden mezun olduktan ve altın arama işindeki deneyiminden yararlanmaya karar verdikten kısa bir süre sonra, "Hayır"ın her zaman hayır anlamına gelmesi gerekmediğini gösteren bir yerde bulunma şansına sahip oldu.

Bir öğleden sonra eski bir değirmende buğday öğüten amcasına yardım ediyordu. Amcası ürünü paylaşan çok sayıda zenci çiftçinin yaşadığı geniş bir çiftliği çalıştırıyordu. Kapı sessizce açılmış ve küçük bir zenci kız içeri girmişti. Kiracılardan birinin kızı olan çocuk kapının yanındaki yerini almıştı.

Amca başını kaldırıp çocuğu görünce, "Ne istiyorsun?" diye bağırdı.

Çocuk uysal bir şekilde cevap verdi. "Annem ona elli sent göndermenizi söyledi."

"Bunu yapmayacağım," diye karşılık verdi amca. "Şimdi evine koş bakalım."

"Evet, efendim," dedi *ama yerinden kımıldamadı çocuk.*

Amca işine devam etti, o kadar meşguldü ki, gidip gitmediğini görmek için çocuğa dikkat etmedi bile. Bir ara başını kaldırıp hâlâ orada olduğunu görünce bağırdı. "Sana evine gitmeni söyledim! Şimdi git, yoksa seni bir güzel pataklarım."

"Evet, efendim," dedi *çocuk, ama yine kımıldamadı.*

Amca değirmene devirmek üzere olduğu buğday çuvalını yere indirdi, eline bir sopa alıp yüzünde belanın geldiğini gösteren kötü bir ifadeyle çocuğa doğru yürümeye başladı.

Darby soluğunu tutmuştu. Bir saldırıya tanık olacağından emindi. Amcasını ve öfkesini çok iyi tanırdı.

Amca çocuğun durduğu noktaya varınca kız hemen bir adım geri attı, başını kaldırıp amcanın gözlerinin içine baktı ve avazı çıktığı kadar bağırdı. "ANNEMİN ELLİ SENTE İHTİYACI VAR!"

Amca durdu, kıza bir an baktı, sonra elindeki sopayı yere bıraktı, elini cebine atıp elli sent çıkararak kıza verdi.

Çocuk parayı alıp yavaşça kapıdan çıkarken gözlerini *az önce yenilgiye uğrattığı* adamdan ayırmıyordu. Kız gittikten sonra amca bir kutunun üzerine oturup on dakikadan uzun bir süre camdan dışarıya baktı. Büyük bir hayretle az önce aldığı dersi düşünüyordu.

Darby de düşünüyordu. İlk kez küçük zenci bir çocuğun beyaz *yetişkin* bir kişiye hükmettiğini görmüştü. Bunu nasıl yapmıştı? Amcasının öfkesini yatıştırıp bir kuzu gibi uysal olmasını sağlayan şey neydi? Duruma hâkim olmasını sağlayacak ne tür yabancı bir güç kullanmıştı küçük kız? Bu ve benzeri sorular Darby'nin zihnine hücum ediyordu, ama aradan yıllar geçip bana bu hikâyeyi anlatana dek bu soruların cevabını bulamamıştı.

Garip bir şekilde, bu olağandışı deneyimin hikâyesi eski değirmende, tam amcanın dersini aldığı noktada anlatılmıştı yazara.

Biz o küflü eski değirmende dikilirken Darby olağandışı zaferin hikâyesini tekrarladıktan sonra şu soruyla bitirdi sözlerini: "Bundan ne çıkarıyorsunuz? O çocukta amcamı bu denli yenilgiye uğratan nasıl bir sıra dışı güç bulunuyordu?"

Bu sorunun cevabı bu kitapta anlatılan prensiplerde bulunacaktır. Cevap tam ve eksiksizdir. Küçük kızın kazayla kullandığı gücü herkesin anlayıp kullanmasını sağlamaya yeterli ayrıntı ve talimatları da içermektedir.

Zihninizi tetikte tutun. Küçük çocuğun imdadına nasıl bir sıra dışı gücün koştuğunu göreceksiniz. Bu gücü sonraki bölümlerde bulacaksınız. Kitapta bir yerlerde algılarınızı hızlandıracak bir fikir bulacak ve bu karşı konulmaz gücü kendi yararınıza kullanmak amacıyla elinizin altında tutacaksınız. Bu gücün farkına ilk bölümde ya da daha sonraki bölümlerde varabilirsiniz. Tek bir fikir halinde gelebilir. Ya da bir plan veya bir amaç şeklinde gelebilir. Yine, geçmiş başarısızlık ya da yenilgi deneyimlerinize geri dönmenize ve yenilgiyle kaybettiğiniz her şeyi yeniden kazanabilmenizi sağlayacak dersleri yüzeye çıkarmanıza neden olabilir.

Ben küçük zenci çocuğun bilmeden kullandığı gücü Darby'ye tarif ettikten sonra hemen kendi otuz yıllık satış elemanı deneyimlerini hatırladı ve bu alandaki başarısının tamamen küçük çocuktan öğrendiği derse bağlı olduğunu dürüstçe kabul etti.

Darby şunları ifade etti: "Potansiyel müşteri bir şey almadan beni göndermek istediğinde, eski değirmende kocaman gözleriyle meydan okuyan o küçük çocuğu görüyorum ve kendi kendime şöyle diyorum: 'Bu satışı yapmalıyım.' Yaptığım bütün satışların büyük bir bölümü insanlar 'HAYIR' dedikten sonradır."

Altından yalnızca bir metre ötede durma hatalarını o da çok iyi anımsıyor. "Ama," diyor. "Bu deneyim kılık değiştirmiş bir lütuftu. Bana, ne kadar zor olursa olsun, *devam etmeyi* öğretti. Herhangi bir şeyde başarılı olmadan önce öğrenmem gereken bir dersti bu."

Darby'nin deneyimleri sıradan ve yeterince basitti, bununla birlikte hayattaki hedefiyle ilgili cevapları barındırıyordu içinde; bu yüzden (ona göre) hayatın kendisi kadar önemliydiler. Bu çarpıcı iki deneyimden kazanç sağlamıştı, çünkü onları incelemiş ve öğrettikleri dersi almıştı. Peki ya, kendini başarıya götürebilecek bilgiyi araştırmak için başarısızlığı inceleyecek ne zamanı ne de isteği olan insanlar? Yenilgiyi fırsata giden mihenk taşlarına dönüştürme sanatını nerede ve nasıl öğrenecekler?

Bu sorulara cevap olarak bu kitap yazıldı.

Cevap on üç prensibin açıklanmasını gerektirmektedir; ancak şunu unutmayın ki, okumaya devam ettikçe hayatın garipliği üzerine düşünmenize neden olan sorular için aradığınız cevap *sizin zihninizde* bulunabilir; okudukça bir fikir, plan ya da amaç yoluyla aklınıza gelebilir.

İnsanın başarıyı yakalaması için gereken tek şey sağlam bir fikirdir. Bu kitapta anlatılan ilkeler yararlı düşünceleri yaratmanın yolunu ve araçlarını içermektedir.

Bu ilkeleri tanımlamaya geçmeden önce şu önemli tavsiyeyi almaya hakkınız olduğuna inanıyoruz:

ZENGİNLİK GELDİĞİNDE O KADAR ÇABUK VE O KADAR BOLLUK İÇİNDE GELİR Kİ, İNSAN ONCA KITLIK YILLARI BOYUNCA NEREDE SAKLANDIĞINI MERAK EDER.

Bu çok şaşırtıcı bir ifadedir. Zenginliğin sadece uzun süre boyunca çok çalışanlara geldiği şeklindeki popüler inancı göz önüne aldığımızda çok daha şaşırtıcı olmaktadır.

Düşünüp zenginleşmeye başladığınızda zenginliğin zihinsel durumla, amacın kesinliğiyle ve çok az zorlu çalışmayla başladığını göreceksiniz. Siz de herkes gibi zenginliği çekecek zihin yapısını nasıl edineceğinizi bilmek isteyebilirsiniz. Ben yirmi beş yıl boyunca bunu araştırdım, çünkü ben de "zenginlerin nasıl zengin olduklarını" bilmek istiyordum.

Bu felsefenin prensiplerini iyice öğrenip bu ilkeleri uygulamak için gerekli talimatları izlemeye başlar başlamaz, mali durumunuzun iyileşmeye başladığını ve dokunduğunuz her şeyin sizin yararınıza bir varlık haline dönüştüğünü çok yakından gözlemleyeceksiniz. İmkânsız mı? Kesinlikle hayır!

İnsanın en büyük zayıflıklarından biri, ortalama bir insanın "imkânsız" sözcüğüyle tanışıklığıdır. İşe yaramayacak her türlü kuralı bilir bu insan. Yapılamayacak her şeyi bilir. Bu kitap diğerlerini başarılı kılan kuralları arayanlar ve *her şeyini* bu kurallar *üzerine oynamaya* hazır olanlar için yazıldı.

Başarı, başarı bilinci olanlara gelir.

Başarısızlık kendilerine kayıtsız bir şekilde başarısızlık bilinci geliştirme izni verenlere gelir.

Bu kitabın amacı, zihin yapılarını başarısızlık bilincinden başarı bilincine dönüştürme sanatını öğrenmek isteyenlere yardımcı olmaktır.

Çok fazla insanda bulunan başka bir zayıflık, her şeyi ve herkesi kendi izlenim ve inançlarına göre değerlendirme alışkanlığıdır. Bu kitabı okuyan bazı insanlar düşünerek zenginleşemeyeceklerine inanırlar, çünkü düşünce alışkanlıkları yoksulluk, ihtiyaç, acı çekme, başarısızlık ve yenilgi üzerine odaklanmıştır.

Milyonlarca insan Henry Ford'un sahip olduklarına bakarak ona, talihine, şansına, dehasına veya Ford'un servetini elde etmesini neyin sağladığına inanıyorlarsa ona imrenirler. Muhtemelen her yüz bin insandan sadece bir tanesi Ford'un başarısının ardındaki sırrın ne olduğunu biliyordur ve bilenler de, bu denli basit olduğu için onun hakkında konuşmayacak kadar alçakgönüllü ya da isteksizdir. Tek bir işlem "sırrın" ne olduğunu kusursuzca ortaya koyacaktır.

Henry Ford ünlü V-8 motorunu üretmeye karar verdiğinde, sekiz silindirli motoru bir blokun içinde olacak şekilde üretmeyi tercih etti ve mühendislerine bu motor için bir tasarım hazırlamaları talimatını verdi. Tasarım kâğıt üzerinde hazırlandı, ama mühendislerin hepsi sekiz silindiri tek bir bloka yerleştirmenin *imkânsız* olduğunu düşünüyorlardı.

Ford, "Yine de üretin!" dedi.

"Ama," diye cevap verdiler. "Bu imkânsız!"

"Devam edin," dedi Ford. "Ve ne kadar sürerse sürsün başarana kadar bu işin başında kalın."

Mühendisler işe girişti. Ford ekibinde kalacaklarsa yapabilecekleri başka bir şey yoktu. Altı ay geçti, hiçbir şey olmadı. Bir altı ay daha geçti ve yine hiçbir şey olmadı. Mühendisler emirlere uymak için akla gelebilecek her türlü planı deniyorlardı, ama bu iş sadece *"imkânsızdı"*!

Yılın sonunda Ford mühendislerini kontrol etti ve yine bu emri uygulamanın hiçbir yolu olmadığını söylediler.

"Devam edin," dedi Ford. "İstiyorum ve elde edeceğim."

Devam ettiler ve derken, sanki sihirli bir değnekle dokunulmuş gibi sır keşfedildi.

Ford'un kararlılığı bir kez daha kazanmıştı!

Uzun sürmüş olabilir, ama yaklaşım ve alınan sonuç doğruydu. Siz, düşünüp zengin olmak isteyenler, eğer başarabilirseniz, bu hikâyeden Ford'un milyonlarının sırrını çıkarın. Çok uzağa bakmanız gerekmeyecek.

Henry Ford başarılı bir insandı, çünkü başarı prensiplerini *anlamış* ve *uygulamıştı*. Bunlardan biri arzu, yani ne istediğini bilmektir. Okurken bu Ford hikâyesini hatırlayın ve bu harikulade başarının sırrının tarif edildiği satırları dikkatle okuyun. Eğer bunu yapabilirseniz, eğer Henry Ford'u zengin eden o prensipleri kavrayabilirseniz, girdiğiniz hemen hemen her işte onun başarısını tekrarlayabilirsiniz.

"Kaderinizin Efendisi, Ruhunuzun Kaptanı" Sizsiniz

İngiliz şair W. Henley kehanet gibi görünen, "Ben kaderimin efendisiyim, ruhumun kaptanıyım" dizelerini yazdığında bize, düşüncelerimizi kontrol etme gücüne sahip olduğumuz *için* kaderimizin efendisi, ruhumuzun kaptanı olduğumuzu açıklamış olmalı.

Bizi, hareket ettiğimiz ve var olduğumuz, bu küçük gezegenin içinde yüzdüğü semanın inanılmaz bir hızda titreşen bir tür enerji olduğundan; zihnimizde bulunan düşüncelerin doğasına kendini uyduran; ve düşüncelerimizi onların fiziksel eşdeğerine dönüştürmek için bizi doğal yollarla etkileyen bir tür evrensel güçle dolu olduğundan haberdar etmek istemiş olmalı.

Eğer şair bize bu muhteşem gerçeği söylemiş olsaydı neden kaderimizin efendisi, ruhumuzun kaptanı olduğumuzu biliyor olurduk. Şair bize üstüne basa basa bu evrensel gücün yıkıcı ve yapıcı düşünceler arasında ayrım yapmak için hiçbir girişimde bulunmadığını; bizi en az zenginlik üzerine düşüncelerimiz için harekete geçmeye sürüklediği hızla fakirlik üzerine düşüncelerimizi fiziksel realiteye dönüştürmeye sürükleyeceğini söylemiş olmalı.

Beyinlerimizin aklımızda tuttuğumuz baskın düşüncelerle mıknatıslandığını; bu "mıknatısların" *baskın* düşüncelerimizin doğasıyla uyum sağlayan güçleri, insanları ve yaşam koşullarını bize doğru çektiğini açıklıyor olmalı.

Büyük miktarlarda zenginliğimizi oluşturmadan önce aklımızı yoğun zenginlik arzusuyla mıknatıslamamız gerektiğini; para kazanma arzusu bizi onu elde etmek için kesin bir plan hazırlamaya zorlayana dek "para bilinci" taşımamız gerektiğini söylüyor olmalı.

Ne var ki, bir filozof değil de bir şair olması nedeniyle Henley muhteşem bir gerçeği şiir tarzında yazmakla yetinmiş, dizelerinin felsefi anlamını yorumlamayı takipçilerine bırakmıştır.

Bu kitapta anlatılan prensiplerin ekonomik kaderimiz üzerinde hâkimiyet kurmanın sırrını içerdiği artık kesin olarak ortaya çıktığına göre, gerçek kendini adım adım açıklığa kavuşturacaktır.

Artık bu ilkelerin birincisini incelemeye hazırız. Açık fikirli olmaya devam edin ve okudukça bu prensiplerin tek bir insanın icadı olmadığını hatırlayın. Söz konusu ilkeler birçok insan için işe yaramıştır. Siz de bunları kendi yararınıza kullanabilirsiniz.

Bunu yapmanız zor değil, kolay olduğunu göreceksiniz.

Yıllar önce Kuzey Virginia, Salem'deki Salem Üniversitesi'nde bir diploma töreninde konuşma yapmıştım. Kitabın bir sonraki bölümünde göreceğiniz prensipten o derece güçlü bir şekilde söz etmişim ki, mezun olan sınıftaki öğrencilerden biri bunu benimseyip felsefesinin bir parçası haline getirmişti. Genç adam daha sonra milletvekili oldu ve Franklin D. Roosevelt'in yönetiminde önemli bir eleman haline geldi. Daha sonra bu prensiple ilgili fikirlerini açık bir şekilde belirten bir mektup yazdı bana. Bir sonraki bölüme giriş olarak yayınlamayı seçtiğim bu mektup gelecek olan ödüller konusunda size bir fikir verecektir:

Sevgili Napoleon:

Meclis'te milletvekili olarak verdiğim hizmet kadın ve erkeklerin sorunlarını tanımamı sağladı. Bu mektubu binlerce değerli insana yardımcı olabilecek bir öneri sunmak için yazıyorum.

1922'de, Salem Üniversitesi'nde bir diploma töreni konuşması yapmıştınız. Ben de mezun olan sınıfta bulunuyordum. O söylevde, şu anda sahip olduğum, ülkemin insanlarına hizmet etme fırsatını borçlu olduğum ve gelecekteki türlü başarımı büyük ölçüde borçlu olacağım fikri zihnime işlemiştiniz.

Henry Ford'un çok az eğitimle, tek bir doları ve nüfuzlu bir arkadaşı olmaksızın yükseklere ulaşma yöntemini muhteşem bir şekilde tasvir edişinizi bugünmüş gibi hatırlıyorum. Siz konuşmanızı bitirmeden önce, ne kadar çok güçlükle baş etmek zorunda kalırsam kalayım kendime bir yer edinmeye karar vermiştim.

Bu yıl ve önümüzdeki birkaç yıl içinde binlerce genç insan okullarını bitirecekler. Her biri benim sizden aldığım gibi pratik bir cesaretlendirme mesajı arayacaklar. Yeni bir hayata başlamak için nereye yöneleceklerini, ne yapacaklarını bilmek isteyecekler. Siz onlara söyleyebilirsiniz, çünkü çok, çok fazla insana sorunlarını çözmeleri için yardım ettiniz.

Bugün Amerika'da fikirlerini nasıl paraya dönüştüreceklerini bilmek isteyen, sıfırdan başlaması gereken, hiçbir mali desteği bulunmayan ve kayıplarını telafi etmek zorunda olan binlerce insan var. Eğer onlara yardım edecek biri varsa o da sizsiniz.

Eğer kitabı yayınlarsanız baskıdan çıkan ve tarafınızdan imzalanan ilk kopyaya sahip olmak istiyorum.

En iyi dileklerimle, bana inanın.

Saygılarımla,

JENNINGS RANDOLPH

O konuşmayı yaptıktan otuz beş yıl sonra 1957'de Salem Üniversitesi'ne tekrar gidip mezuniyet konuşmasını yapmak benim için büyük bir zevkti. O sırada Salem Üniversitesi'nde fahri Edebiyat Doktoru unvanını aldım.

1922'den beri Jennings Randolph'un ülkenin önde gelen havayolu yöneticisi, ilham verici bir konuşmacı ve Batı Virginia'dan Birleşik Devletler senatörü oluşunu izliyorum.

AKILDA TUTULMASI GEREKEN NOKTALAR

- Bir insan Edwin Barnes gibi kötü bir şekilde giyinmiş ve tek kuruşsuz olabilir, ama içinde ateşleyici olan arzu ona hayatının fırsatını getirebilir.
- Doğru yönde ne kadar uzun süre çalışırsanız başarıya o kadar yaklaşırsınız. Çok fazla insan başarı erişebilecekleri bir yerdeyken vazgeçmişlerdir. Başkasının yakalaması için bırakmışlardır başarıyı.
- *Amaç,* bütün başarıların mihenk taşıdır, büyük ya da küçük fark etmez. Güçlü bir adam, amacı olan küçük bir çocuk tarafından mağlup edilebilir. Yapacağınız işin önemi üzerindeki düşünme alışkanlıklarınızı değiştirin, imkânsız görüneni başarabilirsiniz.
- Henry Ford gibi kendi inancınızı ve kararlılığınızı diğerlerine iletebilir ve "imkânsızın" iyi bir şekilde yapılmasını sağlayabilirsiniz.
- İnsan zihni düşünebildiği ve inanabildiği her şeyi başarabilir.

BÖLÜM 2

ARZU:

Bütün Başarıların Başlangıç Noktası

(Zenginliklere Doğru 1. Adım)

Hayaller, arzu tarafından somut eylemlere dönüştürüldüğünde gerçek olur. Hayattan büyük armağanlar isteyin ve onları size vermesi için hayatı yüreklendirin.

Edwin C. Barnes, elli yıldan uzun bir süre önce New Jersey, Doğu Orange, yük treninden aşağı atladığında bir serseriye benziyor olabilirdi, ama *düşünceleri* bir dâhininkine benziyordu!

Demiryollarını izleyerek Thomas A. Edison'un ofisine doğru ilerlerken aklı durmadan çalışıyordu. Kendini *Edison'un önünde dikilirken* görüyordu. Edison'dan onu yiyip bitiren hayatının saplantısını gerçekleştirme, yani büyük mucidin iş ortağı olma fırsatını vermesini istediğini hayal ediyordu.

Barnes'ın arzusu *ümit* değildi! *Dilek* değildi! Her şeye üstün gelen güçlü bir arzuydu bu. Kararlıydı.

Birkaç yıl sonra Edwin C. Barnes, Edison'la tanıştığı ofiste dikiliyordu yine. Bu kez arzusu gerçeğe dönüşmüştü. Hayatındaki en büyük hayali gerçek olmuştu.

Barnes başarılı olmuştu, çünkü kendisine kesin bir hedef belirlemiş ve bütün enerjisini, bütün irade gücünü, tüm çabasını, her şeyini bu hedefin arkasına koymuştu.

Aradığı şans beş yıl sonra ortaya çıkmıştı. Kendisi dışında herkese göre o da Edison işindeki dişlilerin çarklarından sadece biriydi, ama kendi kafasında oraya çalışmaya gittiği ilk günden beri Edison'un iş ortağıydı o.

Bu, kesin arzunun gücünün çarpıcı bir görüntüsüdür. Barnes hedefine ulaşmıştı, çünkü Edison'la çalışmayı her şeyden çok istiyordu. Kendisini bu amaca ulaştıracak bir plan hazırladı. Ama arkasındaki bütün köprüleri yıkmıştı. Bu arzusunu, hayatına egemen olan bir saplantı halini alıncaya, sonra da gerçek oluncaya dek koruyup sürdürdü.

Doğu Orange'a vardığında kendi kendine, "Edison'u bana herhangi bir iş vermesi için ikna etmeye çalışacağım," demedi. Bunun yerine, "Edison'u göreceğim ve onunla iş yapmaya geldiğimi bildireceğim kendisine," dedi.

"Edison kuruluşunda istediğimi elde edemezsem başka bir fırsat doğana kadar gözlerimi açık tutacağım," demedi. "Bu dünyada sahip olmaya kararlı olduğum tek şey var ve bu da Thomas A. Edison'la iş ortaklığıdır. Arkamdaki bütün köprüleri yakacağım ve bütün geleceğimi istediğimi elde etme yeteneğime bağlayacağım," dedi.

Kendisine geri çekilme imkânı bırakmadı. Kazanmak ya da yok olmak zorundaydı!

Barnes'ın başarısının tüm hikâyesi buydu.

Uzun zaman önce büyük bir komutanın savaş meydanında kazanmasını garanti edecek bir karar alması gerekmişti. Askerlerini, adam sayısı kendisininkinden üstün olan güçlü bir düşmanın üzerine göndermek üzereydi. Askerlerini gemilere doldurdu, düşmanın ülkesine doğru yelken açtı, karaya varınca askerleri ve cephaneyi boşaltıp geldikleri gemilerin yakılması emrini verdi. İlk çarpışmadan önce adamlarına şöyle dedi: "Gemilerin yandığını gördünüz. Bu da, savaşı kazanmazsak bu topraklarda hayatta kalamayacağımız anlamına geliyor! Seçeneğimiz yok -kazanacağız- ya da öleceğiz!"

Kazandılar.

Üzerine aldığı her işte kazanan kişi gemilerini yakmaya ve bütün geri çekilme kaynaklarını kesmeye hazır olmalıdır. Ancak o zaman, başarı için esas olan içindeki kazanma arzusunu sürdürebilir.

Büyük Chicago yangınından sonraki sabah bir grup tüccar State Caddesi'nde durup dükkânlarından tüten dumanlara baktılar. Dükkânlarını yeniden mi yapacaklarına, yoksa ülkenin daha fazla ümit vaat eden başka bölgelerine mi gideceklerine karar vermek üzere bir toplantı düzenlediler. Bir kişi dışında herkes Chicago'yu terk etme kararı aldı.

Kalıp dükkânını yeniden inşa etmeye karar veren tüccar dükkânının enkazını işaret edip, "Beyler, kaç kere yanarsa yansın burada dünyanın en büyük mağazasını açacağım," dedi.

Bu neredeyse yüzyıl önceydi. Mağaza inşa edildi. Bugün hâlâ orada duruyor. Marshal Field'in yapabileceği kolay şey aynen arkadaşlarının yaptıkları gibi olurdu. İşler zorlaştığında ve gelecek kasvetli göründüğünde işlerin daha kolay göründüğü yere gitmek.

Marshal Field ve diğer tüccarlar arasındaki bu farka iyi dikkat edin, çünkü bu, başarılı olanlarla başarısızları ayıran aynı farktır.

Paranın amacını anlama yaşına gelen herkes onu ister. İstemek zenginliği getirmez. Ama zenginliği bir saplantı haline gelen düşünce yapısıyla arzu etmek, sonra zenginliği elde etmek için kesin planlar yapmak ve araçlar bulmak, ardından bu planları *başarısızlığı tanımayan* kararlılıkla desteklemek zenginliği getirecektir.

Arzuları Altına Çeviren Altı Adım

Zenginlik *arzusunu* parasal eşdeğerine çeviren yöntem altı kesin, pratik adımdan oluşur:

1. Zihninizde arzu ettiğiniz kesin para miktarını belirleyin. Sadece, "Çok para istiyorum," demek yeterli değildir. Miktar konusunda kesin olun. (Kesinlik konusunda daha sonraki bölümde anlatılacak olan psikolojik bir neden vardır.)
2. Arzu ettiğiniz paranın karşılığında ne verme niyetinde olduğunuza tam olarak karar verin. (Hiçbir bedel ödemeden bir şey elde edilemez.)
3. Arzu ettiğiniz parayı elde etmek için kesin bir tarih belirleyin.
4. Arzunuzu gerçekleştirmek için bir plan ortaya koyun ve hazır olsanız da olmasanız da bu planı uygulamaya koymak için hemen harekete geçin.
5. Kazanmaya niyetli olduğunuz para miktarını açıkça belirleyin; bunu kazanmak için bir zaman sınırı koyun; bu para karşılığında ne vermeye niyetli olduğunuzu belirtin; parayı kazanmak için düşündüğünüz planı açıkça tarif edin ve tüm bunları kâğıda dökün.
6. Yazılı ifadenizi günde iki kez okuyun, bir kere yatmadan hemen önce ve bir kere de kalktıktan hemen sonra. OKUDUKÇA HALİHAZIRDA O PARAYA SAHİP OLDUĞUNUZU GÖRECEK, HİSSEDECEK VE İNANACAKSINIZ.

Bu altı adımda belirtilen talimatları izlemeniz çok önemlidir. Altıncı maddedeki talimatları gözlemlemeniz ve izlemenizin özel bir önemi vardır. Paraya gerçekten sahip olmadan kendinizi "paraya sahip olarak görmenin" imkânsızlığından yakınabilirsiniz. Burada, *içinizde ateşleyici o arzunun* yardımı devreye girecektir. Eğer parayı bir saplantı derecesine getirecek kadar çok isterseniz, kendinizi bu parayı gerçekten *elde edeceğinize* ikna etmeniz çok zor olmayacaktır. Amaç, parayı istemek ve ona sahip olmaya çok kararlı olmaktır, böylece kendinizi bu paraya sahip olacağınıza *inandırabilirsiniz.*

İnsan zihninin çalışma prensipleri konusunda eğitim görmemiş, deneyimsiz kişiler için bu talimatlar pek pratik görünmeyebilir. Altı adımın sağlamlığını kabul edemeyenler için bu adımlardaki bilgilerin Andrew Carnegie'den alındığını bilmenin yardımı olabilir. Andrew Carnegie işe bir çelik fabrikasında sıradan bir işçi olarak başlamış, ama kötü başlangıcına rağmen bu prensiplerin kendisine yüz milyon dolardan fazla bir servet getirmesini sağlamayı başarmıştı.

Burada önerilen altı adımın Thomas A. Edison tarafından titizlikle incelendiğini, bu adımların sadece para kazanmak için değil, her türlü hedefin gerçekleştirilmesinde önemli olduğunun onaylandığını bilmenin de yardımı olabilir.

Adımlar "zorlu bir çalışmayı" ve herhangi bir özveriyi gerektirmemektedir. İnsanın gülünç ya da saf görünmesine neden olmamaktadır. Bunları uygulamak önemli ölçüde eğitim görmüş olmayı da gerektirmez. Ancak bu altı adımın başarıyla uygulanması, insanın para kazanmanın şansa, talihe, kadere bırakılamayacağını görmesini ve anlamasını mümkün kılacak yeterli *hayal gücünü* gerektirmektedir. İnsan şunu fark etmelidir ki, büyük servetleri elde edenlerin hepsi parayı gerçekten kazanmadan *önce* belli bir ölçüde hayal kurmuş, ümit etmiş, arzu etmiş, dilemiş ve plan yapmıştır.

Sizin de biliyor olduğunuz gibi, kendinizi paraya duyulan *arzunun* beyaz alevlerine bırakmadığınız ve gerçekten bu paraya sahip olacağınıza *inanmadığınız takdirde* büyük miktarda zenginliğe sahip olamazsınız.

Zenginlik yarışındaki bizler, içinde yaşadığımız değişen dünyanın yeni fikirler, yeni yollar, yeni liderler, yeni icatlar, yeni öğretme yöntemleri, yeni pazarlama yöntemleri, yeni kitaplar, yeni edebiyat, yeni televizyon özellikleri, filmler için yeni fikirler talep ettiğini bilmelidir. Tüm bu ve daha iyisi, yenisi talebinin ardında, bir insanın kazanmak için sahip olması gereken bir nitelik bulunmaktadır. Bu nitelik insanın *belirli bir amaca* sahip olması, ne istediğini bilmesi ve ona sahip olmak için ateşleyici bir arzu duymasıdır.

Zenginliğe ulaşmak isteyen bizler, dünyanın gerçek liderlerinin, doğmamış fırsatın elle tutulmayan, gözle görülmeyen güçlerini uygulamaya sokan insanlar olduklarını unutmamalıyız. O insanlar bu güçleri (kendi düşüncelerini) gökdelenlere, şehirlere, fabrikalara, uçaklara, otomobillere ve hayatı daha hoş yapan her türlü rahatlık şekline dönüştürdüler.

Kendi zenginlik payınızı kazanmayı planlarken kimsenin hayallerinizi küçümsemeniz için sizi etkilemesine izin vermeyin. Bu değişen dünyada büyük şeyler kazanmak için geçmişte hayalleri uygarlığa çok şey katan büyük öncülerin ruhunu yakalamanız gerekir; bu ruh toplumun can damarı işlevini görmektedir: Sizin ve benim kendi yeteneklerimizi geliştirme ve pazarlama fırsatımızdır bu. Kolomb'un bilinmeyen bir dünya hayal ettiğini, bütün hayatını bu dünyanın varlığına adadığını ve sonunda bu dünyayı bulduğunu unutmayalım. Büyük astronom Kopernik, birden fazla dünya üzerine bir hayal kurdu ve diğer gezegenleri keşfetti. Zaferinden sonra kimse onu pratik olmamakla suçlamadı. Tam tersine dünya onun buluşuna hayranlık besledi ve bir kez daha kanıtlanmış oldu ki *başarı anlayış dilemeyi gerektirmez, başarısızlık ise mazeret kabul etmez.*

Eğer yapmayı istediğiniz şey doğruysa ve ona inanıyorsanız gidip onu yapın! Hayallerinizi gerçekleştirin ve eğer geçici bir yenilgiyle karşılaşırsanız "onların" ne dediklerine aldırmayın, çünkü "onlar" belki de her yenilginin aynı düzeydeki başarı tohumlarını getirdiğini bilmiyorlardır.

Thomas Edison elektrikle çalışan bir ampulü hayal etti, *on binlerce kez* yaşadığı *yenilgiye* rağmen fiziksel gerçekliğe dönüştürene dek bu hayalin peşinden ayrılmadı. Pratik hayalciler *asla vazgeçmez!*

Lincoln siyahi kölelerin özgürlüğünü hayal etti, hayalini harekete geçirdi ve son nefesini birleşmiş Kuzey ve Güney'in hayalini neredeyse gerçeğe dönüştürdüğünü görerek verdi. Wright Kardeşler havada uçan bir makine hayal ettiler. Hayallerinin gerçek olduğunu dünyadaki herkes biliyor. Marconi havadaki elle tutulmayan güçleri idare etmek için bir sistem hayal etti. Hayalinin boş olmadığı dünyadaki radyo ve televizyon sistemlerinde görülebilir. Kablo veya diğer fiziksel iletişim araçlarının yardımı olmaksızın hava yoluyla mesaj gönderme prensibini keşfettiğini söylediğinde, Marconi'nin "dostlarının" onu hapse attırıp akıl hastanesinde muayene ettirdiklerini bilmek sizin için ilginç olabilir. Bugünün hayalcileri daha şanslı.

Dünya geçmişin hayalcilerinin hiç bilmediği fırsat bolluğuyla dolu. Ateşleyici arzu hayalcinin başlangıç noktasını oluşturmalıdır. Hayaller ilgisizlikten, tembellikten veya yetersiz hırstan doğmaz. Hayatta başarılı olanların kötü bir başlangıçtan yola çıktıklarını ve hedefe "varmadan" önce birçok kalp kırıcı mücadele geçirdiklerini unutmayın. Başarılı olanların hayatlarındaki dönüm noktası genellikle "diğer benlikleriyle" tanıştıkları bir kriz anıdır.

John Bunyan dinle ilgili düşünceleri yüzünden hapse atılıp kötü şekilde cezalandırıldıktan sonra İngiliz Edebiyatı'nın en iyi örneklerinden biri olan *The Pilgrim's Progress*'i yazmıştır.

O. Henry büyük bir talihsizlik yaşayıp Ohio, Columbus'ta hapis yattıktan sonra beyninin içinde uyuyan dâhiyi keşfetmişti. Yaşadığı talihsizlik yüzünden "diğer benliğiyle" tanışmaya ve hayal gücünü kullanmaya zorlanmış, kendisinin sefil bir suçlu ve serseri değil, harika bir yazar olduğunu keşfetmişti.

Charles Dickens ayakkabı boya kutularının üzerine etiketler yapıştırarak başlamıştı işe. İlk aşkının trajedisi ruhunun derinliklerine işlemiş ve onu dünyanın en büyük yazarları arasına sokmuştur. Bu trajedi ilk önce

David Copperfield'i, daha sonra da bu dünyayı onları okuyanlar için daha zengin ve daha iyi hale getiren diğer başarılı çalışmaları ortaya çıkarmıştır.

Hellen Keller doğumundan kısa bir süre sonra sağır, dilsiz ve kör olmuştu. Büyük talihsizliğine rağmen, adını harika bir geçmişin sayfalarına silinmez şekilde yazmayı başarmıştı. Bütün hayatı, *yenilgi bir gerçeklik olarak kabul edilene dek kimse yenilemez* sözünün açık bir kanıtı olmuştur.

Robert Burns okuması yazması olmayan bir köylüydü. Büyük yoksulluk içinde doğmuştu ve sonuçta bir ayyaş olmuştu. Ama bu dünya o yaşadığı için daha iyi bir yer haline gelmişti, çünkü o güzel düşüncelerini şiirle ifade etmişti.

Beethoven sağırdı, Milton kördü, ancak onların isimleri dünya devam ettiği sürece akıllarda kalacak, çünkü onlar hayal ettiler ve hayallerini belli bir düzen içinde düşüncelere dönüştürdüler.

Bir şeyi istemekle onu almaya hazır olmak arasında fark vardır. Hiç kimse bir şeyi kazanacağına inanana dek hazır değildir. Kişinin kafasında inanç olmalıdır, sadece ümit ya da istek değil. Açık fikirlilik inanç için esastır. Dar görüşlülük güven, cesaret ya da inanç esinleyemez.

Şunu unutmayın, hayatta yüksek hedefleri olmak, bolluk ve zenginlik talep etmek, perişanlık ve yoksulluğu kabul etmekten daha büyük bir çaba gerektirmez. Muhteşem bir şiir bu evrensel gerçeği şu dizelerle dile getirmektedir:

Hayat'la tek kuruş için pazarlık edeyim derken
Tek kuruştan fazlasını vermedi bana,
Yine de tek kuruşluk servetimi sayarken
Dahası için her gece yalvardım ona.

Çünkü Hayat sadece bir işverendir,
Ne isterseniz verir onu,
Herkes kendi ücretini belirleyendir,
Katlanır kaç sıfırlıysa maaşının sonu.

Bayağı işlerde çalışmam gerekti,
Dehşetle şunu öğrenmek için,
Hazırdı Hayat her neyse,
İstediğim ücreti vermek için.

Arzu "İmkânsızı" Gerçeğe Dönüştürür

Bu bölümün doruk noktası olarak, size şimdiye kadar tanıdığım en olağanüstü insanı tanıtmak istiyorum. Onu doğumundan birkaç dakika sonra gördüm. Dünyaya fiziksel olarak işitme duyusu olmaksızın geldi ve doktoru biraz zorlayınca çocuğun hayatı boyunca sağır ve dilsiz olarak kalabileceğini söyledi.

Doktorun sözlerine meydan okudum. Bunu yapmaya hakkım vardı; çünkü çocuğun babasıydım. Bir karara varıp ben de bir fikir ileri sürdüm, ama bunu kalbimin derinliklerinde sessizce yaptım.

Zihnimde çocuğumun duyup konuşacağını biliyordum. Nasıl? Bir yol olduğundan emindim ve bunu bulacaktım. Ölümsüz Emerson'un sözlerini düşündüm: "Her şeyin gidişi bize inancı öğretmek içindir. Sadece itaat etmemiz gerekir. Her birimiz için bir rehber vardır ve dikkatlice dinleyerek *doğru sözcüğü* duyabiliriz."

Doğru sözcük mü? ARZU! Oğlumun sağır ve dilsiz olmamasını her şeyden çok arzu ettim. O arzudan asla vazgeçmedim, bir saniye bile.

Bu konuda ne yapabilirdim? Bir şekilde bir yol bulacak ve kulaklarının yardımı olmaksızın sesleri beynine ulaştıracak araç ve yöntemlere duyduğum ateşleyici arzumu bu çocuğun zihnine yerleştirecektim.

Çocuk işbirliği yapacak çağa ulaşır ulaşmaz kafasını dünyayı duyma arzusuyla öylesine dolduracaktım ki, doğa bunu kendi yöntemleriyle gerçeğe dönüştürecekti.

Bütün bu düşünceler zihnimde yer alıyor, ama kimseye bu konuda bir şey söylemiyordum. Her gün kendi kendime oğlumun sağır ve dilsiz olmayacağını tekrarlıyordum.

Büyüyüp etrafındaki şeylerin farkına varmaya başladığında hafif derecede duyabildiğini fark ettik. Çocukların normalde konuşmaya başladıkları çağa geldiğinde konuşma girişiminde bulunmadı, ama hareketlerinden bazı sesleri hafifçe duyabildiğini anlıyorduk. Benim bütün bilmek istediğim de buydu! Eğer çok az da olsa duyabiliyorsa, daha büyük bir duyma kapasitesi geliştirebilirdi. Sonra meydana gelen bir şey bana ümit verdi. Tamamen beklenmedik bir kaynaktan geliyordu bu.

Bir pikap satın aldık. Çocuk müziği ilk kez duyduğunda sevinçten neredeyse kendinden geçiyordu. Pikabı hemen sahiplendi. Bir keresinde bir plağı iki saat boyunca tekrar tekrar çaldı, bu arada *dişlerini* pikabın *muhafazasına geçirmiş* bir şekilde ayakta duruyordu. Bu alışkanlığın anlamını ancak birkaç yıl sonra anlayabildik, çünkü o sırada "kemik iletisi" diye bir prensip duymamıştık.

Pikabı edindikten kısa bir süre sonra dudaklarımı onun kulak arkasındaki çıkıntılı mastoid kemiğine değdirerek konuştuğumda beni oldukça açık bir şekilde duyabildiğini keşfettim.

Sesimi normal şekilde duyabileceğine karar vererek hemen onun kafasına duyma ve konuşma arzusunu yerleştirmeye başladım. Kısa süre sonra onun yatmadan önce hikâye dinlemeyi sevdiğini anladım, bu yüzden onda kendine güven, hayal gücü, *işitme ve normal olma arzusunu* geliştirecek hikâyeler uydurmaya başladım.

Özellikle bir hikâye vardı. Bu hikâyeyi her anlatışımda yeni ve çarpıcı renkler katıyordum. Onun kafasına sahip olduğu derdin bir eksiklik değil, büyük değer taşıyan özellik olduğunu yerleştirme amacını taşıyordu bu hikâye. İncelediğim felsefenin, her sıkıntının eşdeğerde bir avantaj tohumunu da birlikte getirdiğini göstermesine rağmen, itiraf etmeliyim ki, bu derdin değerli bir özellik haline *nasıl* dönüştürülebileceği konusunda en ufak bir fikrim bile yoktu.

Bu deneyimi geçmişe dönük olarak incelediğimde, oğlumun *bana olan inancının* elde ettiğimiz şaşırtıcı sonuçlarla ilişkili olduğunu görebiliyorum. Ona söylediğim hiçbir şeyi sorgulamazdı. Onun ağabeyine karşı belirgin bir *avantajı* olduğu ve bu avantajın birçok şekilde kendini göstereceği fikrini aşılamıştım ona. Örneğin, okuldaki öğretmenleri onun işitme duyusu olmadığını görecek ve ona özel bir ilgi gösterip olağanüstü yumuşak davranacaklardı. Her zaman böyle yaptılar. Gazete satacak yaşa geldiğinde (ağabeyi o sırada gazete satıcısıydı) ağabeyine göre avantajı olacağını, çünkü insanların işitmediği halde zeki ve çalışkan bir çocuk olduğunu görüp ona fazladan para verecekleri fikrine de inandırmıştım onu.

Yedi yaşlarındayken "programlama" yöntemimizin meyve vermeye başladığına dair ilk kanıtları gördük. Birkaç ay boyunca gazete satma ayrıcalığına sahip olmak için yalvardı, ama annesi bu işe izin vermiyordu.

Sonunda konuya kendi el koydu. Bir gün evde bakıcılarla yalnızken mutfak camından dışarı çıkıp tek başına yola koyuldu. Mahalledeki ayakkabıcıdan sermaye olarak altı sent borç aldı, bunu gazeteye yatırdı, gazeteleri satıp yenilerini aldı, tekrar sattı, akşamın geç saatlerine dek bu işi sürdürdü. Hesaplarını yapıp ayakkabıcıdan aldığı altı senti geri ödedikten sonra net kırk iki sent kalmıştı elinde. O gece eve geldiğimizde parayı avucunun içinde sıkıca kavramış olarak uyurken bulduk onu.

Annesi elini açtı, paraları alıp ağladı. Oğlunun ilk zaferine ağlamak çok uygunsuz bir davranış olarak görünmüştü bana. Benim tepkim tam tersiydi. Yürekten kahkahalar atıyordum, çünkü kendine inanç tutumunu çocuğumun zihnine sokmak için gösterdiğim çabalar başarılı olmuştu.

Annesi, küçük sağır oğlunun ilk iş girişimini sokaklara çıkıp para kazanmak için hayatını riske atmak olarak görmüştü. Bense, kendi inisiyatifiyle işe girişip kazandığı için kendine güveni yüzde yüz artan cesur, kendine güvenli, küçük bir işadamı görüyordum. Bu iş beni sevindirmişti, çünkü hayatı boyunca ona yardım edecek beceriklİliği konusunda yeterli kanıt göstermişti.

Küçük sağır çocuk, çok yakından bağırmadıkları takdirde öğretmenlerini duymadan liseyi, üniversiteyi bitirdi. İşitme engelliler okuluna gitmedi. İşaret dilini öğrenmesine izin vermedik. Normal bir hayat sürüp normal çocuklarla arkadaşlık etmesinde kararlıydık ve okul yöneticileriyle son derece hararetli tartışmalar pahasına olsa da bu kararımıza sadık kaldık.

Lisedeyken elektrikli işitme aygıtı kullanmayı denedi, ama bunun ona hiçbir yardımı olmadı.

Üniversitedeki son haftasında hayatındaki en önemli dönüm noktasını oluşturan bir olay gerçekleşti. Tamamen şansın yardımıyla başka bir elektrikli işitme aygıtı geçti eline, ona deneme için gönderilmişti. Benzeri aletler yüzünden meydana gelen düş kırıklığı nedeniyle bu aygıtı kullanma konusunu ağırdan aldı. Sonunda aygıtı alıp aldırmaz bir tavırla kulağına yerleştirdi, pili taktı ve işte! Sanki sihirli bir değneğin dokunuşu gibi hayatı boyunca duyduğu işitme arzusu gerçeğe dönüşmüştü! Hayatında ilk kez normal bir insan kadar iyi işitmeye başladı.

İşitme aygıtıyla kendisine armağan edilen değişik dünya karşısında yaşadığı aşırı sevinçle hemen telefona sarılıp annesini aradı ve sesini mükemmel bir şekilde duydu. Ertesi gün derslerde profesörlerinin seslerini hayatında ilk kez duydu! Hayatında ilk kez diğer insanlarla, bağırmalarına gerek kalmadan özgür şekilde sohbet etti. Gerçekten dünyası tamamen değişmişti artık.

Arzu kâr paylarını dağıtmaya başlamıştı, ama zafer henüz tamamlanmamıştı. Çocuğun, bu engelini *değerli bir özelliğe* dönüştürmek için kesin ve pratik bir yol bulması gerekiyordu daha.

Blair o zamana kadar başarmış olduğu şeylerin pek farkında olmaksızın yeni keşfettiği ses dünyasıyla büyülendi ve işitme aygıtının üreticisine bir mektup yazıp yaşadığı deneyimi dile getirdi. Bu mektuptaki bir şey şirketin onu New York'a çağırmasına neden oldu. Oraya vardığında fabrikayı gezdirdiler ona. Şef mühendisle konuşurken bir önsezi, bir fikir ya da bir ilham kaynağı -ne derseniz deyin- geldi aklına. Sakatlığını değerli bir varlığa dönüştürecek, binlercesine hem para hem de mutluluk dağıtacak olan *düşünce dalgası* buydu.

Bu düşünce dalgasının özeti şuydu: Eğer değişen dünyası hakkındaki hikâyesini anlatmanın bir yolunu bulursa, hayatlarını işitme aygıtının yardımı olmaksızın geçiren milyonlarca işitme engelli insana yardımcı olabilecekti.

Bir ay boyunca yoğun bir araştırmayı sürdürdü. İşitme aygıtı üreticisinin pazarlama sistemini inceledi ve yeni keşfettiği bu dünyayı onlarla paylaşmak amacıyla dünyanın her yerinde işitme zorluğu çekenlerle iletişim kurmanın yollarını ve araçlarını bulmaya çalıştı. Bunu yaptıktan sonra bulgularına dayanarak iki yıllık bir plan hazırladı. Planını şirkete sunduğunda bu isteğini gerçekleştirmek için kendisine hemen bir pozisyon verildi.

İşe başladığında hayal kurmuyordu; onun yardımı olmaksızın sonsuza dek sağır kalacak olan binlerce insana ümit ve pratik rahatlık getirmeyi hedefliyordu.

Eğer annesi ve ben onun düşünce yapısını böyle şekillendirmeseydik, Blair'in ömrü boyunca sağır ve dilsiz olarak kalacağından eminim.

Kafasına duyma-konuşma ve normal insanlar gibi yaşama arzusunu soktuğumda, doğanın Blair'in beyniyle dış dünya arasındaki sessizlik boşluğunu kapatacak bir köprü oluşturmasını sağlayan garip bir etki yaratmıştım.

Gerçekten de ateşleyici arzu kendisini fiziksel eşdeğerine dönüştürecek çapraşık yollar bulabilmektedir. Blair normal olarak işitmeyi arzuluyordu; artık ona sahipti!

Çocukken bu sıkıntısının değerli bir varlığa dönüşeceğine inanmasını sağlayarak zihnine soktuğum küçük "beyaz yalan" kendini doğrulamıştı. Gerçekten de ateşleyici arzuyla birleştiğinde inancın -doğru ya da yanlış- yapamayacağı hiçbir şey yoktur. Bunlar herkesin sahip olabileceği özelliklerdir.

Bayan Schumann-Heink ile ilgili küçük bir haber paragrafı bu olağanüstü kadının şarkıcı olarak etkileyici başarısı konusunda bir ipucu veriyor. Bu paragrafı aynen alıyorum, çünkü bu ipucu arzudan başka bir şeyin ifadesi değil.

Bayan Schumann-Heink kariyerinin başlarındadır. Sesini dinlemesini sağlamak için Viyana Saray Operası'nın yöneticisini ziyaret eder. Ama adam onu dinlemez. Garip ve kötü bir şekilde giyinmiş olan kıza bir kez bakıp, "Böyle bir yüz ve hiçbir kişiliği olmayan birinin operada başarılı olmasını nasıl bekleyebilirsiniz? Çocuğum, bu fikirden vazgeç. Bir dikiş makinesi al, işe başla. *Sen hiçbir zaman şarkıcı olamazsın,*" der.

Hiçbir zaman uzun bir süredir! Viyana Saray Operası yöneticisi şarkı söyleme tekniği konusunda çok şey biliyordu. Bir saplantı haline geldiğinde arzunun gücü hakkında ise çok az şey. Bu güç hakkında daha fazla şey bilseydi küçük dâhiyi bir fırsat vermeden geri çevirmezdi.

Birkaç yıl önce iş arkadaşlarımdan biri hastalandı. Zaman ilerledikçe daha da kötüye gidiyordu durumu. Sonunda ameliyat edilmek için hastaneye yatırıldı. Doktor onu bir daha canlı görmeme olasılığının büyük olduğu konusunda beni uyardı. Ama bu, doktorun fikriydi. Hastanın fikri değil. Tekerlekli sandalyeyle götürülürken zayıf bir sesle fısıldadı. "Üzülme şef, birkaç gün içinde çıkarım buradan." Yanındaki hemşire acıyarak baktı bana. Ama hasta ameliyattan iyi bir şekilde çıktı. Her şey bittikten sonra doktoru, "Onu sadece yaşama arzusu kurtardı. Ölüm olasılığını reddetmeseydi asla başaramazdı," dedi.

İnançla desteklenen arzunun gücüne inanıyorum. Çünkü bunun sıfırdan başlayan insanları güç ve zenginliğe götürdüğünü gördüm. Kurbanların mezarlarını ellerinden aldığını gördüm. Yüzlerce farklı şekilde yenilgiye uğradıktan sonra insanların tekrar mücadeleye başlaması için bir araç olduğunu gördüm. Tabiatın onu dünyaya işitme duyusu olmadan yollamasına rağmen oğluma normal, mutlu ve başarılı bir hayat sağladığını gördüm.

Bir insan arzunun gücünü nasıl kullanabilir? Bu soru, bu ve bir sonraki bölümde yanıtlanmıştır.

Hiçbir zaman açığa vurmadığı garip ve güçlü "zihinsel kimya" prensibiyle doğa, "imkânsız" sözcüğünü tanımayan ve başarısızlık diye bir gerçeklik kabul etmeyen güçlü arzu dürtüsüne bürünmüştür.

AKILDA TUTULMASI GEREKEN NOKTALAR

- Büyük bir arzuyla zafere odaklandığınızda geri çekilmek için hiçbir sebebe ihtiyacınız yoktur; zafer kesindir.
- Arzu geçici yenilgiden yeni zaferler üretir. Kelimenin tam anlamıyla küllerin üzerine dünyanın en büyük mağazasını inşa eden şey arzudur.
- Bu bölümde gösterilen altı adım arzuyu altına çevirir. Bu prensipler Andrew Carnegie için arzuyu yüz milyon dolarlık bir servete çevirmiştir.
- Doğuştan sağır bir çocuk duymayı öğrendi. "Hiç şansı olmayan" bir kadın muhteşem bir opera sanatçısı oldu. Doktorların ölmesini beklediği hasta iyileşti. Arzu bu insanlara garip, ama doğal "zihinsel kimya"yla yardım eden bir güçtü.
- Zihnin bizim ona tanıdıklarımız dışında hiçbir sınırlaması yoktur.

BÖLÜM 3

İNANÇ:

Arzulanan Hedefi Zihinde Canlandırmak ve Elde Edileceğine İnanmak

(Zenginliklere Doğru 2. Adım)

İNANÇ zihnin baş kimyageridir. İnanç düşünceyle karıştığında, bilinçaltı anında titreşimi alır, manevi eşdeğerine çevirir ve duada olduğu gibi Sonsuz Akıl'a iletir.

İnanç, sevgi ve cinsellik olumlu heyecanların en güçlüleridir. Üçü karıştığında, düşünceyi anında bilinçaltına ulaşacak şekilde "renklendirme" etkisine sahip olurlar. Bilinçaltına ulaşan düşünce burada manevi eşdeğerine dönüşür, ki bu da Sonsuz Akıl'dan cevap alan tek biçimdir.

İnancınızı Güçlendirmenin Yolları

Şimdi, kendi kendine telkin prensibinin, arzuyu fiziksel ya da parasal eşdeğerine dönüştürmede ne denli önemli olduğunu daha iyi anlamanızı sağlayacak bir tanım verelim: İnanç, kendi kendine telkin prensibiyle bilinçaltına sürekli olumlu sözler vererek ya da talimatları tekrarlayarak yaratılan zihinsel bir durumdur.

Bunu kavramak için bu kitabı okuma amacınızı düşünün. Amaç, doğal olarak, soyut düşünce dalgalarını fiziksel karşılığına, yani paraya dönüştürme yeteneğini kazanmaktır. Bir sonraki kendi kendine telkin bölümünde yer alan talimatları izleyerek bilinçaltınızı istediğiniz şeyi alacağınıza *inanmaya* ikna edebilirsiniz. Bilinçaltınız bunu işleyerek size "inanç" ve arzu ettiğiniz şeyi elde etmeniz için "kesin planlar" olarak geri gönderecektir.

İnanç, on üç prensibi iyice öğrendikten sonra isteyerek oluşturabileceğiniz zihinsel bir durumdur, çünkü bu prensiplerin uygulanması ve kullanımıyla iradeye bağlı olarak geliştirilebilir.

İnanç duygusunun isteğe bağlı olarak geliştirilmesinin bilinen tek yöntemi, olumlu talimatların bilinçaltına sürekli tekrarlanarak verilmesidir.

Belki, insanın neden suç işlediğine ilişkin şu açıklama konuya biraz daha açıklık getirebilir. Ünlü bir suçbilim uzmanı, "İnsanlar suçla ilk karşılaştıklarında ondan tiksinirler. Eğer bir süre daha suçla ilişkileri olursa, ona alışırlar ve tahammül ederler. Eğer yeterince uzun süre suçla ilişkileri olursa, sonunda onu benimser ve etkisi altına girerler," demektedir.

Bu ifade, bilinçaltına tekrar tekrar gönderilen herhangi bir düşünce dalgasının, sonunda bilinçaltı tarafından kabul edilmesi ve bilinçaltının bu düşünceyi mümkün olan en pratik şekilde fiziksel eşdeğerine dönüştürmesi demektir.

Bununla bağlantılı olarak, şu ifadeyi tekrar gözden geçirin: DUYGU VE İNANÇLA BİRLEŞEN BÜTÜN DÜŞÜNCELER KENDİLERİNİ DERHAL FİZİKSEL EŞDEĞERLERİNE ÇEVİRMEYE BAŞLARLAR. Düşüncelerin heyecan ya da duygu yönü, fikirlere canlılık, hayat ve hareket veren etkenlerdir. İnanç, sevgi ve cinsellik gibi heyecanlar herhangi bir düşünce dalgasıyla karıştığında, tek başlarına olduğundan daha çok hareketlilik kazanırlar.

Salt inançla birleşen düşünce dalgaları değil, olumlu ya da olumsuz heyecanların herhangi biriyle karışan düşünce dalgaları de bilinçaltına ulaşıp onu etkileyebilirler.

Bu durumda bilinçaltının olumsuz ya da yıkıcı bir düşünce dalgasını, tıpkı olumlu ya da yapıcı bir düşünce dalgası gibi kolayca fiziksel eşdeğerine dönüştüreceğini anlayacaksınız. Bu, milyonlarca insanın yaşayıp "talihsizlik" ya da "kötü şans" olarak nitelendirdiği garip fenomeni açıklamaktadır.

Milyonlarca insan üzerlerinde kontrolleri olmadığına inandıkları bazı garip güçler yüzünden yoksulluk ya da başarısızlığa mahkûm olduklarına inanırlar. Oysa bilinçaltı tarafından sürekli algılanıp fiziksel eşdeğerine dönüştürülen olumsuz inançları yüzünden "kötü talihlerini" kendileri yaratmaktadırlar.

Fiziksel ya da parasal eşdeğerine dönüşmesini istediğiniz herhangi bir arzuyu, bilinçaltına beklenti veya inanç şeklinde aktararak dönüşümün gerçekleşmesini sağlayabileceğinizi bir kez daha yineleyelim. İnancınız ya da güveniniz bilinçaltının çalışmasını belirleyen etkendir. Kendi kendine telkin yoluyla bilinçaltına talimatlar verirken onu "aldatmanıza" engel olacak hiçbir şey yoktur, tıpkı benim oğlumun bilinçaltını aldattığım gibi.

Bu "aldatmacayı" daha gerçekçi kılmak için bilinçaltınızı harekete geçirdiğinizde TALEP ETTİĞİNİZ ŞEYE ZATEN SAHİP OLDUĞUNUZDA davranacağınız gibi hareket edin.

Bilinçaltı mümkün olan en doğrudan yolla ve pratik araçla bunu fiziksel eşdeğerine çevirecek, inanç olarak kendisine verilen emri yerine getirecektir.

İnsanın inançla bilinçaltına gönderilen herhangi bir emri karıştırma yeteneğini kazanması deneyim ve pratiğe bağlıdır. Mükemmeliyet pratikle gelecektir. Sadece talimatları *okumak yetmez.*

Eğer sürekli suç ile bağlantısı olan birinin sonunda suçlu olacağı doğru ise (ki bu bilinen bir gerçektir), aynı şekilde birinin bilinçaltına sürekli inandığı şeyle ilgili telkinde bulunması sonucunda inancını geliştireceği de doğrudur. Zihin sonunda ona hükmeden etkilerin doğasına bürünür. Bu gerçeği anladığınızda, olumlu duygularınızı zihninize hükmeden duygular olacak şekilde teşvik etmenin ve olumsuz duygularınızı engellemenin -ve yok etmenin- neden bu kadar gerekli olduğunu anlamış olacaksınız.

Olumlu duyguları zihnimizin egemen gücü olarak destekleyip geliştirmek, *olumsuz duyguları* ise zayıflatarak ortadan kaldırmak çok önemlidir. Olumlu duyguların egemen olduğu bir zihin, inanç olarak bilinen zihinsel durum için elverişli bir ortamdır. Böyle bir zihnin verdiği talimatlar bilinçaltı tarafından anında alınıp üzerinde çalışılacaktır.

İnanç Kendi Kendine Telkinle Oluşturulabilen Zihinsel Bir Durumdur

Bütün çağlar boyunca din adamları insanoğluna çeşitli inanışlara inanmaları için yol göstermiş, ama insanlara *nasıl* inanacaklarını göstermemişlerdir. "İnanç kendi kendine telkinle oluşturulabilen zihinsel bir durumdur," dememişlerdir.

İnancın var olmadığı bir durumda nasıl geliştirilebileceğini herkesin anlayabileceği bir dille anlatacağız.

Kendinize inanın; Sonsuz'a inanın.

İNANÇ, düşünce dalgalarına hayat, güç ve hareket kazandıran "ölümsüzlük iksiri"dir.

İNANÇ, zenginliği elde etmenin başlangıç noktasıdır.

İNANÇ, bilimin kurallarıyla incelenemeyen tüm "mucizeler"in ve tüm gizemlerin temelidir.

İNANÇ, başarısızlığın bilinen tek panzehiridir!

İNANÇ, duayla birleştiğinde insanı Sonsuz Akıl'la iletişime geçiren bir unsur, bir "kimyasal"dır.

İNANÇ, sınırlı insan zihninde yaratılan sıradan düşünce titreşimini manevi eşdeğerine çevirir.

İNANÇ, Sonsuz Akıl'ın kozmik gücünün insan tarafından idare edilip kullanılabildiği tek araçtır.

YUKARIDAKİ İFADELERİN HER BİRİ KANITLANABİLİR BİRER GERÇEKTİR!

Kanıt basittir ve kolayca gösterilebilir. Kendi kendine telkin prensibinin içindedir. Bu yüzden önce dikkatimizi kendi kendine telkin konusuna çevirelim ve ne olduğunu, neyi başarabileceğine bakalım.

Kişinin kendi kendine tekrar ettiği şeye, *doğru olsun ya da olmasın,* en sonunda inandığı bilinen bir gerçektir. Eğer bir insan bir yalanı durmadan tekrar ederse sonunda yalanın gerçek olduğunu kabul edecektir. Üstelik bunun doğru olduğuna inanacaktır. Her insan, zihnini işgal etmesine izin verdiği egemen düşünce yüzünden şu anda olduğu insandır. İnsanın bilerek zihnine yerleştirdiği ve teşvik ettiği, bir veya daha fazla duyguyla karıştırdığı düşünceler, kişinin her hareketini, davranışını ve işini yöneten ve kontrol eden ateşleyici gücü oluşturmaktadır!

HERHANGİ BİR DUYGUNUN HEYECANIYLA BİRLEŞTİRİLEN DÜŞÜNCELER, DİĞER BENZERİ VEYA İLİNTİLİ DÜŞÜNCELERİ ÇEKEN "MIKNATISLI" BİR GÜÇ OLUŞTURUR.

Bu şekilde "mıknatıslanan" bir düşünce, gübreli bir toprağa ekilen bir tohuma benzetilebilir. Bu tohum filizlenir, büyür ve başlangıçta tek bir tohumken aynı türde milyonlarca tohuma dönüşene dek tekrar tekrar çoğalır.

İnsan zihni sürekli olarak, kendisine egemen olanla uyum halindeki titreşimleri çeker. İnsanın zihnindeki herhangi bir fikir, plan veya amaç kendisiyle ilgili olanları *çeker,* bu "ilgili" düşünceleri kendi gücüne katar ve içinde bulunduğu kişinin ateşleyicisi, egemen sahibi haline gelene dek büyümeye devam eder.

Şimdi başlangıç noktasına geri dönelim ve özgün bir fikir, plan ya da amaç tohumunun zihne nasıl ekileceğini görelim. Bilgi kolayca taşınır: herhangi bir fikir, plan veya amaç *düşüncenin tekrarı yoluyla zihne* yerleştirilebilir. Sizden bu nedenle temel amacınız ya da başlıca hedefinizle ilgili bir ifade yazmanız, belleğinize kaydetmeniz, bunu her gün duyulabilir şekilde kendi kendinize tekrarlamanız isteniyor, ta ki bilinçaltınıza ulaşana dek.

Herhangi bir talihsiz çevrenin etkisini üzerinizden atmak ve kendi hayatınızı kurmak için karar verin. Zihinsel değer ve dayanaklarınızın bir dökümünü yaptığınızda en büyük zayıflığınızın kendine güven eksikliği olduğunu görebilirsiniz. Bu engelin üstesinden gelinebilir. Kendi kendine telkin yoluyla çekingenlik cesarete dönüştürülebilir. Bu prensip, olumlu düşünce dalgaları bilinçaltının çalışma araçları haline gelene dek yazılı olarak ya da ezberlenmiş biçimde sürekli tekrar yoluyla uygulamaya konur.

Özgüven Formülü

1. Hayattaki kesin amacımı gerçekleştirme yeteneğine sahip olduğumu biliyorum; bu yüzden kendimden bu hedefin elde edilmesine yönelik kararlı, sürekli eylemler *talep ediyorum.* Şimdi ve burada böyle eylemlere gireceğime söz veriyorum.

2. Zihnimdeki egemen düşüncelerin sonunda eyleme ve yavaş yavaş da fiziksel gerçekliğe dönüşeceklerini biliyorum; bu yüzden günde yarım saat olmak üzere düşüncelerimi olmak istediğim kişi üzerine yoğunlaştıracağım, böylece zihnimde, olmak istediğim şekilde kendimin açık bir resmini oluşturacağım.
3. Kendi kendine telkin prensibine göre, kararlılıkla zihnimde tuttuğum her arzunun, sonunda altta yatan objeyi elde etmeye yönelik pratik araçlar yoluyla ifadesini bulacağını biliyorum; bu yüzden *kendine güveni* geliştirmek için günde on dakika ayıracağım.
4. Hayattaki *başlıca hedefimle* ilgili açık bir tanım yazdım. Bu hedefin elde edilmesi için yeterli özgüveni geliştirene dek denemekten vazgeçmeyeceğim.
5. Hiçbir zenginlik ya da mevkinin gerçek ve adalet üzerine inşa edilmediği takdirde dayanmayacağını biliyorum; bu nedenle, etkilediği herkese yararı dokunmayacak olan bir işe girişmeyeceğim. Kullanmayı istediğim güçleri ve diğer insanların işbirliğini kendime çekerek başarılı olacağım. Diğerlerine hizmet etmeye olan isteğim yüzünden onları da bana yardım etmeye ikna edeceğim. Bütün insanlığa karşı sevgi geliştirerek nefret, kıskançlık, bencillik ve alaycılık gibi duyguları ortadan kaldıracağım, çünkü diğerlerine karşı sergileyeceğim olumsuz bir tutumun bana bir başarı sağlamayacağını biliyorum. Onların bana inanmalarını sağlayacağım ve ben de onlara ve kendime inanacağım. Bu formüle imzamı atacağım, belleğime kazıyacağım ve büyük bir inançla günde bir kez sesli olarak tekrar edeceğim; böylece yavaş yavaş düşüncelerimi ve hareketlerimi etkileyecek, kendine güvenen ve başarılı bir insan olacağım.

Bu formülün gerisinde kimsenin henüz açıklayamadığı bir doğa kanunu yatmaktadır. Bu kanuna verilen adın hiç önemi yoktur. Önemli olan şu: EĞER yapıcı bir şekilde kullanılırsa insanlığın zaferi ve başarısı için İŞE YARAR. Öte taraftan, eğer yıkıcı bir şekilde kullanılırsa aynı şekilde tahrip edici olacaktır. Bu sözlerdeki anlamlı gerçeği görmek mümkündür; yenilgiyi kabul edip hayatlarını yoksulluk, mutsuzluk ve başarısızlık içinde geçirenlerin böyle olmalarının nedeni kendi kendine telkin prensibini olumsuz şekilde uygulamalarıdır. BÜTÜN DÜŞÜNCE DALGALARININ KENDİLERİNİ FİZİKSEL EŞDEĞERİNE DÖNÜŞTÜRME EĞİLİMİ VARDIR.

Bilinçaltı yapıcı ve yıkıcı düşünce dalgaları arasında ayırım yapmaz. Ona verdiğimiz malzemeyle, yani düşünce dalgalarımızla çalışır. Bilinçaltı korkuyla harekete geçirilen bir düşünceyi, tıpkı inanç ya da cesaretle başlatılan bir düşünce gibi gerçeğe dönüştürecektir.

Tıpkı elektriğin yapıcı bir şekilde kullanıldığında sanayi çarklarını döndürüp yararlı bir sonuç vermesi ve yanlış bir şekilde kullanıldığında hayat söndürmesi gibi, kendi kendine telkin kanunu da, onu anlayıp uygulamamıza bağlı olarak sizi ya huzura ve başarıya ya da sefalet, başarısızlık ve ölüme götürecektir.

Eğer zihninizi korku, şüphe ve Sonsuz Akıl'ın güçleriyle bağlantı kurma ve kullanma yeteneğinize olan inançsızlıkla doldurursanız, kendi kendine telkin kanunu bu inançsızlık ilhamını alacak ve bilinçaltınız onu fiziksel eşdeğerine dönüştüreceği güdü olarak kullanacaktır.

Bir gemiyi doğuya, diğerini batıya taşıyan rüzgâr gibi kendine telkin kanunu *düşünce* yelkenlerinizi açmanıza bağlı olarak sizi ya yukarılara çıkaracak ya da aşağılara indirecektir.

Her insanı hayal gücünü şaşkınlığa uğratacak şekilde başarıya ulaştırabilen kendi kendine telkin kanunu aşağıdaki dizelerde çok iyi tanımlanmıştır:

İnanç

Eğer yenilgiye uğradığını *düşünürsen* yenilirsin.
Eğer cesaret edemediğini *düşünürsen* edemezsin.
Kazanmak ister, ama kazanamayacağını *düşünürsen,*
Kazanamayacağın neredeyse kesindir.

Eğer kaybedeceğini *düşünürsen* kaybedersin,
Çünkü biz gördük ki,
Başarı insanın iradesiyle başlar,
Her şey *kafanın içindedir.*

Eğer dışlandığını *düşünürsen* dışlanırsın,
Yükseleceğini *düşünmelisin,*
Bir ödül kazanmadan önce,
Kendinden emin olmalısın.

Hayattaki kavgaları her zaman
Güçlü ya da daha hızlı olan kazanmaz,
Ama er ya da geç kazanan insan,
KAZANABİLECEĞİNİ DÜŞÜNENDİR!

Vurgulanan sözcükleri düşünün. O zaman şiirdeki derin anlamı yakalayacaksınız.

Oluşumunuzda bir yerlerde *uyuyan* bir başarı tohumu yatmaktadır. Eğer bu tohum uyandırılır ve harekete geçirilirse sizi hiç ummadığınız kadar yükseklere ulaştırabilir.

Tıpkı usta bir müzisyenin kemanın yaylarından en güzel melodileri yayması gibi, siz de beyninizin kıvrımları arasında uyuyan dâhiyi uyandırabilir ve sizi arzu ettiğiniz hedefe ulaştırmasını sağlayabilirsiniz.

Abraham Lincoln kırk yaşını geçene kadar denediği her şeyde başarısız olmuştu. Harika bir deneyim hayatına girip kalbi ve beyni içinde uyuyan dâhiyi uyandırana ve dünyaya en harika adamlardan birini verene dek Hiçbir Yerden Gelen Bay Hiç'ti o. Bu "deneyim" hüzün ve aşk duygularının bir karışımıydı ve Anne Rutledge'le, yani gerçekten sevdiği tek kadınla yaşanmıştı.

Aşk heyecanının inanç olarak tanımlanan zihinsel durumla yakından ilişkili olduğu bilinen bir gerçektir. Bu nedenle aşk bir insanın düşünce dalgaları ruhsal eşdeğerlerine çevirmeye çok yaklaşır. Bu satırların yazarı araştırmaları sırasında, son derece başarılı yüzlerce erkeğin başarılarını ve hayatlarını incelediğinde, hemen hemen her birinin ardında bir kadına duyulan aşkın etkisinin olduğunu keşfetmiştir.

Burada, bütün dünya tarafından tanınan Mahatma Gandi'nin gösterdiği şekliyle inancın gücünü biraz konuşalım. Bu insan sayesinde dünya inancın gücüyle ilgili en şaşırtıcı örneği görmüştür. Gandi yaşayan herkesten daha büyük bir güç kullanmıştır. Para, savaş gemisi, asker ve savaş araç gereci gibi uygun güç araçlarının hiçbirine sahip olmamasına rağmen gerçekleşmiştir bu. Gandi'nin parası yoktu, evi yoktu, takım elbisesi yoktu, ama gücü vardı. Bu gücü nasıl elde etmişti?

BU DURUMU, İNANÇ PRENSİBİ ANLAYIŞIYLA VE BU İNANCI İKİ YÜZ MİLYON İNSANIN ZİHNİNE YERLEŞTİRME YETENEĞİYLE YARATMIŞTIR. GANDİ İKİ YÜZ MİLYON İNSANIN ZİHNİNİ TEK VÜCUT OLMA VE TEK BİR BEYİN GİBİ BİRLİKTE HAREKET ETME KONUSUNDA ETKİLEME BAŞARISINI ELDE ETMİŞTİR.

İnançtan başka hangi güç bu kadarını başarabilirdi?

Geleceğin parolası insanlığın mutluluğu olacaktır. Bu zihinsel durum elde edildiğinde, üretim kendi kendine, insanların inanç ve bireysel faydayı çalışmalarıyla birleştirmediği ve birleştiremediği dönemde hiç olmadığı kadar, yoluna girecektir.

İş ve sanayi ortamlarında inanç ve işbirliği ihtiyacı nedeniyle, işadamları ve sanayicilerin *almaya* çalışmadan önce *vermeyi* deneyerek kazandıkları büyük servetin mükemmel şekilde anlaşılmasını sağlayan bir olayı incelemek hem ilginç hem de faydalı olacaktır.

Bu olay 1900'lere, Birleşik Devletler Çelik Şirketi'nin kuruluşuna uzanmaktadır. Hikâyeyi okurken bu temel gerçekleri aklınızda tutun, o zaman *fikirlerin nasıl* büyük zenginliklere dönüştürüldüğünü anlayacaksınız.

Siz de büyük zenginliklerin nasıl kazanıldığını merak edenlerdenseniz Birleşik Devletler Çelik Şirketi'nin kuruluş hikâyesi sizin için aydınlatıcı olabilir. Eğer insanların düşünerek zenginleşebileceğinden şüpheniz varsa bu hikâye bu şüpheyi ortadan kaldırmalıdır, çünkü Birleşik Devletler Çelik Şirketi'nin hikâyesinde bu kitapta anlatılan prensiplerin büyük bölümünün kullanıldığını göreceksiniz.

Bir fikrin şaşırtıcı gücünün hikâyesi, *New York World-Telegram*'da John Lowell tarafından çarpıcı bir şekilde anlatılmıştır:

Bir Milyar Dolara Hoş Bir Akşam Yemeği Sonrası Konuşma

1900 yılının 12 Aralık akşamında, ülkenin seksen mali soylusu Beşinci Cadde'deki Üniversite Kulübü'nün ziyafet salonunda batıdan gelen genç bir adama şeref vermek için toplandığında, konuklar Amerikan sanayi tarihinin en anlamlı olayına tanık olacaklarından habersizlerdi.

Kalpleri Pittsburgh'a son ziyaretleri sırasında Charles M. Schwab tarafından kendilerine gösterilen zengin konukseverlikle dolu olan J. Edward Simmons ve Charles Stewart Smith, çelik alanında çalışan otuz sekiz yaşındaki adamı doğudaki bankacılar topluluğuna tanıtmak için bu akşam yemeğini düzenlemişlerdi. Ama onun toplantıyı coşturmasını beklemiyorlardı. Aslında New York'lu şişman işadamlarının uzun konuşmadan hiç hoşlanmadıkları konusunda onu uyarmışlardı. Eğer Stilimans, Harrimans ve Vanderblits'in canını sıkmak istemiyorsa kendini on beş, yirmi dakikalık övünmeyle sınırlamalı ve işi orada bırakmalıydı.

Schwab'ın sağ tarafında imparatora yakışır bir edayla oturan John Pierpont Morgan bile ziyafet sofrasını sadece kısaca şereflendirmeye niyetliydi. Basın ve halkın düşüncesine göre bu olay o kadar önemsizdi ki, ertesi gün gazetelerde bu konudan hiç söz edilmeyecekti.

Böylece iki ev sahibi ve ayrıcalıklı konukları yedi sekiz çeşitten oluşan yemeklerini yediler. Bu sırada çok az konuşma oldu ve olanlar da çok sınırlıydı. Bankacılardan ve borsa simsarlarından birkaçı kariyeri Monongahela bankalarıyla sınırlı olan Schwab'la tanışmıştı, hiçbiri onu iyi tanımıyordu. Akşam sona ermeden yer, onların -ve Para Ustası Morgan'ın-ayaklarının altından kayacak ve milyar dolarlık bebek, yani Birleşik Devletler Çelik Şirketi doğacaktı.

O akşam kimsenin Charlie Schwab'ın konuşmasını kaydetmemesi tarih adına bir talihsizlikti.

Ama büyük olasılıkla "sade" bir konuşmaydı, gramere dikkat edilmemişti (çünkü Schwab dilin inceliklerini hiç umursamazdı), özdeyişler ve ince esprilerle örülmüştü. Ama bunun yanı sıra konukların temsil ettiği tahmini beş milyar dolarlık sermayenin üzerinde elektrikli bir güce ve etkiye sahipti. Schwab'ın doksan dakika konuşmuş olmasına, Morgan'ın konuşmayı pencere girintisine ilişip bacaklarını aşağıya sallayarak rahatsız bir şekilde dinlemesine rağmen, konuşma bittikten sonra topluluk bu konuşmanın büyüsü altında bir saat daha konuşmaya devam etti.

Schwab'ın kişiliğinin büyüsü ortadaydı, ama daha önemli ve kalıcı etkisi olan şey, çelik sanayisinin büyümesi için ortaya serdiği olgunlaşmış, açık seçik programdı. Birçok işadamı, bir çelik tröstü kurmak için Morgan'ı ikna etmeye çalışmıştı. Kumarbaz John W. Gates bu konuda kararlı davranmış, ama Morgan, ona güvenmemişti. Chicago'lu toptancılar Bill ve Jim Moore Kardeşler kibrit tröstü ve barut şirketini birleştirmeyi başarmış ve bu konuda Morgan'a bastırmış, ama başaramamışlardı. Tutucu taşra avukatı Elbert H. Gary onu bu konuda özendirmek istemiş, ama yeterince etkileyici olamamıştı. Schwab'ın konuşması J. P. Morgan'ı şimdiye kadar düşünülmüş en cesur mali girişimin sağlam sonuçlarını gözlerinin önünde canlandırabileceği yükseklere taşıyana dek bu proje kolay para kazanma peşindeki akılsızların delice hayali olarak görülmüştü.

Bir kuşak önce binlerce küçük firmayı ve bazen yetersiz bir şekilde idare edilen şirketleri rekabeti kıran büyük bir birleşmeye çekmeye başlayan mali mıknatıslanma, neşeli iş korsanı John W. Gates'in araçları yoluyla çelik dünyasında işlemeye başlamıştı. Gates küçük şirketler zinciri halinde Amerikan Çelik ve Tel Şirketi'ni ve Morgan'la birlikte de Federal Çelik Şirketi'ni kurmuştu.

Ama Andrew Carnegie'nin, elli üç ortağın sahip olup işlettiği dev tröstünün yanında bu holdingler çok önemsizdi. Diledikleri gibi birleşebilirlerdi, ama Carnegie kuruluşunda bir çentik bile açamazlardı ve Morgan bunu biliyordu.

Sıra dışı yaşlı İskoç da biliyordu bunu. Bulunduğu muhteşem Skibo Kalesi'nin yükseklerinde, önce eğlenerek, sonra da kızarak Morgan'ın küçük şirketlerinin onun işini azaltmalarını seyrediyordu. Girişimleri çok cesur hale gelmeye başlayınca Carnegie'nin kızgınlığı, öfke ve karşılık vermeye dönüşmüştü. Rakiplerinin sahip olduğu her fabrikayı ikiye katlamaya karar verdi. Şimdiye kadar tel, boru, kasnak ya da saçla ilgilenmemişti. Onun yerine, bu şirketlere ham çelik satmakla yetinmiş ve bu çeliği istedikleri şekle sokmalarına izin vermişti. Şimdi, en yetkili adamı ve yetenekli yardımcısı Schwab'la düşmanlarını duvara sıkıştırmayı planlıyordu.

Böylece Morgan birleşme sorununa çözümü, Charles M. Schwab'ın konuşmasında buldu. Hepsinin en büyüğü Carnegie'nin hissesinin bulunmadığı bir tröst, bir tröst olmazdı, yani bir yazarın dediği gibi eriksiz erik hoşafı. Schwab'ın 12 Aralık 1900'deki konuşması, dev Carnegie kuruluşunun Morgan'ın tentesi altına alınabileceği anlamını taşıyordu. Konuşmasında çelik dünyasının geleceğinden, etkinlik için yeniden örgütlenmekten, özelleşmeden, başarısız fabrikaların ortadan kaldırılıp gelişmekte olanlara önem verilmesinden, maden cevheri trafiğindeki ekonomik olanaklardan, idari birimlerdeki ekonomik yapılanmadan, yabancı piyasalara açılmaktan söz etmişti Schwab.

Üstelik aralarındaki korsanlar hakkında da konuşmuştu. Onların amaçlarının tekeller yaratmak, fiyatları arttırmak ve kendilerine büyük kâr payları ayırmak olduğu çıkarımlarında bulundu. Schwab hararetli bir şekilde sistemi kınadı. Böyle bir politikanın ileriyi göremediğini, sebebinin de her şey genişlemek için çığlık atarken piyasayı daraltması olduğunu söyledi dinleyicilerine. Çeliğin maliyetinin azaltılmasıyla piyasanın genişleyebileceğini ifade etti; böylece çeliğin daha fazla kullanımı sağlanacak ve dünya ticaretinin büyük bir bölümü elde edilecekti. Aslında, Schwab bunu bilmese de, modern kitlesel üretimin öncüsüydü.

Üniversite Kulübü'ndeki akşam yemeği böylece sona erdi. Morgan evine gidip Schwab'ın ümit verici tahminlerini düşündü. Schwab, Andrew Carnegie için çelik işini idare etmek üzere Pittsburgh'a geri dönerken, Gary ve geri kalanlar hisse senetleri göstergelerine geri döndüler, bir sonraki hareketi bekleyerek vakit geçirmeye başladılar.

Uzun sürmedi. Morgan'ın, Schwab'ın önüne serdiği nedenler ziyafetini sindirmesi bir hafta sürdü. Herhangi mali bir sorun bulunmadığından emin olunca Schwab'a haber gönderdi ve genç adamın oldukça çekingen olduğunu gördü. Schwab, Carnegie'nin, güvendiği adamının Wall Street İmparatoru'yla, ki Carnegie, Wall Street'e hiç ayak basmamaya karar vermişti, flört ettiğini öğrenirse bundan pek hoşlanmayacağını ifade etti. Sonra, aracı John W. Gates tarafından, eğer Schwab "tesadüfen" Philadelphia'daki Bellevue Oteli'nde olursa J. P. Morgan'ın da "tesadüfen" orada olabileceği önerisi getirildi. Ama Schwab oraya gittiğinde, Morgan, New York'taki evinde hasta yatıyordu. Yaşlı adamın ısrarları üzerine Schwab, New York'a gitti.

Bazı ekonomi tarihçileri, oyunun başından sonuna dek sahnenin Andrew Carnegie tarafından ayarlandığını, yani Schwab'a verilen akşam yemeğinin, ünlü konuşmanın, Schwab ve Para Kralı arasındaki pazar gecesi görüşmesinin açıkgöz İskoçyalı tarafından planlandığını düşünüyorlardı. Oysa gerçek bunun tam tersiydi. Schwab işi bitirmek üzere çağrıldığında, "küçük patron" diye anılan Andrew'un şirketi özellikle pek saygı duymadığı bir gruba satma teklifini dinleyip dinlemeyeceğini bile bilmiyordu. Ama yine de elinde maliyet rakamlarıyla dolu altı sayfalık notlarla toplantıya katıldı.

Dört adam bütün gece bu rakamlar üzerinde kafa patlattılar. Başları şüphesiz Morgan'dı. Onun yanında, bilgili ve centilmen aristokrat ortağı Robert Bacon vardı. Üçüncü kişi Morgan'ın kumarbaz olarak nitelendirip maşa gibi kullandığı John W. Gates'ti. Dördüncü kişi, çelik yapıp satma konusunda o sırada yaşayan bütün insanlardan daha fazla şey bilen Schwab'dı. Bu görüşme sırasında Pittsburgh'lunun rakamları hiç sorgulanmadı. Eğer o bir şirketin şu kadar ettiğini söylüyorsa o şirket o kadar ediyordu, daha fazla değil. Birleşmeye sadece aday olarak gösterdiği şirketleri dahil etme konusunda da kararlıydı. Şirketlerinin yükünü Morgan'ın geniş omuzlarına bırakmak isteyen arkadaşlarının açgözlülüğünü tatmin etmek için bile bir kopyasının olmayacağı bir şirket düşünüyordu.

Şafak söktüğünde Morgan ayağa kalkıp gerindi. Sadece tek bir soru kalmıştı geriye.

"Andrew Carnegie'yi satmaya ikna edebileceğini düşünüyor musun?"

"Deneyebilirim," dedi Schwab.

"Eğer satmaya razı edersen konuyu ben üzerime alacağım," dedi Morgan.

Şimdiye kadar iyi gidiyordu. Ama Carnegie satar mıydı? Ne kadar talep ederdi? (Schwab yaklaşık 320.000.000 dolar düşünüyordu.) Ödemeyi nasıl isterdi? Ortak ya da tercihli hisse senedi mi? Tahvil mi? Nakit mi? Kimse bir milyar doların üçte birini nakit olarak çıkaramazdı.

Ocak ayında Westchester'daki St. Andrew golf sahasında bir golf oyunu olacaktı. Andrew soğuğa karşı giydiği kazakların içinde titriyor, Charlie her zamanki gibi onu canlandırmak için durmadan konuşuyordu. Ancak ikisi birlikte Carnegie'nin yakındaki sayfiye evine gidene dek iş konuşmadılar. Sonra, Schwab Üniversite Kulübü'nde seksen milyoneri hipnotize eden ikna ediciliği ile konuşmaya başladı. Rahat bir emeklilik, yaşlı bir adamın sosyal kaprislerini tatmin edebilecek milyonlardan bahsediyordu. Carnegie teslim oldu, bir parça kâğıda bir rakam yazdı, Schwab'a uzattı. "Pekâlâ, buna satacağız," dedi.

Rakam yaklaşık 400.000.000 dolardı. Schwab'ın temel rakam olarak sözünü ettiği 320.000.000 doları alıp geçen iki yıl içinde artan sermaye değeri olarak 80.000.000 doları da ekleyerek ulaşmıştı bu rakama.

Daha sonra bir transatlantik gemisinin güvertesinde İskoçyalı hayıflanarak, "Keşke 100.000.000 dolar daha fazla isteseydim," dedi Morgan'a.

"Eğer isteseydin alırdın," dedi Morgan neşeyle.

Kuşkusuz büyük bir şamata kopmuştu. Bir İngiliz muhabir çelik dünyasının Amerika'daki bu dev birleşme karşısında "dehşete düştüğü" haberini geçmişti. Yale'in başkanı Hadley tröstler düzenlenmediği takdirde "yirmi beş yıl içinde Washington'da bir imparatorun" beklenebileceğini söylüyordu. Ama o becerikli borsacı Keene yeni hisseleri halka o kadar büyük bir gayretle takdim etti ki, toplam 600.000.000 dolar olduğu tahmin edilen fazlalık göz açıp kapayana dek emildi. Böylece Carnegie milyonlarını aldı, Morgan'ın sendikası katlandığı onca "sıkıntıya" karşılık 62.000.000 dolar aldı. Gates'den Gary'e kadar bütün işin içindeki herkes kendi milyonlarını almıştı.

Otuz sekiz yaşındaki Schwab da ödülünü elde etmişti. Yeni şirketin başkanı oldu ve 1930'a kadar işin başında kaldı.

Bu hikâye arzunun fiziksel eşdeğerine dönüştürülebileceğinin kusursuz bir kanıtıdır.

Dev bir kuruluş fikri bir adamın zihninde oluşturulmuştu. Mali dengeyi sağlayan çelik fabrikalarının temin edilmesi planı aynı adamın zihninde yaratılmıştı. İnancı, arzusu, hayal gücü, kararlılığı Birleşik Devletler Çelik Şirketi'ne karıştırılan gerçeğin harcıydı. Yasal varlığı gerçekleştirildikten sonra şirketin elde ettiği çelik fabrikaları ve mekanik donanım rastlantısaldı, ama dikkatli bir analiz, şirketin kazandığı mülkün paha biçilen değerinin onları tek bir yönetim altına alan işlemle 600.000.000 dolar arttığı gerçeğini gözler önüne serecektir.

Başka bir deyişle, Charles M. Schwab'ın, J. P. Morgan ve diğerlerinin zihnine taşıdığı inançla birleşen fikri yaklaşık 600.000.000 dolarlık bir kârla pazarlanmıştı. Tek bir fikir için hiç de fena bir rakam değil!

Birleşik Devletler Çelik Şirketi gelişip büyüdü ve Amerika'nın en zengin ve güçlü şirketlerinden biri haline geldi. Binlerce işçi çalıştırdı, çeliğin yeni kullanımlarını geliştirdi ve yeni piyasalar oluşturdu, böylece Schwab'ın fikrinin ürettiği 600.000.000 doların kazanıldığını kanıtladı.

Zenginlik düşünce şeklinde başlar! Miktar yalnızca düşünceyi zihninde harekete geçiren kişi tarafından sınırlanır. İnanç sınırları kaldırır! İstediğiniz şey için hayatla pazarlık etmeye hazır olduğunuzda, bu yolu geçişinizin bedeli olarak hatırlayın.

AKILDA TUTULMASI GEREKEN NOKTALAR

- İnanç başarı için zorunludur. İnanç bilinçaltına verdiğiniz talimatlarla oluşur ve geliştirilir.
- İşte kendine güvene giden beş yol, hepsi mevcut gücünüzde bol bol bulunuyor. Şimdi -aynı şartların sonucu olarak- kendinizi nasıl felakete sürükleyebileceğinizi ya da zafer ve mutluluğa götürebileceğinizi görüyorsunuz.
- Lincoln ve Gandi gibi adamlar, düşüncelerin benzeri düşünceleri çeken, milyonların zihninin tek bir zihin gibi çalışmasını sağlayan bir "mıknatıslanmaya" sahip olduğunu göstermektedir.
- Hem yoksulluk hem de zenginlik düşüncenin sonucudur.

BİZİM KABUL ETTİKLERİMİZ DIŞINDA ZİHNİN HİÇBİR SINIRI YOKTUR.

HEM YOKSULLUK HEM DE ZENGİNLİK DÜŞÜNCENİN SONUCUDUR.

BÖLÜM 4

KENDİ KENDİNE TELKİN:

Bilinçaltını Etkilemek için Kullanılacak Yöntem

(Zenginliklere Doğru 3. Adım)

Kendi kendine telkin beş duyu yoluyla insanın zihnine ulaşan tüm ikna edici öneriler ve kişinin kendinden kaynaklanan uyaranlar için kullanılan bir terimdir. Kendi kendine telkin, zihnin bilinçli düşüncelerin yer aldığı bölümüyle bilinçaltının hareket merkezi olarak iş gören bölümü arasındaki iletişim aracıdır.

Kişinin zihninin bilinç kısmında kalmasına *izin verdiği* egemen düşünceler yoluyla (bu düşüncelerin olumlu ya da olumsuz olması önemli değildir) kendi kendine telkin prensibi bilinçaltına ulaşır ve onu bu düşüncelerle etkiler.

İlham yoluyla aklımıza gelenler dışında, olumlu ya da olumsuz, HİÇBİR DÜŞÜNCE KENDİ KENDİNE TELKİN PRENSİBİNİN YARDIMI

OLMADAN BİLİNÇALTINA GİREMEZ. Başka bir deyişle beş duyumuz vasıtasıyla ulaştığımız tüm izlenimler bilincimiz tarafından durdurulur ya bilinçaltımıza geçmesine müsaade edilir ya da geri çevrilir. Bu nedenle, zihnin bilinç bölümü bilinçaltı için bir koruyucu gibi hareket eder.

Doğa insanı öyle yaratmıştır ki, beş duyusu yoluyla bilinçaltına ulaşan malzeme üzerinde kesin kontrolü vardır, ama bundan insanın her zaman kontrollü olduğu şeklinde bir anlam çıkarılmamalıdır. Olayların büyük çoğunluğunda kontrollü değildir; bu da neden bu kadar çok insanın yoksulluk çektiğini açıklamaktadır.

Gübrelenmiş bir bahçeye benzeyen bilinçaltı hakkında söylenenleri hatırlayın. Eğer arzu edilen tohumlar ekilmezse yabani otlar saracaktır her tarafı. Kendi kendine telkin, insanın zihnini isteyerek yaratıcı düşüncelerle beslediği ya da ihmalkârlık ederek, yıkıcı türde düşüncelerin zengin zihin bahçesine girmesine izin verdiği kontrol mekanizmasıdır.

Arzuyla ilgili bölümde tanımlanan altı adımın sonuncusunda sizden, para için duyduğunuz arzunun yazılı ifadesini günde iki kez sesli olarak okumanız ve halihazırda bu paraya sahip olduğunuzu görmeniz ve hissetmeniz istenmişti! Bu talimatları izlemekle arzu ettiğiniz nesneyi tam bir inançla doğrudan bilinçaltınıza göndermiş oluyorsunuz. Bu işlemin tekrarıyla da, arzuyu parasal eşdeğerine dönüştürme çabalarınıza uygun düşünce alışkanlıkları oluşturuyorsunuz.

Arzu bölümünde anlatılan altı adıma geri dönün ve daha fazla ilerlemeden onları dikkatlice tekrar okuyun. Bunları bu bölümde anlatılanlarla karşılaştırarak talimatların kendi kendine telkin prensibinin uygulanmasını içerdiğini görebilirsiniz.

Bu nedenle arzu ettiğiniz şeyi sesli olarak okurken (ki bu şekilde "para bilinci" geliştirmeye çalışmaktasınız), sözcüklerinize heyecan ya da duygu karıştırmadan onları sadece okumanın bir anlamı yoktur. Bilinçaltınız yalnızca heyecan veya duyguyla karışık olan düşünceleri tanır ve onların üzerinde çalışır.

Neredeyse her bölümde tekrar edilmesi gereken önemli bir gerçektir bu, çünkü bunun yeterince anlaşılamaması kendi kendine telkin prensibini uygulamaya çalışan insanların büyük çoğunluğunun arzu edilen sonucu elde edememelerinin başlıca nedenidir.

Yalın, heyecandan yoksun sözcükler bilinçaltını etkilemez. İnançla iyi bir şekilde duygusallaştırılarak ifade edilen sözcükler ya da düşüncelerle bilinçaltına ulaşmayı öğrenene dek önemli bir sonuç elde edemezsiniz.

Denediğiniz ilk anda heyecanlarınızı kontrol edemez ya da yönlendiremezseniz cesaretiniz kırılmasın. "Hiçbir bedel ödemeden bir şey" diye bir olasılık olmadığını unutmayın. İsteseniz bile hile yapamazsınız. Bilinçaltınızı etkileme yeteneğinizin bedeli, burada anlatılan prensipleri uygulamadaki kararlılıktır. Arzu edilen yeteneği daha az bir bedel karşılığı geliştiremezsiniz. İstediğiniz ödülün ("para bilinci") ödemeniz gereken bedele değip değmediğine siz, ama yalnızca siz karar vermelisiniz.

Kendi kendine telkin prensibini kullanma yeteneğiniz, büyük ölçüde, adı geçen arzu, yakıcı bir saplantıya dönüşene dek ona yoğunlaşma kapasitenize bağlı olacaktır.

İkinci bölümde verilen talimatları uygulamaya başladığınızda, düşüncelerinizi yoğunlaştırma prensibini kullanmak sizin için gerekli olacaktır.

Burada düşünceleri yoğunlaştırmanın etkin bir şekilde kullanımı için önerilerde bulunacağız. Altı adımın birincisini, yani "arzu ettiğiniz kesin para miktarını kafanızda belirleyin" talimatını uygulamaya başladığınızda, gözlerinizi kapatıp paranın fiziksel varlığını gerçekten görene kadar düşüncelerinizi bu para miktarı üzerinde yoğunlaştırın. Bunu günde en az bir kez yapın. Bu alıştırmaları yaparken inanç bölümünde verilen talimatları izleyin ve paraya gerçekten sahip olduğunuzu görün!

İşte en önemli gerçek: Bilinçaltı kendisine mutlak inançla gönderilen her türlü emri alır ve bunlar üzerinde çalışır, ancak emirlerin bilinçaltı tarafından yorumlanmadan önce *sürekli tekrar* edilmesi gereklidir. *Kendiniz inandığınız için,* bilinçaltınızı da hayal ettiğiniz parayı elde etmeniz gerektiğine, bu paranın zaten sizi beklemekte olduğuna inandırabilir, bilinçaltınızın gerçekte sizin olan parayı kazanmanız için pratik planlar sunmasını sağlayabilirsiniz.

Bir önceki paragrafta ifade edilen düşünceyi hayal gücünüze gönderin ve hayal gücünüzün arzu ettiğiniz parayı elde etme amacına yönelik pratik planlar yaratmak için neler yapacağını izleyin.

Arzu ettiğiniz paranın karşılığında vermeyi düşündüğünüz şeyler için kesin bir plan beklemeyin. Sadece paraya sahip olduğunuzu düşünmeye başlayıp talep edin ve bekleyin, bilinçaltınız bu arada ihtiyacınız olan plan ya da planları size sunacaktır. Bu planlar için tetikte olun ve ortaya çıktıklarında hemen harekete geçin. Planlar büyük olasılıkla "ilham" şeklinde, altıncı his aracılığıyla zihninizde beliriverecektir. Ona saygı gösterin ve alır almaz harekete geçin.

Altı adımın dördüncüsünde, "Arzunuzu yerine getirmek için kesin bir plan yaratın ve bu planı uygulamak için hemen işe girişin" talimatı verilmekteydi. Bu talimatı bir önceki paragrafta verilen şekilde uygulamalısınız. Arzunun dönüştürülmesi yoluyla para kazanma planınızı yaratırken "mantığınıza" güvenmeyin. Mantık yetiniz tembel olabilir ve eğer size hizmet etmesi için tamamen ona güvenirseniz hayal kırıklığına uğrayabilirsiniz.

Elde etme niyetinde olduğunuz parayı (gözleriniz kapalı) *hayal ederken bu paranın karşılığında vermeyi düşündüğünüz hizmet ya da malı verdiğinizi de hayal edin. Bu çok önemli!*

Talimatların Özeti

Bu kitabı okuyor olmanız içtenlikle bilgiye ulaşmaya çalıştığınızın bir göstergesi. Aynı zamanda bu alanda bir öğrenci olduğunuza dair de iyi bir işaret. Eğer bir öğrenciyseniz, çok şey öğrenmeniz muhtemeldir, ancak bunu sadece tevazu göstererek yapabilirsiniz. Eğer talimatların sadece bazılarını uygulayıp diğerlerini uygulamayı ihmal eder ya da reddederseniz başarısız olursunuz. Tatmin edici sonuçlar almak için, tüm talimatları inanarak takip etmelisiniz.

İkinci bölümdeki altı adımla bağlantılı talimatlar burada özetlenip bu bölümde anlatılan ilkelerle birleştirilmektedir. Şöyle ki:

1. Rahatsız edilmeyeceğiniz sessiz bir yere gidin (tercihen gece yatağınızda), gözlerinizi kapatın ve elde etmeyi düşündüğünüz para miktarını, elde edilmesi için koyduğunuz zaman sınırını ve bu paranın karşılığında vermeyi düşündüğünüz hizmet ya da malı gösteren yazılı ifadeyi sesli bir şekilde (böylece kendi sözlerinizi duyabilirsiniz) tekrarlayın. Bu talimatları yerine getirirken zaten bu paraya sahip olduğunuzu hayal edin.

Örneğin, beş yıl sonraki ocak ayının birine kadar 50.000 dolar kazanmayı, bu parayı kazanan bir satış görevlisinin performansında kişisel hizmet vermeyi düşündüğünüzü varsayalım. Yazılı ifadeniz aşağıdakine benzer bir şey olacaktır:

"...yılının 1 Ocak tarihine kadar, bana çeşitli miktarlarda dönem dönem gelecek olan 50.000 doların tamamını kazanmış olacağım.

"Bu paranın karşılığında bir .... satış görevlisi olarak (satmayı düşündüğünüz mal ya da hizmeti tarif edin) elimden gelen en etkin hizmeti sunacağım.

"Bu parayı kazanacağıma inanıyorum. İnancım o kadar güçlü ki, bu paranın gözlerimin önünde olduğunu görebiliyorum. Ellerimle dokunabiliyorum. Para onun karşılığında sunacağım mal veya hizmet oranında ve belirlediğim zamanda bana gelmek için bekliyor. Bu parayı kazanmak için bir plan bekliyorum ve aldığımda bu planı uygulayacağım."

2. Bu programı, kazanmayı istediğiniz parayı (hayalinizde) görene dek gece gündüz tekrarlamaya devam edin.
3. Yazılı ifadenizin bir kopyasını çıkarıp gece ve gündüz görebileceğiniz bir yere asın ve yatmadan önce ve sabah kalkar kalkmaz ezberleyene dek okuyun.

Bu talimatları yerine getirirken, bilinçaltınıza emirler vermek amacıyla kendi kendinize telkin prensibini uyguladığınızı unutmayın. Ayrıca bilinçaltınızın yalnızca içine heyecan katılan ve "duyguyla" kendisine gönderilen talimatlar üzerinde çalışacağını unutmayın. İnanç duyguların en güçlüsü ve üretkenidir. İnanç bölümünde verilen talimatları izleyin.

Bu talimatlar başlangıçta soyut görünebilir. Bunun sizi rahatsız etmesine izin vermeyin. Başlangıçta ne kadar soyut ya da uygulanması imkânsız görünürse görünsün talimatları izleyin. Eğer bunu talimatın verildiği şekliyle, *hevesle yaparsanız*, önünüze yeni bir güç evreni açıldığında her şeyin zamanı kısa süre içinde gelecektir.

Yeni fikirlerle ilgili şüphecilik bütün insanların özelliğidir. Eğer sınırları çizilen talimatları uygularsanız şüpheciliğiniz kısa sürede inanca dönüşecektir.

Birçok filozof, insanın *dünyevi* kaderinin efendisi olduğunu ifade etmiş, ancak bunun *nedenini* belirtmemiştir. İnsanın dünyevi durumunun ve özellikle mali durumunun efendisi olmasının nedeni bu bölümde güzelce açıklanmıştır. *İnsan kendisinin ve çevresinin efendisi haline gelebilir, çünkü bilinçaltının etkileme gücüne sahiptir.*

Arzuyu paraya çevirme, kişinin bilinçaltını etkileyebileceği bir araç olarak kendi kendine telkinin kullanımını içermektedir. Diğer prensipler kendi kendine telkin yönteminin uygulandığı basit araçlardır. Bunu aklınızdan çıkarmadığınızda, bu kitapta anlatılan yöntemlerle para kazanma çabanızda kendi kendine telkin prensibinin oynayacağı önemli rolün farkında olacaksınız.

Bütün kitabı okuduktan sonra bu bölüme geri dönün ve bu talimatı heves ve coşkuyla takip edin:

KENDİ KENDİNE TELKİN PRENSİBİNİN GÜVENİLİR OLDUĞUNA, İDDİA EDİLEN HER ŞEYİ SİZİN İÇİN BAŞARACAĞINA İKNA OLANA DEK BÜTÜN BÖLÜMÜ HER GECE OKUYUN. OKURKEN SİZİ ETKİLEYEN HER CÜMLENİN ALTINI ÇİZİN.

Bir önceki talimatı harfiyen uyguladığınız takdirde başarı prensibinin tam olarak anlaşılması ve öğrenilmesinin yolu açılacaktır size.

AKILDA TUTULMASI GEREKEN NOKTALAR

- Bilinciniz bilinçaltınıza ulaşan düşüncelerinizi kontrol eden bir koruyucu gibidir. Olumlu ya da olumsuz istediğiniz tüm düşünce dalgalarını bilinçli olarak sürekli tekrar ederken aslında onların bilinçaltınıza ulaşmasını ve yerleşmesini sağlamış olursunuz. Bu tekrarları mutluluk, zenginlik ve sağlık üzerine yoğunlaştırdığınızda bilinçaltınızda olumsuz titreşimler için yer kalmadığını göreceksiniz.
- Duygularınız parayı gerçekten görüp elinize almanıza yardım ettiğinde, para daha önce varlığından haberdar olmadığınız kaynaklardan gelebilir. Hedeflerinizi kesin bir miktar üzerine odaklayın ve bu miktarı kendiniz belirleyin. Bir zaman sınırı da getirin.
- Kendi kendinize telkinde bulunma süreci sonunda bilinçaltınızın size gerekli planları sunması için bekleyin. Bilinçaltınız

size bir plan verdiğinde planı uygulamak için harekete hemen geçin. İlham değerlidir ve hemen kullanılmalıdır. Fırsatlar bekletilmekten hoşlanmazlar.

- Üç basit işlem kendi kendine telkinde ustalaşmanızı sağlar. Talimatları harfiyen uygulayın ve kaderinizin hâkimi olun.
- Her zorluk büyük bir kazancın tohumlarını da birlikte getirir.

BÖLÜM 5

ÖZELLEŞMİŞ BİLGİ:

Kişisel Deneyimler ve Gözlemler

(Zenginliklere Doğru 4. Adım)

İki tür bilgi vardır. Biri genel, diğeri özelleşmiş bilgidir. Genel bilgi, miktarı ne kadar büyük veya ne kadar çeşitli olursa olsun paranın kazanılmasında çok az işe yarar. Büyük üniversitelerin fakülteleri her türlü genel bilgiye sahiptirler. *Ama profesörlerin çok az parası vardır.* Onlar öğretme bilgisi üzerinde uzmanlaşırlar, fakat bilginin kullanımında ya da organizasyonunda özelleşmezler.

Paranın kazanılmasına yönelik pratik *hareket planları* yoluyla düzenlenip zeki bir şekilde yönlendirilmediği takdirde bilgi parayı çekmez. Bu gerçeğin anlaşılmaması, yanlış bir şekilde "bilginin güç" olduğuna inanan milyonlarca insanın şaşkınlığının kaynağıdır.

Öyle bir şey yok! Bilgi sadece *potansiyel* güçtür. Yalnızca kesin bir hareket planı şeklinde düzenlenir ve kesin bir hedefe yöneltilirse güç haline gelir.

Bütün eğitim sistemlerindeki "kayıp halka", eğitim kurumlarının öğrencilerine bilgiyi kazandıktan sonra nasıl organize edeceklerini ve kullanacaklarını öğretmedeki yetersizliklerindir.

Henry Ford "okula" çok az gittiği için birçok insan onun "eğitimli" bir insan olmadığı yanılgısına düşmektedir. Bu hatayı yapanlar "eğitim" sözcüğünün gerçek anlamını bilmemektedirler. Bu sözcük, sonuca varma, anlam çıkarma, içinden gelişmek anlamını taşıyan Latince "educo" sözcüğünden gelmektedir.

Eğitimli insan, mutlaka özel ya da genel bilgiye sahip demek değildir. EĞİTİMLİ İNSAN ZİHİNSEL BECERİLERİNİ, BAŞKALARININ HAKLARINI İHLAL ETMEDEN İSTEDİĞİ HER ŞEYİ ALABİLECEK ŞEKİLDE GELİŞTİREN İNSANDIR. Henry Ford işte tam bu tanıma fazlasıyla uyuyordu.

Birinci Dünya Savaşı sırasında bir Chicago gazetesi, Henry Ford'u diğer ifadelerin yanı sıra "cahil barışsever" olarak adlandırdığı bir başmakale yayınlamıştı. Ford bu ifadeye itiraz etti ve gazeteye karşı iftira davası açtı. Dava mahkemede görüldüğü sırada gazetenin avukatları iddialarının doğruluğunu kanıtlayacaklarını söyleyerek cahil olduğunu göstermek için Ford'u tanık sandalyesine çıkardılar. Avukatlar Ford'a çeşitli sorular yönelttiler. Soruların her biri, Ford otomobil üretimi konusunda özelleşmiş bilgiye sahip olsa da, genel anlamda cahil olduğunu göstermeye yönelikti.

Ford şu tür sorularla sıkıştırıldı:

"Benedict Arnold kimdi?" ve "1776 Ayaklanması'nı bastırmak için İngilizler Amerika'ya kaç asker gönderdiler?" Son soruya cevap olarak Ford, "İngilizlerin gönderdiği asker sayısını tam olarak bilmiyorum, ama geri dönenlerden çok daha fazla olduklarını duydum," dedi.

Sonunda Ford bu sorulardan sıkıldı ve özellikle saldırgan bir soruya karşılık olarak şöyle dedi: "Sorduğunuz bu aptalca soruyu ya da daha önce sorduklarınızı gerçekten cevaplamam gerekiyorsa, size şunu hatırlatmama izin verin. Masamda bir dizi elektrik düğmesi bulunur ve ben doğru düğmelere basarak emeğimin çoğunu harcadığım işimle ilgili sormak istediğim her türlü soruya cevap verecek yardımcılarımı çağırabilirim. Şimdi lütfen bana, bu sorulara cevap verebilecek adamlarım varken neden benim zihnimi bu genel bilgiyle doldurmam gerektiğini söyleyebilir misiniz?"

Bu cevapta kesinlikle iyi bir mantık vardı.

Bunun üzerine avukatların ağzı kapanmıştı. Mahkemedeki herkes bu cevabın cahil bir adamın değil, eğitimli bir adamın cevabı olduğunu fark etmişti. Bilgiyi ihtiyacı olduğunda nereden alacağını bilen ve bu bilgiyi kesin hareket planı şeklinde organize etmeyi bilen her insan eğitimlidir. "Beyin Gücü" grubunun yardımıyla Henry Ford, Amerika'nın en varlıklı adamlarından biri olmasını sağlayan özelleşmiş bilgiyi emrinde tutuyordu. *Bilgiyi kendi zihninde tutması şart değildi.*

Arzuyu parasal eşdeğerine dönüştürme yeteneğinizden emin olmadan önce, servetin karşılığında vermeyi planladığınız mal veya hizmete ilişkin özelleşmiş bilgiye ihtiyacınız olacak. Belki kazanma yeteneğiniz ya da eğiliminizden daha fazla özelleşmiş bilgiye ihtiyaç duyabilirsiniz, bu durumda eksikliğinizi "Beyin Gücü" grubunun yardımıyla kapatabilirsiniz.

Andrew Carnegie, kişisel olarak, çelik işinin teknik kısmıyla ilgili bilgisi olmadığını belirtmişti, dahası özellikle bu konuyla ilgili uzmanlığa sahip olmak gibi bir gayreti de yoktu. Çeliğin üretilmesi ve pazarlanması için gereken uzmanlık bilgisine kendi BEYİN GÜCÜ GRUBU sayesinde ulaşabiliyordu.

Büyük servetlerin kazanılması güç gerektirir; güç oldukça organize ve zekice yöneltilen özelleşmiş bilgiyle kazanılır, ama bu bilginin serveti elde edecek olan insanın mülkiyetinde olması zorunlu değildir.

Bir önceki sayfadaki paragraf, servet kazanma hırsı olan ama ihtiyaç duyabileceği özelleşmiş bilgiyi kendisine kazandıracak "eğitime" sahip olmayanlara ümit ve cesaret vermelidir. İnsanlar bazen "aşağılık kompleksine" kapılırlar, çünkü eğitimli değillerdir. Paranın kazanılmasında faydalı bilgiye sahip olan insan grubunu örgütleyip yönetebilen bir insan o gruptaki herkes kadar eğitimlidir.

Thomas A. Edison sadece üç ay okula gitmişti. Ama eğitimsiz değildi; üstelik yoksul da ölmedi.

Henry Ford altıncı sınıfa kadar okumuştu, ama kendi başına mali açıdan çok iyi bir yere geldi.

Özelleşmiş bilgi ulaşılabilen en bol ve ucuz hizmet şekilleri arasındadır! Eğer bundan şüpheniz varsa herhangi bir üniversitenin bordrolarına bakın.

Bilgiyi Nasıl Alacağını Bilmek Karşılığını Fazlasıyla Verir

İlk olarak istediğiniz özelleşmiş bilgi türüne ve ne için gerektiğine karar verin. Hayattaki en önemli amacınız, varmak için çalıştığınız hedefiniz, büyük ölçüde hangi bilgiye ihtiyaç duyacağınızı belirlemeye yardımcı olur. Bu soru halledildiğinde, bir sonraki adımınız güvenilir bilgi kaynaklarıyla ilgili doğru bilgiye ulaşılmasına yönelik olacaktır. Bunların en önemlileri:

1. İnsanın kendi deneyimi ve eğitimi.
2. Diğerlerinin işbirliğiyle elde edilen deneyim ve eğitim (Beyin Gücü ortaklığı).
3. Kolejler ve üniversiteler.
4. Halk kütüphaneleri (uygarlığın organize ettiği her türlü bilginin bulunabileceği kitaplar ve dergiler).
5. Özel eğitim kursları (gece okulları ve evde çalışma programları).

Bilgi kazanıldıkça, pratik planlar yoluyla kesin bir amaca yönelik olarak düzenlenmeli ve kullanılmalıdır. Değerli bir sonuca yönelik olarak uygulanmasından elde edilen kazanım dışında bilginin bir değeri yoktur.

Eğer ek ders almayı düşünüyorsanız ilk olarak bilgiyi hangi amaçla istediğinize karar verin, sonra bu özel bilginin nereden elde edilebileceğini öğrenin.

Başarılı insanlar, hangi işte olursa olsun, en önemli amaçları, işleri ve meslekleriyle ilgili özelleşmiş bilgiyi elde etmekten hiçbir zaman vazgeçmezler. Başarılı olmayanlarsa, bilgi kazanma döneminin okul bittiğinde sona erdiğini düşünme hatası yaparlar. Doğrusu şu ki, okuldaki eğitim insana pratik bilginin nasıl kazanılacağının yolunu göstermez.

İnsanoğluyla ilgili en garip şeylerden biri sadece bir bedeli olana değer vermesidir. Amerika'nın bedava okulları ve ücretsiz halk kütüphaneleri insanları etkilememektedir, *çünkü onlar için para ödemek zorunda değilsinizdir.* Bu kadar çok insanın okulu bitirip işe başladıktan sonra ek eğitim almayı gerekli görmelerinin başlıca nedeni budur. İşverenlerin evde çalışma programlarına katılan çalışanlarına daha fazla önem vermelerinin nedeni de budur. İşverenler, boş vaktinin bir kısmından vazgeçerek evde ders çalışacak kadar hırslı olan her insanın liderlik özelliklerine sahip olduğunu deneyimleriyle öğrenmişlerdir.

İnsanlarda tedavisinin mümkün olmadığı bir zayıflık durumu vardır. O da evrensel bir zayıflık olan hırs eksikliğidir! Özellikle boş zamanını ev çalışması için programlayan ücretli insanlar ender olarak aşağılarda kalır. Hareketleri yukarıya doğru tırmanma yolunu açar, yollarından birçok engeli kaldırır ve onları fırsat yoluna koyacak olan güç sahiplerinin dostça ilgilerini kazandırır.

Evde çalışma eğitim yöntemi, özellikle okuldan ayrıldıktan sonra ek özelleşmiş bilgi almaları gerektiğini düşünen, ancak okula geri dönmek için zaman ayıramayan çalışan insanların ihtiyaçlarına uymaktadır.

Stuart Austin Wier inşaat mühendisliği eğitimi almış ve bir kriz piyasasını daraltıp istediği kazancı elde etmesine engel olana dek bu işte çalışmıştı. Bu durumu değerlendirip mesleğini hukuka çevirmeye karar verdi, okula geri döndü ve kendisini şirket avukatı olarak yetiştirdiği özel kurslar aldı. Eğitimini tamamladı, baro sınavını geçti ve hemen kârlı bir hukuk kariyeri edindi.

"Şu anda okula gidemem, çünkü bakmam gereken bir ailem var," ya da "Çok yaşlıyım," diyecek olanlar için Wier'in okula geri döndüğünde kırk yaşını geçtiğini ve evli olduğunu söylemeliyim. Üstelik seçilen konuları öğretmeye en iyi şekilde hazırlanan üniversitelerdeki oldukça özelleşmiş kursları dikkatle seçerek Wier hukuk öğrencilerinin çoğunun dört yılda tamamladığı eğitimi iki yılda bitirdi. Bilgiyi nasıl satın alacağını bilmenin karşılığı büyüktür!

Özel bir örneği inceleyelim. Bir markette çalışan tezgâhtar birdenbire işsiz kalır. Biraz defter tutma deneyimi olduğu için muhasebe üzerine özel bir kurs alıp en son defter tutma inceliklerini ve ofis ekipmanını öğrenir ve kendi işini kurar. Eskiden çalıştığı marketten başlayarak yüzden fazla küçük tüccarla küçük bir meblağ karşılığında defterlerini tutmak için anlaşır. Fikri o kadar pratikti ki, kısa süre içinde bir teslimat kamyonetinin arkasında, modern defter tutma makineleriyle donattığı portatif bir ofis kurmanın gerekli olduğunu gördü. Şu anda "tekerlekler üzerinde" defter tutma ofisleri filosuna ve kendisi için çalışan geniş bir asistan kadrosuna sahip. Bu şekilde küçük ölçekli işletmelere sahip tüccarlara düşük bir ücret karşılığında paranın satın alabileceği en iyi defter tutma hizmetini veriyor.

İçinde hayal gücünün de bulunduğu özelleşmiş bilgi, bu eşi görülmeyen ve başarılı işteki ana etkendir. Geçen yıl bu işin sahibi, yanında çalıştığı tüccarın on katı gelir vergisi ödedi.

Bu başarılı işin başlangıcı bir fikirdi!

Başka bir örneğe geçelim. Dan Halpin anlatmaya çalıştığım şey için şahane bir örnektir. Üniversite günleri sırasında ünlü 1930 ulusal şampiyonasına katılan, Iate Knute Rockne'nin idaresi altındaki Notre Dame futbol takımı kaptanıydı.

Halpin oldukça kötü bir dönemde üniversiteden mezun olmuştu. Ekonomik kriz işlerin sayısını azaltmıştı, bu yüzden yatırım bankacılığı ve sinema filmi alanlarına bir göz attıktan sonra, potansiyel geleceği olan bulabildiği ilk fırsatı kabul etti, komisyon karşılığında işitme aygıtı satacaktı. Böyle bir işte herkes çalışabilirdi ve Halpin de bunu biliyordu, ama ona fırsat kapısını açmaya yetecek bir işti bu.

Hemen hemen iki yıl boyunca hoşlanmadığı halde işe devam etti ve eğer tatminsizliği konusunda bir şey yapmasaydı bu işten hiç çıkamazdı. Önce çalıştığı şirketin satış müdürü yardımcılığını hedefledi ve o işi aldı. Yukarıya doğru attığı bu tek adım onu arasında bulunduğu kalabalıktan çıkararak daha büyük fırsatları görmesini sağlamıştı. Ayrıca fırsatın da onu görebileceği bir yerdeydi artık.

İşitme aygıtı satışında o kadar iyi bir rekora sahipti ki, Halpin'in çalıştığı şirketin ticari rakibi Dictograph Products Şirketi'nin yönetim kurulu başkanı A. M. Andrews, uzun süre önce kurulmuş olan şirketinin elinden satışlarını alan bu Dan Halpin hakkında bir şeyler öğrenmek istiyordu. Halpin'i çağırttı. Görüşme sona erdiğinde, Halpin, Acousticon Bölgesi'nden sorumlu yeni satış müdürüydü. Sonra Andrews genç Halpin'in yeni işinde ya batmasını ya da yüzmeyi öğrenmesini sağlamak için onu yalnız bırakıp üç aylığına Florida'ya gitti. Halpin batmadı! Knute Rockne'nin, "Bütün dünya kazananları sever ve kimsenin kaybeden biri için zamanı yoktur," sözleri işine çok fazla şey katması yönünde ona öylesine ilham vermişti ki, şirketin başkan yardımcılığına seçildi. Bu pozisyon birçok insanın on yıllık bir sadakat sonunda ele geçirdiğinde gururlanacağı özellikteydi. Halpin bunu altı ay gibi bir sürede başarmıştı.

Bütün bu felsefeyle vurgulamaya çalıştığım önemli noktalardan biri, kontrol etmeyi istersek kontrol edebileceğimiz şartlar yüzünden, altta kaldığımız ya da üst pozisyonlara yükseldiğimizdir.

Başka bir noktayı daha vurgulamaya çalışıyorum; hem başarı hem de başarısızlık büyük ölçüde *alışkanlığın* bir sonucudur! Dan Halpin'in Amerika'nın şimdiye kadar tanıdığı en büyük futbol koçuyla olan yakın ilişkisinin, Notre Dame futbol takımını dünya çapında ünlü yapan aynı başarı arzusunu onun kafasına yerleştirdiğinden hiç şüphem yok.

İş bağlantılarının başarı ve başarısızlıkta önemli etkenler olduğuna dair teoriye olan inancım, oğlum Blair, Dan Halpin'le iş görüşmesi yaparken daha da belirgin hale geldi. Halpin, oğluma rakip bir firmadan alabileceğinin yarısı kadar bir başlangıç ücreti önermişti. Ben ebeveyn baskısı uygulayıp oğlumu Halpin'in teklifini kabul etmeye teşvik ettim, çünkü zorlu şartlardan yılmayan biriyle kurulacak olan yakın ilişkinin parayla ölçülemeyecek kadar değerli olduğuna inanıyordum.

Bütün fikirlerin ardında özelleşmiş bilgi yatar. Ne yazık ki, zenginliği bulamayanlar için özelleşmiş bilgi fikirlerden daha boldur ve daha kolay elde edilir. Bu gerçek nedeniyle, insanlara kişisel hizmetlerini avantajlı bir şekilde sunmalarına yardımcı olabilen kişiler için evrensel bir talep ve artan fırsatlar söz konusudur. Yetenek hayal gücü demektir, o da özelleşmiş bilgiyi, zenginliği elde etmek üzere tasarlanmış planlarla birleştirmek için ihtiyaç duyulan bir özelliktir.

Eğer hayal gücünüz varsa, bu bölüm arzu ettiğiniz zenginliğin başlangıcı olabilecek bir fikri verebilir size. Şunu unutmayın, fikir en önemli şeydir. Özelleşmiş bilgi her yerde bulunabilir!

AKILDA TUTULMASI GEREKEN NOKTALAR

- Bilgi yalnızca *potansiyel* güçtür. Bilgilerinizi, sizi hedefe götüren hareket planını verecek şekilde düzenleyebilirsiniz.
- Deneyim ve başka akıllarla kurulan bağlantıyla gelen eğitime karşı açık fikirli olun. Henry Ford bir servet edinecek kadar "cahildi".
- Bu bölümün size verdiği beş ana bilgi kaynağının herhangi birini ya da hepsini kullanın. Bilgiyi kazanmak kolaydır.
- Bilgi zenginliğe doğru giden yolu hazırlar size, tabii hangi yoldan gideceğinizi biliyorsanız.

BÖLÜM 6

HAYAL GÜCÜ:

Zihnin Atölyesi

(Zenginliklere Doğru 5. Adım)

Hayatta ihtiyaç duyduğunuz bütün "fırsatlar" hayal gücünüzde bekliyor. Hayal gücü, zihinsel enerjiyi başarı ve zenginliğe dönüştüren çalışma atölyesidir.

Hayal gücü kelimenin tam anlamıyla insan tarafından yaratılan bütün planların hazırlandığı atölyedir. Zihindeki hayal kurma becerisinin yardımıyla arzulara şekil, biçim ve hareket kazandırılır.

İnsanın hayal ettiği her şeyi yaratabileceği söylenir.

Hayal kurma becerisinin yardımıyla, insan son elli yıl içinde doğanın güçlerini, insan ırkının başlangıçtan beri yaptığından çok daha fazla keşfedip kontrol etti. Havayı öylesine ele geçirdi ki, kuşlar uçma konusunda insanla yarış edemez hale geldiler. İnsan hayal gücünün yardımıyla milyonlarca kilometre öteden güneşi tartıp inceledi, içeriğinde bulunan elementleri belirledi. Lokomotifin hızını o kadar arttırdı ki, artık sesten hızlı yolculuk edebilir hale geldi.

İnsanın tek sınırı hayal gücünde ve onu kullanma yeteneğinde yatmaktadır. Hayal gücümüzün kullanımında henüz doruk noktasına ulaşmadık, hatta bir hayal gücümüz olduğunu yeni keşfedip oldukça ilkel bir düzeyde kullanmaya başladık.

Hayal Gücünün 2 Formu

Hayal kurma becerisi iki şekilde işlev görür. Birincisi "birleştirici hayal kurma" ve diğeri de "yaratıcı hayal kurma" olarak bilinir.

BİRLEŞTİRİCİ HAYAL KURMA: Bu beceri yardımıyla kişi eski kavramları, fikirleri ya da planları yeni birleşimler haline getirebilir. Bu beceri hiçbir şey *yaratmaz*. Sadece yaşadığı deneyim, aldığı eğitim ve gözlemler ile çalışır. Mucitlerin çoğu tarafından kullanılan beceridir. Dâhi sınıfına giren ve kimsenin düşünemediği fikirleri bulan mucitler ise Yaratıcı Hayal Kurma becerisini kullanırlar.

YARATICI HAYAL KURMA: Yaratıcı hayal kurma becerisi sayesinde insanın sınırlı zihni, Sonsuz Akıl'la doğrudan iletişime geçer. "Önsezinin" ya da "ilhamın" kaynağı olan beceridir bu. Bütün temel ya da yeni fikirler insana bu beceriyle verilir. Bu beceri yardımıyla insan başka insanların bilinçaltıyla iletişim kurabilir.

Yaratıcı hayal kurma becerisi, daha sonraki sayfalarda anlatıldığı şekliyle otomatik olarak çalışır. Bu beceri ancak bilinçli zihin yüksek hızda titreştiğinde, yani aşırı derecede hızlı çalıştığında işlev görür; örneğin, bilinçli bir zihnin *güçlü bir arzunun* duygularıyla uyarıldığında olduğu gibi.

Yaratıcı beceri, kullanılarak geliştirildiği oranda Sonsuz Akıl'dan yayılan yaratıcı titreşimlere daha açık ve alıcı hale gelir.

İş, sanayi ve maliye dünyasının ileri gelen önderleriyle büyük ressamlar, müzisyenler, şairler ve yazarlar yaratıcı hayal kurma becerisini geliştirdikleri için büyüklerdir.

Hem birleştirici hem de yaratıcı hayal kurma becerisi kullanıldıkça daha fazla hazır hale gelir, tıpkı kullanım yoluyla gelişen kas ya da vücut organları gibi.

Arzu yalnızca bir düşünce, bir dürtüdür. Bulanık ve kısa ömürlüdür. Soyuttur ve fiziksel eşdeğerine dönüşene dek bir değeri yoktur. Birleştirici hayal gücü en sık olarak kullanılan olsa da, arzu dürtüsünün paraya dönüştürülmesi sırasında yaratıcı hayal kurma becerisinin de kullanılmasını gerekli kılan durumlar ve şartlarla karşılaşabileceğinizi aklınızdan çıkarmayın.

Hayal kurma beceriniz hareketsizlik nedeniyle zayıflamış olabilir. Kullanılarak yeniden canlandırılabilir ve uyandırılabilir. Bu beceri ölmez, ama kullanılmama nedeniyle uyuşuk hale gelebilir.

Şu an için dikkatinizi birleştirici hayal kurma becerisine odaklayın, çünkü arzunuzu paraya dönüştürme sürecinde en çok bu beceriyi kullanacaksınız.

Elle tutulamaz düşüncelerin, elle tutulabilir para gerçekliğine dönüştürülmesi plan ya da planların kullanımını gerektirir. Bu planlar hayal gücünün, özellikle birleştirici becerinin yardımıyla oluşturulur.

Bütün kitabı okuyun, sonra bu bölüme geri dönün ve hayal gücünüzü, arzunuzu paraya dönüştürmek için gerekli olan plan ya da planların oluşturulmasına yöneltin. Planların oluşturulmasıyla ilgili ayrıntılı talimatlar hemen hemen her bölümde verilmiştir. İhtiyaçlarınıza en fazla uyan talimatları sürdürün ve eğer halen yapmadıysanız planınızı yazıya dökün. Bunu yapar yapmaz gözle görülmeyen arzunuza somut bir şekil vermiş olacaksınız. Bu cümleyi bir kez daha okuyun. Çok yavaş bir şekilde sesli okuyun. Arzunuzu yazılı ifadeyle dile getirip gerçekleştirilmesi için bir plana oturttuğunuzda, düşüncelerinizi fiziksel eşdeğerine dönüştürmenizi mümkün kılacak bir dizi adımdan ilkini atmış olacaksınız.

Üzerinde yaşadığınız dünya, siz, kendiniz ve diğer her türlü maddi varlık, mikroskobik maddeciklerin düzenli bir şekilde örgütlendiği evrimsel değişimin bir sonucudur.

Üstelik -bu ifade son derece önemlidir- bu dünya, bedeninizin milyarlarca hücresinin her biri ve maddelerin her bir atomu *gözle görülemeyen bir enerji olarak başlamıştı. Bilimin kanıtladığı kadarıyla bütün evren yalnızca iki elementten oluşmuştur; madde ve enerji. Algılanabilen her şey, evrenin bir ucundaki en büyük yıldızdan insanoğluna kadar her şey, madde ve enerjinin birleşiminden oluşmuştur.*

Arzu düşünce dalgalarıdır! Düşünce dalgaları enerji şekilleridir. Para kazanmaya yönelik düşünce dalgaları arzuyla işe başladığında, doğanın bu dünyayı, hatta evrendeki her bir maddeyi yaratırken kullandığı "şeyi" hizmetinize alıyorsunuz demektir.

Değişmez kanunların yardımıyla bir servet edinebilirsiniz. Ama önce, bu kanunları ve onları kullanmayı öğrenmelisiniz. Tekrarlar sayesinde ve bu prensiplerin tanımına mümkün olan her yönden yaklaşarak yazar size büyük servetin kazanıldığı sırrı açmayı ümit ediyor. Garip ve çelişkili görünebilir ama sır bir "sır" değil. Doğa, üzerinde yaşadığımız dünyada, yıldızlarda ve gezegenlerde, etrafımızdaki elementlerde, her bir çimende ve görebildiğimiz her türlü hayat şeklinde sırrın reklamını yapıyor.

Eğer tüm anlatılanları tamamen anlayamıyorsanız moralinizi bozmayın. Zihin ile ilgili tecrübeli bir öğrenci olmadığınız sürece tüm bunları tek okumada içselleştirmeniz beklenmiyor.

Buradaki prensipler hayal gücünün anlaşılması yolunu açmaktadır. Bu felsefeyi ilk kez okurken dikkatlice anladığınızı özümseyin; sonra tekrar okuyun ve irdeleyin, bir şeyin ona açıklık kazandırdığını ve bütünü daha geniş açıdan anlamanızı sağladığını keşfedeceksiniz. Her şeyin ötesinde bu kitabı en az üç kez okumadan bu prensipleri irdelemeyi bırakmayın, çünkü o zaman bir daha hiç bırakmamak isteyeceksiniz.

Hayal Gücü Uygulamayla Servetler Getiriyor

Fikirler bütün servetlerin başlangıcıdır. Düşünceler hayal gücünün ürünleridir. Büyük servetler kazandıran ve iyi bilinen birkaç fikri inceleyelim. Bu hikâyelerin, zenginliğin elde edilmesinde hayal gücünün kullanıldığı yöntemle ilgili kesin bilgiler taşıyacağını ümit ediyoruz.

Elli yıl önce yaşlı bir kasaba doktoru kasabaya geldi, atını bağladı, eczaneye arka kapıdan sessizce süzülüp genç tezgâhtarla pazarlığa girişti.

Doktor ve tezgâhtar ilaç tezgâhının arkasında bir saatten uzun bir süre konuştular. Sonra doktor çıktı. At arabasına gidip geniş, eski tip geniş bir kazan ve kazanın içindekilerin karıştırılmasında kullanılan büyük tahta bir kaşık getirip dükkânın arka tarafına koydu.

Tezgâhtar kazanı inceledi, cebine uzanıp bir tomar para çıkardı, doktora uzattı. Tomarda tam olarak beş yüz dolar vardı, tezgâhtarın bütün birikmiş parası.

Doktor üzerinde gizli formülün yazılı olduğu bir kâğıt parçası uzattı. Kâğıtta yazılı olan şey son derece değerliydi! *Ama doktor için değil!* Bu sihirli sözcükler kazanı kaynatmak için gerekliydi, ama ne doktor ne de genç tezgâhtar bu kazandan ne kadar muhteşem servetlerin çıkacağından habersizdi.

Doktor o ıvır zıvırı beş yüz dolara sattığı için memnundu. Tezgâhtar bütün birikimini sadece bir parça kâğıt ve bir kazana yatırarak büyük bir risk alıyordu! Yatırımının gün gelip Alâaddin'in sihirli lambasını geride bırakacak şekilde altınla dolup taşacağı aklına bile gelmezdi.

Tezgâhtarın *gerçekte satın aldığı* şey bir fikirdi!

Eski kazan, tahta kaşık ve kâğıdın üzerindeki sözcükler rastlantısaldı. Kazanın yeni sahibi talimatlara doktorun hakkında hiçbir şey bilmediği sırrı ekleyince, kazanın garip performansı ortaya çıkmaya başladı.

Genç adamın gizli mesaja kazanın altınla dolup taşmasını sağlayacak ne eklediğini bulup bulamayacağınıza bir bakın. Hayal ürünü hikâyelerden daha garip, ama gerçek bir hikâye var karşınızda. Bir fikir şeklinde başlayan gerçekler.

Bu fikrin ürettiği büyük altın servetine bir bakalım. Bu fikir kazanın içindekileri milyonlarca insana dağıtan dünyanın her yerindeki kadın ve erkeklere hâlâ büyük servetler kazandırmaktadır.

Eski kazan dünyanın en büyük şeker tüketicilerinden biridir, dolayısıyla şeker pancarı üretiminde, şekerin rafine edilip pazarlanmasında çalışan binlerce kadın ve erkeğe iş sağlamaktadır.

Eski kazan yılda milyonlarca cam şişe tüketerek çok sayıda cam işçisine iş sağlamaktadır.

Eski kazan dünya çapında kâtip, stenograf, reklamcı ve reklam metin yazarı ordusuna iş sağlamaktadır. Ürünü tanıtan muhteşem filmleri yaratan çok sayıda sanatçıya ün ve servet kazandırmıştır.

Eski kazan küçük Güneyli kasabasını Güney'in başkenti haline getirmiştir. Şu anda kentteki her iş ve hemen hemen her insan eski kazandan doğrudan ya da dolaylı olarak yarar görmektedir.

Bu fikrin etkisinden dünyadaki bütün uygar toplumlar yararlanmakta, dokunana sürekli bir altın akışı sağlamaktadır.

Kazandan gelen servet Güney'in en ileri gelen üniversitelerinden birinin yapımına ve yaşamasına katkıda bulunmuştur. Burada binlerce genç insan başarı için gerekli olan eğitimi almaktadır.

Eğer o eski pirinç kazanın içindeki ürün konuşabilseydi her dilde heyecanlı macera hikâyeleri anlatabilirdi. Aşk maceraları, iş maceraları, gündelik olarak ondan etkilenen profesyonel kadın ve erkeklerin maceraları.

Yazar bu maceralardan en az birinden emin, çünkü kendisi bu maceranın bir parçasını oluşturuyor. Bu macera tezgâhtarın kazanı satın alışından çok kısa bir süre sonra başlıyordu. Yazar, karısıyla o sırada tanışmıştı ve ona kazandan ilk söz eden bu kadındı. Yazar, kadına "iyi ve kötü günlerde" kendisini kabul etmesini teklif ettiğinde kazanın ürününü içiyorlardı.

Kim olursanız olun, nerede yaşarsanız yaşayın, ne işle uğraşırsanız uğraşın gelecekte ne zaman Coca-Cola sözcüklerini görürseniz, onun büyük zenginlik ve nüfuz imparatorluğunun sadece tek bir fikirden ortaya çıktığını ve eczane kalfası Asa Candler'ın gizli formüle karıştırdığı esrarengiz harcının *hayal gücü* olduğunu hatırlayın!

Durup bir an için bunu düşünün!

Ayrıca bu kitapta tarif edilen zenginliğe giden basamakların Coca-Cola'nın her şehre, kasabaya, köye ve dünyanın öte ucuna taşındığı aracılar olduğunu ve yaratabileceğiniz Coca-Cola kadar *sağlam ve değerli* her türlü fikrin dünya çapındaki susuzluk gidericinin rekorunu tekrarlayabileceğini de unutmayın.

Bir Milyon Dolarım Olsa Ne Yapardım?

Bu hikâye eski bir atasözünün gerçekliğini kanıtlamaktadır. "İstek olduğunda yol bulunur." Bu söz, vaaz verme kariyerine Chicago'da başlayan sevgili eğitmen ve din adamı Frank W. Gunsaulus tarafından söylenmişti bana.

Dr. Gunsaulus üniversitede okurken eğitim sistemimizdeki birçok yetersizliği gözlemlemişti. Üniversitenin başına geçerse bu yetersizlikleri giderebileceğini düşünüyordu.

Eğitimin yürürlükteki yöntemleriyle engellenmeden fikirlerini uygulayabileceği yeni bir üniversite kurmaya karar vermişti.

Projesini uygulamaya koymak için bir milyon dolara ihtiyacı vardı! Bu kadar büyük parayı nereden bulacaktı? Bu hırslı genç vaizin düşüncelerini etkisi altına alan soru buydu.

Hiçbir ilerleme kaydedemiyordu.

Her gece bu fikirle birlikte yatıyor, sabah onunla kalkıyordu. Gittiği her yere bu fikri de götürüyordu. İçini kemiren bir *saplantı* haline gelene dek bu fikri kafasında evirdi çevirdi.

Bir vaiz olmanın yanı sıra bir filozof olan Dr. Gunsaulus hayatta başarılı olan herkes gibi, başlangıç noktasının *kesin bir amaç* belirlemek olması gerektiğini fark etmişti. Bu amacı fiziksel eşdeğerine çevirmek için ateşleyici bir arzuyla desteklendiğinde, amacın kesinliğinin eylemi, yaşamı ve gücü de birlikte getirdiğini fark etmişti.

Bu büyük gerçekleri biliyordu, gelgelelim bir milyon doları nereden bulacağını bilmiyordu. Herkesin yapacağı en doğal şey, "Eh, benimki iyi bir fikirdi, ama bu konuda bir şey yapamam, çünkü gerekli bir milyon doları asla bulamam," demek olurdu. Ama Dr. Gunsaulus böyle söylemedi. Onun söylediği ve yaptığı şey o kadar önemliydi ki, onu size tanıtmak ve kendisinin anlatmasına izin vermek istiyorum:

"Bir cumartesi öğleden sonra odamda oturup planlarımı uygulamak için gerekli olan parayı nereden bulacağımı düşünmeye başladım. Neredeyse iki yıldır düşünüyordum, *düşünmekten başka hiçbir şey yapmıyordum!*

"Kararımı o anda ve orada verdim. Gerekli olan parayı bir hafta içinde bulacaktım. Nasıl mı? Bunun için endişelenmiyordum. Önemli olan şey belirli zaman içinde parayı bulmaya karar vermekti. Size şu kadarını söyleyeyim ki, bu *kararı* verdiğim andan itibaren daha önce hiç hissetmediğim garip bir güven duygusu hissettim. İçimden bir ses, 'Neden bu kararı uzun süre önce vermedin? Bunca zamandır para seni bekliyor!' diyordu.

"Her şey çabucak gerçekleşmeye başladı. Gazeteleri arayıp ertesi sabah bir vaaz vereceğimi söyledim, başlık, 'Bir Milyon Dolarım Olsa Ne Yaparım,' olacaktı.

"Hemen bu konuşma üzerinde çalışmaya başladım, ama açıkça söylemeliyim ki, bu iş çok zor değildi, çünkü bu konuşmayı iki yıldır hazırlıyordum.

"Vakit gece yarısı olmadan konuşmayı hazırladım. Yatağa yatıp bir güven duygusuyla uykuya daldım, çünkü *paranın zaten elimde olduğunu görüyordum.*

"Ertesi sabah erkenden kalktım, hazırladığım yazıyı okudum, sonra dizlerimin üzerine çöküp vaazımın gerekli parayı verebilecek birinin dikkatini çekmesi için dua ettim.

"Dua ederken yine paranın gelmekte olduğu duygusuna kapıldım. Heyecan içinde konuşmayı yanıma almadan evden çıktım ve ancak konuşmayı yapacağım kürsüye çıktığımda bunu fark ettim.

"Eve geri dönmek için vakit yoktu ve bunu yapmamış olmam çok iyiydi! Bilinçaltım gerekli malzemeyi temin ediyordu. Vaazıma başlamak için kalktığımda gözlerimi kapatıp canla başla hayallerimi anlattım. Sadece dinleyicilerimle değil, Tanrı'yla da konuşuyordum. Eğer bu para bana verilirse bir milyon dolarla neler yapacağımı anlattım. Gençlerin pratik şeyler yaparken zihinlerini geliştirebilecekleri harika bir eğitim kurumu kurmak için zihnimde hazırladığım planı açıkladım.

"Konuşmamı bitirip oturduğumda, önden üçüncü sırada oturan bir adam yavaşça yerinden kalktı ve kürsüye doğru yaklaştı. Ne yapacağını merak ettim. Gelip elimi sıktı ve şöyle dedi: 'Peder, vaazınızı sevdim. Eğer bir milyon dolarınız olsa söylediğiniz her şeyi yapacağınızdan eminim.

Size inandığımı kanıtlamak için eğer yarın sabah ofisime gelirseniz size bir milyon doları vereceğim. Adım Phillip D. Armour.'"

Genç Gunsaulus, Armour'un ofisine gitti ve para kendisine verildi. Bu parayla, şu anda Illinois Teknoloji Enstitüsü olarak bilinen Armour Teknoloji Enstitüsü'nü kurdu.

Gerekli bir milyon dolar bir fikrin sonucu olarak gelmişti. Bu fikrin ardında genç Gunsaulus'un neredeyse iki yıldır beslediği bir arzu vardı.

Bu önemli gerçeğe dikkat edin: Kesin bir karar verdikten otuz altı saat sonra parayı elde etti.

Genç Gunsaulus'un bir milyon dolarla ilgili belirsiz düşünceleri ve bu konudaki zayıf ümidi konusunda yeni ve olağandışı bir şey yoktu. Ondan önce ve sonra da birçok insan benzeri düşüncelere sahip oldu. O cumartesi günü belirsizliği arka plana atıp, "Parayı bir hafta içinde bulacağım!" kararlılığına ulaştığında kesin bir plan oluşturdu ve otuz altı saat içerisinde istediği paraya ulaştı.

Dr. Gunsaulus'un bir milyon doları elde ettiği prensip hâlâ hayatta! Size de açık! Bu evrensel kanun, şu an da genç vaizin onu kullanıp başarıya ulaştığı zamanki kadar çalışabilir durumda.

Asa Candler ve Dr. Frank Gunsaulus'ın ortak bir özellikleri olduğuna dikkat edin. Her ikisi de fikirlerin, KESİN BİR AMAÇ, KESİN PLANLARLA BİRLEŞTİĞİNDE PARAYA ÇEVRİLEBİLECEĞİ GERÇEĞİNİ BİLİYORLARDI.

Eğer siz de çok çalışmanın ve dürüstlüğün tek başına zenginliği getireceğine inananlardansanız bu düşünceye boş verin! Bu doğru değil! Zenginlik büyük miktarlarda geldiğinde sadece çok çalışmanın sonucu değildir! Zenginlik, eğer gelirse, sadece şans ve talihin eseri olarak değil, kesin talepler ve kesin planların uygulanmasına cevap olarak gelir.

Genel anlamda konuşacak olursak, bir fikir hayal gücünün sesinin duyulmasıyla harekete geçen bir düşünce dalgasıdır. Bütün usta satıcılar malın satılamadığı yerde fikrin satılabileceğini bilirler. Sıradan satıcılar bunu bilmezler, bu yüzden "sıradandırlar" zaten.

Düşük fiyatlı kitapların yayıncısı, yayıncılar için çok değerli olacak bir şeyi keşfetmişti. Birçok insan kitapları isimlerine göre almaktadır, içeriğine göre değil. Bu yayıncı pek satılmayan bir kitabın sadece adını değiştirerek bu kitabın satışını bir milyonun üzerine çıkarmayı başarmıştır. Kitabın içeriği hiçbir şekilde değiştirilmemiştir. Sadece satış yapmayan ismin bulunduğu kapağı çıkararak büyük bir hasılat getiren yeni bir kapak koydurmuştur.

Çok basit görünse de bir fikirdir bu! Hayal gücüdür.

Fikirler üzerinde standart fiyatlar yoktur. Fikirlerin yaratıcısı kendi fiyatını koyar ve eğer yeterince zekiyse bu fiyatı elde eder.

Hemen hemen her büyük servetin hikâyesi, fikrin yaratıcısı ve satıcısının bir araya gelip uyum içinde çalışmaya başladığı gün başlar. Carnegie çevresini kendisinin yapamadığı şeyleri yapan, fikir üreten, fikirleri uygulamaya geçiren, kendisini ve başkalarını zengin eden adamlarla kuşatmıştı.

Milyonlarca insan "şansı" arayarak geçirir hayatını. Bu şans belki bir fırsatı doğurabilir, ama en güvenli plan şansa güvenmemektir. Bana hayatımın en büyük fırsatını veren şey bir "şanstı"; ne var ki, bu fırsat değerli bir varlık haline dönüşmeden önce yirmi beş yıllık *kararlı bir çabanın* bu fırsata adanması gerekti.

Bu "şans" Andrew Carnegie'yle tanışıp onun işbirliğini kazanmadaki talihimdi. Bu görüşmede Carnegie başarının prensiplerini başarı felsefesine dönüştürme *fikrini* kafama sokmuştu. Binlerce insan yirmi beş yılın araştırması sırasında yapılan keşiflerden faydalandı ve bu felsefenin uygulanmasıyla servetler elde edildi. Başlangıç basitti. Herhangi birinin geliştirebileceği bir fikirdi bu.

Şans Carnegie'yle geldi, peki ya, kararlılık, amacın kesinliği, hedefi uygulama arzusu ve yirmi beş yıllık kararlı çaba? Düş kırıklıklarına, cesaret kırılmasına, geçici yenilgilere, eleştirilere ve sürekli "zaman kaybı" olduğunun hatırlatılmasına rağmen ayakta kalan sıradan bir arzu değildi bu. Ateşleyici bir arzuydu! Bir saplantıydı!

Fikir Carnegie tarafından kafama ilk kez sokulduğunda *hayatta kalması* için dil dökülmesi, beslenmesi ve desteklenip özendirilmesi gerekiyordu. Fikir kendi gücüyle yavaş yavaş dev haline geldi, beni besledi ve beni yönlendirdi. Fikirler böyledir. Önce siz onlara hayat ve canlılık verir, rehberlik edersiniz, sonra onlar kendi güçlerini elde edip bütün itirazları bir kenara atarlar.

Fikirler gözle görülmeyen güçlerdir, ama kendilerini hayata getiren fiziksel beyinlerden daha fazla güçleri vardır. Kendilerini yaratan beyinler onları fırlatıp attığında kendi kendilerine yaşayacak güçlere sahiptirler.

AKILDA TUTULMASI GEREKEN NOKTALAR

- Birleştirici ve yaratıcı hayal gücünü kullanabilir ve gerekli pratikle karşı konulamaz şekilde bir arada çalışmalarını sağlayabilirsiniz.
- Hayal gücü birçok başarısızlıkta eksik olan bileşkendir, birçok başarının katalizörüdür. Asa Candler, *Coca-Cola* formülünü icat etmedi, formülü servete dönüştüren hayal gücünü kullandı.
- Hayal gücüyle desteklenen kesin bir amaç için belirli miktarda para istediğinizde, sınırsız miktarda para sizi beklemektedir. Bu prensip onu sadece isteyen bir vaize bir milyon dolar kazandırmıştır.
- Basit bir fikirle elde edilmek üzere bekleyen pek çok servet bulunmaktadır. Özgün bir plan bile olmaksızın, hedefinizi sadece yeni bir *birleşimle ortaya koyarak* binlerce ya da milyonlarca doları nasıl kazanabileceğinizi düşünün.

BÖLÜM 7

DÜZENLİ PLANLAMA:
Arzunun Eyleme Dönüşmesi

(Zenginliklere Doğru 6. Adım)

İnsanın yarattığı ya da kazandığı her şeyin bir arzu şeklinde başladığını; bu arzunun soyuttan somuta doğru yolculuğunun ilk aşamasının, planların yaratıldığı ve düzenlendiği hayal gücü atölyesinde yer aldığını öğrendiniz.

Arzuyla ilgili bölümde, size para arzunuzu parasal eşdeğerine dönüştürmede ilk hareket olarak altı kesin, pratik adım atma formülü verildi. Bu adımların biri, dönüşümün gerçekleşeceği kesin, pratik planın ya da planların oluşturulmasıdır.

Burada, bu pratik planları nasıl oluşturacağınıza dair talimatlar bulacaksınız:

1. Paranın kazanılması için gerekli olan planların oluşturulması ve gerçekleştirilmesi için ihtiyaç duyabileceğiniz kadar çok insan grubuyla işbirliği yapın. 9. Adım'da anlatılan "Beyin Gücü" prensibini kullanacaksınız. (Bu öneriye uymak *çok önemlidir.* Bunu ihmal etmeyin.)

2. "Beyin Gücü" ittifakını oluşturmadan önce grup üyelerinize işbirliği karşılığında önerebileceğiniz avantaj ve yararların neler olduğuna karar verin. Kimse bir karşılık olmadan çalışmaz. Aklı başında kimse bir başkasının karşılık olmadan, ki bu karşılığın her zaman para olması gerekmez, çalışmasını isteyemez ve bekleyemez.
3. "Beyin Gücü" takımınızla haftada en az iki kez ve mümkünse daha fazla buluşma ayarlayın, ta ki paranın elde edilmesi için gerekli planları mükemmel hale getirene dek.
4. Kendinizle "Beyin Gücü" grubunuz arasında tam bir uyum sağlayın ve sürdürün. Bu talimatı harfiyen uygulamazsanız başarısızlıkla karşılaşmayı bekleyebilirsiniz. Tam bir uyumun bulunmadığı yerde "Beyin Gücü" ilkesi mümkün olamaz.

Şu gerçekleri aklınızda tutun:

1. Sizin için büyük önem taşıyan bir işle meşgulsünüz. Başarıyı garantilemek için hatasız bir plan yapmalısınız.
2. Diğer insanların deneyim, eğitim, doğuştan gelen yetenek ve hayal gücü gibi avantajlarına sahip olmalısınız. Bu, büyük servet kazanmış olan herkesin izlediği yöntemin bir parçasıdır.

Hiç kimse, diğer insanların işbirliği olmaksızın büyük bir serveti garanti edecek yeterli deneyim, eğitim, doğuştan gelen yetenek ve bilgiye sahip değildir. Zengin olmaya yönelik olarak benimsediğiniz her plan sizin ve "Beyin Gücü" grubunuzun ortak yaratımı olmalıdır. Siz kısmen ya da tam olarak kendi planlarınızı yaratabilirsiniz, ama bu planların "Beyin Gücü" grubunuz tarafından kontrol edilip onaylandığından emin olun.

Eğer uyguladığınız birinci plan başarılı olmazsa onu yeni bir planla değiştirin; eğer bu plan da işe yaramazsa tekrar yeni bir tanesiyle değiştirin, ta ki işe yarayan bir plan bulana dek. Burası birçok insanın başarısızlıkla karşılaştığı noktadır, çünkü başarısız olan planlarla yenilerini değiştirme konusunda kararlı davranmamaktadırlar.

En zeki insan bile pratik ve işe yarar planlar olmaksızın para kazanmada ya da herhangi bir işte başarılı olamaz. Sadece şu gerçeği aklınızdan çıkarmayın: Planlarınız başarısız olursa, bu geçici yenilgidir, kalıcı bir başarısızlık değildir. Sadece planınızın çok sağlam olmadığı anlamına gelebilir. Başka planlar yapın. Yeniden başlayın.

Geçici yenilgi sadece tek bir anlama gelir, o da planınızda bir şeyin yanlış olduğudur. Milyonlarca insan hayatlarını yoksulluk ve sefalet içinde geçirirler, çünkü bir serveti elde edecek planları yoktur.

Sizin başarınız planlarınızın sağlamlığından daha büyük olamaz.

Kendisi vazgeçene kadar *-kendi kafasında-* hiç kimse mağlup edilemez.

James J. Hill doğudan batıya doğru demiryolu döşemek için gerekli olan sermayeyi bulma girişiminin ilk seferinde yenilgiyle karşılaştı, ama o da *yeni planlarla* yenilgiyi zafere dönüştürmeyi başardı.

Henry Ford otomobil kariyerinin sadece başlangıcında değil, tepeye doğru çıkarken de geçici yenilgilerle karşılaştı. Yeni planlar hazırladı ve mali zafere doğru ilerlemeye başladı.

Büyük zenginlikler kazanan insanları görüyoruz, ancak genellikle onların sadece zaferlerini fark ediyoruz, bulundukları yere "varmadan" önce üstesinden gelmek zorunda kaldıkları geçici yenilgilere dikkat etmiyoruz.

BU FELSEFEYİ TAKİP EDEN HİÇ KİMSE "GEÇİCİ YENİLGİLERLE" KARŞILAŞMADAN BİR SERVET ELDE ETMEYİ BEKLEYEMEZ. Yenilgi geldiğinde planlarınızın sağlam olmadığına dair bir işaret olarak kabul edin bunu; planlarınızı yeniden oluşturun ve hedefinize doğru tekrar yelken açın. Hedefinize ulaşmadan önce pes ederseniz, "vazgeçen" olursunuz.

VAZGEÇENLER ASLA KAZANAMAZ VE KAZANANLAR ASLA VAZGEÇMEZ.

Bu cümleyi büyük harflerle bir kâğıda yazıp her gece yatmadan önce ve her sabah kalktığınızda göreceğiniz bir yere asın.

"Beyin Gücü" grubunuz için üyeler seçmeden önce yenilgileri ciddiye almayanları seçmeye çaba gösterin.

Bazı insanlar sadece paranın para kazandırabileceği gibi bir fikre aptalcasına inanırlar. Bu doğru değildir! Burada anlatılan prensipler sayesinde parasal eşdeğerine dönüşen arzu, paranın "kazanıldığı" bir araçtır. Paranın kendisi hareketsiz bir maddeden başka bir şey değildir. Para tek başına hareket edemez, düşünemez ve konuşamaz, ama onu arzu eden insanın kendisini çağırdığını "duyar".

Satılacak Hizmetin Planlanması

Zekice planlama, zenginliğe ulaşmak için tasarlanan her işte başarı kazanmanın vazgeçilmez bir öğesidir. Bu bölümde kişisel hizmet satarak zenginliğe ulaşmak isteyenler için ayrıntılı talimatlar verilmiştir.

Hemen hemen bütün zenginliklerin kişisel hizmet ya da fikirlerin satışı olarak başladığını bilmek cesaret verici olabilir. Malı mülkü olmayan birinin, fikirler ve kişisel hizmet dışında, verebileceği ne vardır ki?

Dünyada geniş anlamda iki tip insan vardır. Biri liderler, diğeri de izleyenler olarak bilinir. Seçtiğiniz işinizde lider olmak mı, yoksa izleyen olarak mı kalmak istediğinize karar verin. İkisinin karşılığı arasındaki fark büyüktür. İzleyen kişinin, liderin hakkı olan karşılığı beklemesi mantıksızdır, oysa takipçilerin birçoğu bir şey yapmadan liderle aynı karşılığı bekleme hatasını yaparlar.

İzleyen olmada utanılacak bir şey yoktur. Öte yandan izleyen olarak kalmak bir şeref de değildir. Çoğu büyük lider izleyen olarak başlamıştır. Daha sonra büyük liderler olmuşlardır, çünkü onlar zeki takipçilerdi. Birkaç istisna dışında, liderini zekice izleyemeyen biri etkin bir lider olamaz. Liderini etkin bir şekilde izleyen kişi genellikle liderliğe en hızlı geçen kişidir. Zeki bir takipçinin birçok avantajı vardır, liderinden bilgi almak fırsatı da bunlardan biridir.

Liderliğin Temel Özellikleri

Aşağıdakiler liderliğin önemli etkenleridir:

1. KARARLI CESARET: Kişinin kendisi ve mesleği (uğraşı) hakkındaki bilgisine dayanır. Hiçbir takipçi kendine güveni ve cesareti olmayan bir liderin hâkimiyeti altında olmak istemez. Hiçbir zeki takipçi uzun süre böyle bir liderin hâkimiyeti altında kalmaz.
2. ÖZDENETİM: Kendi kendini kontrol edemeyen insan başkalarını asla kontrol edemez. Özdenetim takipçiler için ilham verici bir yöndür ve en zeki olanlar bunu taklit eder.
3. KUVVETLİ BİR ADALET DUYGUSU: Adalet duygusu olmaksızın hiçbir lider takipçilerine komuta edemez ve onlardan saygı göremez.

4. MUTLAK KARARLILIK: Kararlarında tereddüt gösteren lider kendinden emin olmadığı izlenimini uyandırır, başkalarını başarıyla idare edemez.

5. PLANLARIN KESİNLİĞİ: Başarılı bir lider çalışmalarını planlamalı ve planları üzerinde çalışmalıdır. Pratik ve kesin bir plan olmaksızın tahminlere göre hareket eden bir lider dümeni olmayan bir gemiye benzetilebilir. Er ya da geç kayalara oturacaktır.

6. ALINAN KARŞILIKTAN DAHA FAZLASINI YAPMA ALIŞKANLIĞI: Liderliğin zorluklarından biri takipçilerinden beklediğinden daha fazlasını yapmaya gönüllü olmasıdır.

7. HOŞ BİR KİŞİLİK: Pasaklı, dikkatsiz ve ilgisiz hiçbir insan başarılı bir lider olamaz. Liderlik saygı gerektirir. Takipçiler hoş bir kişiliğin bütün özelliklerinden yüksek not almayan bir lidere saygı duymazlar.

8. ANLAYIŞ VE HOŞGÖRÜ: Başarılı bir lider onu izleyenlere hoşgörüyle davranmalı, onlara ve sorunlarına anlayış göstermelidir.

9. AYRINTILARA HÂKİM OLMA: Başarılı liderlik ayrıntılara hâkimiyeti gerektirir.

10. BÜTÜN SORUMLULUĞU ÜSTLENMEYE İSTEKLİ OLMAK: Başarılı bir lider takipçilerinin hataları ve yetersizlikleri için sorumluluğu üstlenmeye istekli olmalıdır. Eğer sorumluluğu başkasına ya da başkalarına aktarmaya çalışırsa lider olarak kalmaz. Eğer takipçilerinden biri bir hata yapar ve yetersiz olduğunu gösterirse lider başarısız olanın kendisi olduğunu düşünmelidir.

11. İŞBİRLİĞİ: Başarılı bir lider işbirliği çabasına ait prensipleri anlamalı ve uygulamalıdır; takipçilerinin de aynı şeyi yapmasını sağlamalıdır. Liderlik güç gerektirir ve güç de işbirliği gerektirir.

İki tür liderlik vardır. Birincisi ve en etkin olanı, takipçilerinin onayı ve anlayışıyla gerçekleşen liderliktir. İkincisi ise, takipçilerin onayı ve anlayışı olmadan zorla gerçekleşen liderliktir.

Tarih zorba liderliğin uzun sürmediğini gösteren kanıtlarla doludur. Diktatörlerin ve kralların çöküşü ve yok oluşu çok anlamlıdır. Bu demektir ki, insanlar zorba liderleri kabul etmemektedir.

Napoleon, Mussolini, Hitler zorba liderliğin örnekleridir. Liderlikleri yaşadıkları dönemle sınırlı kalmıştır. Sadece takipçilerinin *onayıyla gerçekleşen liderlik* uzun soluklu olur.

İnsanlar zoraki liderleri bir süre için izleyebilirler, ama bunu istekli olarak yapmazlar.

Yeni liderlik, liderliğin burada tarif edilen on bir etkenini ve diğerlerini kapsamaktadır. Bu etkenleri liderliğinin temeli yapan kişi hayatta önder olmak için bol bol fırsat bulacaktır.

Liderlikte Başarısızlığın On Temel Sebebi

Şimdi başarısız olan liderlerin en önemli hatalarına geldik, çünkü ne yapmak gerektiği kadar *ne yapmamak* gerektiği de bilinmelidir.

1. AYRINTILARI ORGANİZE ETMEDE YETERSİZLİK: Etkin liderlik ayrıntılara hâkim olma ve organize etme yeteneği gerektirmektedir. Hiçbir gerçek lider, bir lider olarak kapasitesinden beklenen bir şeyi yapmayacak kadar "meşgul" olmaz. İster lider, ister takipçi olsun bir insan planlarını değiştiremeyecek ya da herhangi bir acil duruma dikkatini veremeyecek kadar meşgul olduğunu söylüyorsa yetersizliğini kabul etmiş demektir. Başarılı lider

işiyle bağlantılı bütün ayrıntılara hâkim olmalıdır. Bu da şüphesiz, ayrıntıları yetenekli yardımcılarına gönderme alışkanlığını kazanması anlamına gelmektedir.

2. ALÇAKGÖNÜLLÜ HİZMET VERMEYE İSTEKSİZLİK: Büyük liderler, durum gerektirdiğinde, başkasından isteyecekleri her türlü işi kendileri de yapmaya gönüllüdürler. "Aranızdaki en iyiler herkes için her koşulda en çok hizmet edenlerdir," sözü bütün yetenekli liderlerin bildiği ve saygı duyduğu bir gerçektir.
3. BİLDİKLERİYLE YAPTIKLARI YERİNE, SADECE BİLDİKLERİ ŞEYLER İÇİN KARŞILIK BEKLEMEK: Dünya insana "bildiği" şeyler için ödeme yapmaz. Ancak bildikleriyle yaptıkları ya da başkalarının yapmalarını sağladıkları şeyler için karşılık alır insanlar.
4. TAKİPÇİLERİNİN REKABETİNDEN KORKMAK: Takipçilerinden birinin kendi yerini almasından korkan lider, bu korkusunun er ya da geç gerçekleşeceğinden emindir. Yetenekli lider, görevini devredebileceği takipçilerine konumunun ayrıntılarını verebilir. Bir lider ancak bu şekilde kendini çoğaltabilir; aynı anda birçok yerde bulunabilir ve birçok şeye dikkat edebilir. İnsanın diğerlerini çalıştırma yeteneği sonucunda kendi çabasıyla kazandıklarından daha fazlasını elde ettiği kesin bir gerçektir. Etkin bir lider, mesleki bilgisi ve kişiliğinin çekiciliğiyle diğerlerinin etkinliğini büyük ölçüde arttırır ve kendi yardımı olmaksızın yapacaklarından daha çok ve daha iyi hizmet vermelerini sağlar.
5. HAYAL GÜCÜ YETERSİZLİĞİ: Hayal gücü olmaksızın bir lider acil durumları karşılamada ve takipçilerine etkin bir şekilde rehberlik eden planları yaratmada yetersiz kalacaktır.

6. BENCİLLİK: Takipçilerinin yaptığı iş için bütün payeyi talep eden bir liderin öfkeyle karşılaşacağı açıktır. Gerçekten büyük bir lider ödülün hiçbirini istemez. Ödülün takipçilerine gittiğini görmekten memnundur, çünkü birçok insanın övgü ve saygınlık için sadece para için yapacaklarından daha fazla çalışacaklarını bilir.
7. ÖLÇÜLÜ OLMAMAK: Takipçiler ölçülü davranmayan bir lidere saygı duymazlar. Üstelik aşırıya kaçma her şekliyle insanın dayanıklılığını ve devamlılığını tahrip eder.
8. SADAKATSİZLİK: Bu konu belki de bu listenin başında gelmeliydi. Kendisine gösterilen güvene, arkadaşlarına, astlarına ve üstlerine karşı sadık olmayan bir lider liderliğini uzun süre devam ettiremez. Sadakatsizlik insanı bir toz parçasından daha önemsiz hale getirir ve hak ettiği saygısızlığı doğurur. Sadakatsizlik her meslekte en önemli başarısızlıklardan biridir.
9. LİDERLİK "OTORİTESİNİN" VURGULANMASI: Etkin lider cesaret vererek yönetir, takipçilerinin kalbine korku salarak değil. Takipçilerini otoritesiyle etkilemeye çalışan bir lider güç yoluyla liderlik kategorisine girmektedir. Eğer kişi gerçek bir liderse bu gerçeği davranışları, anlayışı, adaleti ve işini bildiğini göstermesi dışında hiçbir şekilde reklam etmeye ihtiyaç duymaz.
10. UNVANIN VURGULANMASI: Yeterli bir liderin takipçilerinin saygısını hak etmek için bir unvana ihtiyacı yoktur. Unvanını çok fazla vurgulayan bir insanın genelde vurgulayacak başka bir şeyi yoktur. Gerçek bir liderin ofisinin kapıları girmek isteyen herkese açıktır ve çalışma yeri resmiyet veya gösterişten uzaktır.

Bunlar başarısız liderliğin nedenlerinden bazılarıdır. Bunlardan herhangi biri başarısızlığı doğurmak için yeterlidir. Liderliğe talipseniz listeyi dikkatle inceleyin ve bu kusurların sizde bulunmadığından emin olun.

Tam Olarak İstediğiniz Pozisyonu Bulmanın Yolları

Herkes kendisine uygun olan bir işi yapmaktan hoşlanır. Bir ressam resim yapmaktan hoşlanır, zanaatçı elleriyle çalışmayı sever, yazar ise yazmaktan hoşlanır. Daha az belirgin yetenekleri olanlar tercihlerini iş ve sanayi gibi alanlar için kullanırlar.

1. *Tam olarak* nasıl bir iş yapmak istediğinize karar verin. Eğer böyle bir iş mevcut değilse belki onu siz yaratabilirsiniz.
2. Birlikte çalışmayı istediğiniz şirket ya da bireyi seçin.
3. Müstakbel işvereninizi, politikasını, personelini ve ilerleme şansını araştırın.
4. Kendinizi, becerilerinizi ve yeteneklerinizi inceleyerek *önerebileceklerinizi* belirleyin ve başarılı bir şekilde sunabileceğinizden emin olduğunuz avantajları, hizmetleri, gelişmeleri, fikirleri vermenin yollarını ve araçlarını planlayın.
5. "İşi" unutun. Açık bir pozisyon bulunup bulunmadığını unutun. "Benim için işiniz var mı?" gibi sıradan önerileri unutun. *Sizin ne verebileceğinize* yoğunlaşın.
6. Zihninizde bir plan oluşturduğunuz zaman, deneyimli bir yazarın bunu özenli ve ayrıntılı bir şekilde kâğıda dökmesini sağlayın.
7. Bunu *yetkisi olan uygun kişiye* sunun, gerisini o yapacaktır. Her şirket ister fikir ister hizmet ya da "bağlantı" olsun, vereceği değerli bir şeyi olan insanları aramaktadır. Bütün şirketlerde, şirketin yararına yönelik kesin bir planı olan bir insan için yer vardır.

Bu işlem fazladan birkaç gün ya da hafta alabilir, ama gelirde, ilerlemede ve saygıda görülecek farklar küçük bir maaşla yıllarca çalışmaktan kurtaracaktır sizi. Bunun birçok avantajı vardır, en önemlisi, seçilen bir hedefe ulaşmada bir ile beş yıl arasında zaman kazandırmasıdır.

Yukarı doğru yükselen basamakların yarısını çıkmış olan her insan bunu bilinçli ve dikkatli bir planlamayla başarmıştır.

Hizmetinizi Pazarlamanın Yeni Yolu İş Hayatı Artık Bir Ortaklıktır

Hizmetlerini gelecek için daha avantajlı bir şekilde pazarlamak isteyen insanlar, işveren ve çalışan arasındaki ilişkide ortaya çıkan değişiklikleri fark etmelidir. Bu değişikliğin en önemli öğeleri, işveren ve çalışanları arasındaki ilişki, gelecekte daha çok bir ortaklık şeklinde olacaktır ve bu ortaklıkta artık sadece kendi aralarında pazarlık yapmakla kalmayıp hizmet verdikleri halka hizmet etmek için pazarlık ettiklerini bileceklerdir. Eğer iyi hizmet veremezlerse, bunun bedelini hizmet etme haklarını kaybetmekle öderler.

Hizmetleri etkin bir şekilde ve kalıcı olarak planlamada başarının nedenleri açık bir şekilde tanımlanmıştır. Bu nedenler incelenip anlaşılarak uygulanmazsa hiç kimse hizmetlerini etkin ve kalıcı bir şekilde pazarlayamaz. Her insan kendi kişisel hizmetlerinin satıcısı olmalıdır. Bir işin ücreti ve süresi verilen hizmetin niteliği ve niceliği, verildiği andaki ruh hali geniş ölçüde işin ücretine ve süresine bağlıdır. Kişisel hizmeti etkin bir şekilde pazarlamak için (bu da kalıcı bir piyasa, tatmin edici bir ücret ve iyi çalışma şartları anlamına gelmektedir) kişinin NNR formülünü benimseyip uygulaması gerekmektedir. Bu formül, NİTELİK artı NİCELİK artı uygun işbirliği RUHU eşittir mükemmel satıcılık hizmeti anlamına gelmektedir. "NNR" formülünü hatırlayın, ama daha iyisini yapın, bir alışkanlık olarak uygulayın bunu!

Tam olarak ne anlama geldiğini görmek için formülü analiz edelim:

1. Hizmetin NİTELİĞİ, en büyük etkinliklerinizden biridir. Hedefi her zaman zihinde canlı tutularak işinizle ilgili en yüksek kaliteyi ve en yüksek performansı sağlamanız anlamına gelmektedir.
2. Hizmetin NİCELİĞİ, daha iyi beceri, deneyim ve pratik yoluyla kazanıldığı için, verilen hizmetin miktarını arttırmak amacıyla imkân bulduğunuz hizmetleri her zaman için verebilme alışkanlığı anlamına gelmektedir. Vurgu yine *alışkanlık* sözcüğü üzerindedir.
3. Hizmet RUHU ise, diğer çalışanların işbirliğini sağlayan onaylanabilir, uyumlu davranış alışkanlığı anlamına gelmektedir.

Hizmetin nitelik ve niceliğinin uygunluğu için, hizmetinize kalıcı piyasayı sağlamış olmanız yeterli değildir. Hizmeti verdiğiniz andaki davranış ya da ruh hali, aldığınız ücret ve işin süresi üzerinde güçlü bir belirleyici etkendir.

Andrew Carnegie kişisel hizmetin pazarlanmasında başarıya götüren etkenlerin tanımında bu noktaya diğerlerinden daha fazla önem vermiştir. Uyumlu davranışın gerekliliğini tekrar tekrar vurgulamıştır. İşinin niteliği ya da niceliği ne kadar etkin ve büyük olursa olsun, uyumlu bir ruh hali içinde çalışmadığı sürece hiçbir kişiyi işte tutmayacağının üstüne basmıştır. Carnegie insanların uyumlu olmalarında kararlı olmuştur. Bunu kanıtlamak için bu özelliğe büyük değer vermiş, *kendi standartlarına uyan* birçok insanın çok zengin olmasını sağlamıştır. Uygun olmayanlarınsa diğerlerine yer açması gerekmiştir.

Hoş bir kişiliğin önemi de vurgulanmaktadır, çünkü bu, kişinin uyumlu bir ruh hali içinde hizmet vermesini mümkün kılan bir etkendir.

Eğer bir insanın kişiliği hoşsa ve uyumlu bir ruh hali içinde hizmet veriyorsa bu özellikler verilen hizmetin niteliği ve niceliğindeki eksiklikleri örtebilir. Ancak hiçbir şey hoş, memnunluk verici davranışın yerini alamaz.

Başarısızlığın 30 Sebebi
Kaç Tanesi Sizin Yolunuzu Tıkıyor?

Hayatın en büyük trajedisi gerçekten deneyip başarısız olan insanlardan oluşmaktadır! Trajedi başarılı olan birkaç taneyle kıyaslanınca son derecede fazla olan başarısız insan çoğunluğunun altında yatmaktadır.

% 98'i başarısız olarak sınıflanan binlerce erkek ve kadını inceleme ayrıcalığına sahip oldum.

Araştırmam gösterdi ki, başarısızlık için otuz önemli neden varken insanların servet sahibi olmalarını sağlayan on üç prensip bulunmaktadır. Bu bölümde, başarısızlığın otuz nedeni verilmektedir. Listeyi okurken bu nedenlerden kaçının sizinle başarı arasında durduğunu kontrol edin.

1. KÖTÜ KALITIMSAL GEÇMİŞ: Beyin hasarıyla doğan bir insan için yapılabilecek çok az şey vardır. Bu felsefe, bu zayıflığı örtecek tek bir yöntem önermektedir: "Beyin Gücü" grubu. Ancak bunun otuz neden içinde herhangi bir insan tarafından kolayca düzeltilemeyecek tek neden olduğuna dikkat edin.
2. HAYATTA İYİ BELİRLENMİŞ BİR AMAÇ EKSİKLİĞİ: Hedefledikleri kesin bir amacı olmayan kişiler için başarı ümidi yoktur. İncelediğim her yüz kişinin doksan sekizinde böyle bir hedef yoktu. Belki başarısızlıklarının ana nedeni buydu.

3. SIRADANLIĞI AŞACAK KADAR HIRSLI OLAMAMAK: Hayata karşı ilerlemeyi istemeyecek kadar ilgisiz olan ve bedelini ödemek istemeyen bir kişi için önerebileceğimiz bir şey yok.

4. YETERSİZ EĞİTİM: Bu nispeten daha kolay üstesinden gelinebilecek olan bir engeldir. Deneyimler göstermiştir ki, en eğitimli kişiler genellikle kendini eğiten kişilerdir. Bir insanı eğitimli yapmak için üniversite derecesinden daha fazlası gerekmektedir. Eğitim gören herhangi biri başkalarının hakkını ihlal etmediği sürece istediği her şeyi almasını öğrenen kişidir. Eğitim çok fazla bilgiden değil, etkin ve kararlı bir şekilde uygulanan bilgiden oluşmaktadır. İnsanlar sadece bildiklerini öğrenmek için değil, bildikleriyle ne yapacaklarını öğrenmek için para öderler.

5. DİSİPLİN YETERSİZLİĞİ: Disiplin kendi kendini kontrolle gelir. Bu da demektir ki, insan bütün olumsuz özelliklerini kontrol etmelidir. Şartları kontrol etmeden önce kendinizi kontrol etmelisiniz. Kendinize hâkim olmak şimdiye kadar uğraştığınız en zor iş olacak. Eğer kendinizi tutamazsanız nefsiniz sizi ele geçirir. Aynanın karşısına geçerek en iyi arkadaşınızı ve en kötü düşmanınızı aynı anda görebilirsiniz.

6. SAĞLIĞIN KÖTÜ OLMASI: Hiç kimse sağlığı iyi olmaksızın önemli bir başarının tadını çıkaramaz. Kötü sağlığın nedenlerinden çoğu hâkimiyet ve kontrole bağlıdır. Bunların bazıları şunlardır:

a. Aşırı yemek sağlık için iyi değildir.

b. Yanlış düşünce alışkanlıkları; olumsuz düşünceleri dile getirmek.

c. Seksin yanlış ve aşırı kullanımı.

d. Fiziksel egzersiz eksikliği.

e. Uygun olmayan soluk alıp verme yüzünden yetersiz temiz hava.

7. ÇOCUKLUK SIRASINDAKİ ELVERİŞSİZ ÇEVRE ETKENLERİ: "Ağaç yaşken eğilir." Suç eğilimi olan insanların çoğu, bu eğilimi çocukluk sırasındaki kötü çevre ve arkadaşların sonucu olarak kazanmıştır.

8. ERTELEME: Bu en yaygın başarısızlık nedenlerinden biridir. Erteleme isteği bütün insanların gölgesinde durup kişinin başarı şansını bozmak için beklemektedir. Çoğumuz hayata başarısız bir şekilde devam ederiz, çünkü önemli bir şey yapmaya başlamak için "doğru zamanı" bekleriz. Beklemeyin; zaman hiçbir zaman "doğru" olmayacaktır. Bulunduğunuz yerden başlayın ve elinizin altında hangi araç varsa onunla çalışın, yol boyunca daha iyi araçlar bulursunuz.

9. ISRAR ETMEME: Çoğumuz başladığımız her şeyde iyi "başlayıcılar" ama kötü "tamamlayıcılarız". İnsanlar en küçük bir yenilgi işaretinde vazgeçmeye hazırdırlar. Kararlılığın yerine konacak başka bir şey yoktur. Kararlılığı parolası haline getiren bir insan "Eski Dost Başarısızlığın" sonunda yorulup uzaklaştığını görür. Başarısızlık kararlılıkla başa çıkamaz.

10. OLUMSUZ KİŞİLİK: Olumsuz kişiliğiyle diğerlerinin nefretini kazanan kişi için hiçbir başarı umudu yoktur. Başarı gücün uygulanmasıyla gelir ve güç diğer insanların ışbirlikçi çabalarıyla elde edilir. Olumsuz kişilik işbirliği sağlayamaz.

11. CİNSEL İSTEĞİN KONTROL EDİLEMEMESİ: Seks enerjisi insanları harekete sürükleyen en güçlü uyarandır. Heyecanların en güçlüsü olduğu için dönüştürme yoluyla kontrol edilmeli ve başka kanallara yöneltilmelidir.

12. HİÇBİR BEDEL ÖDEMEDEN BİR ŞEY İÇİN KONTROLSÜZ ARZU: Kumar eğilimi milyonlarca insanı başarısızlığa sürükler.

Bunun kanıtı milyonlarca insanın borsada oynayarak para kazanmaya çalıştığı 29 Wall Street'teki düşüşte bulunabilir.

13. İYİ BELİRLENMİŞ KARAR GÜCÜ EKSİKLİĞİ: Başarıya ulaşan insanlar bir an önce karar verir ve eğer kararlarını değiştirirlerse, bunu çok yavaş yaparlar. Başarısız insanlar, eğer varabilirlerse, bir karara çok yavaş varır, çok sık ve çabuk bir şekilde değiştirirler. Kararsızlık ve erteleme ikiz kardeştir. Birinin bulunduğu yerde genellikle diğeri de bulunur. Sizi tamamen aciz hale düşürmeden bu çifti öldürün.

14. ALTI TEMEL KORKUDAN BİRİ YA DA DAHA FAZLASI: Bu korkular daha sonraki bölümlerde irdelenmiştir. Hizmetinizi etkin bir şekilde pazarlamadan önce bunlar iyice öğrenilmelidir.

15. EVLİLİKTE YANLIŞ EŞ SEÇİMİ: Bu başarısızlığın en büyük nedenlerinden biridir. Evlilik ilişkisi insanları yakın ilişkiye sokar. Bu ilişki uyumlu değilse başarısızlığın gelmesi olasıdır. Üstelik bu başarısızlık bütün hırs izlerini de silen perişanlık ve mutsuzlukla belirginleşecektir.

16. AŞIRI TEDBİRLİ OLMAK: Riske girmeyen insanlar genellikle diğerlerinin seçiminden arta kalanla yetinmek zorundadırlar. Aşırı tedbir de tedbirsizlik kadar kötüdür. Her ikisi de uzak durulması gereken aşırılıklardır. Hayatın kendisi şans öğeleriyle doludur.

17. İŞ HAYATINDA YANLIŞ ORTAK SEÇİMİ: İşteki başarısızlıkların en yaygın nedenlerinden biri budur. Kişisel hizmetin pazarlanmasında işverenin ilham verici, zeki ve başarılı olmasına dikkat edilmelidir. En çok yakın bağlantılar kurduğumuz kişileri taklit ederiz. Bu nedenle taklit etmeye değecek bir işveren seçin.

18. BATIL İNANÇ VE ÖNYARGI: Batıl inanç bir tür korkudur. Ayrıca cahillik işaretidir. Başarılı insanlar açık fikirlidir ve hiçbir şeyden korkmazlar.

19. YANLIŞ İŞ SEÇİMİ: Hiç kimse sevmediği bir işte başarılı olamaz. Kişisel hizmetin pazarlanmasında en önemli adım canla başla çalışacağınız bir işin seçimidir.

20. ÇABA YOĞUNLUĞU EKSİKLİĞİ: Çeşitli işlere aynı anda girişen kişi bu işlerden birinde ender olarak başarı gösterir. Bütün çabalarınızı tek bir kesin hedefe yoğunlaştırın.

21. RASTGELE HARCAMA ALIŞKANLIĞI: Savurganlar başarılı olamazlar, çünkü daima yoksulluk korkusuyla yaşarlar. Gelirinizin belirli bir yüzdesini bir kenara ayırarak sistemli bir biçimde tasarruf alışkanlığı edinin. Kişisel hizmet pazarlamasında, bankadaki para insana cesaret verir. Para olmaksızın, kişi karşıdakinin teklif ettiğini kabul etmek zorunda kalır ve onu elde ettiğine de memnun olur.

22. İSTEK EKSİKLİĞİ: İstek olmaksızın kişi ikna edici olamaz. Üstelik istek bulaşıcıdır ve buna sahip kişi herhangi bir gruba genellikle kolayca kabul edilir.

23. HOŞGÖRÜSÜZLÜK: Herhangi bir konuda dar görüşlü bir kişi ender olarak ilerler. Hoşgörüsüzlük insanın artık bilgi almayı bıraktığını gösterir. En zararlı hoşgörüsüzlük şekilleri, dinsel, ırksal ve siyasal fikir farklılıklarına karşı gösterilendir.

24. ÖLÇÜLÜ OLMAMA: En yıkıcı aşırıya kaçma şekilleri yeme, içme ve cinsel faaliyetlerle ilgili olandır. Bunların herhangi birinde ölçüsüzlük başarı için öldürücüdür.

25. DİĞERLERİYLE İŞBİRLİĞİ YAPMA YETERSİZLİĞİ: Birçok insan diğer hataların birleşiminden daha çok bu hata yüzünden işlerini kaybeder ve hayatta karşılarına çıkan büyük fırsatları kaçırırlar. Hiçbir bilgi sahibi işadamının veya liderin katlanacağı bir hata değildir bu.

26. ÇABA GÖSTERMEDEN ELDE EDİLMİŞ GÜCE SAHİP OLMA: (Kazanmadıkları parayı miras olarak alan zengin çocukları ve diğerleri.) Zaman içinde hak ederek kazanılmamış güç çoğu zaman başarı için ölümcüldür. Ani zenginlik yoksulluktan daha tehlikelidir.

27. KASITLI SAHTEKÂRLIK: Dürüstlüğün yerini tutacak bir şey yoktur. Kişi kontrol edemediği şartların etkisiyle geçici olarak sahtekârlık durumuna düşebilir ama isteyerek sahtekârlığı seçen kişi için hiç umut yoktur, er ya da geç yaptığı işler ayağına dolanacak ve şöhretini, hatta belki de özgürlüğünü kaybedecektir.

28. KENDİNİ BEĞENME VE KİBİR: Bu özellikler diğerlerini uzakta tutmaya yarayan kırmızı ışık görevi görür. Başarıyı öldürürler.

29. DÜŞÜNMEK YERİNE TAHMİN ETMEK: Çoğu insan doğru bir şekilde düşünmek için gerekli olan bilgiyi elde edemeyecek kadar tembel ya da ilgisizdir. Tahminler ya da çabuk hükümlerin yarattığı "görüşlere" göre hareket etmeyi tercih ederler.

30. SERMAYE YETERSİZLİĞİ: Bu, işe yeni başlarken hatalarını örtüp iyi bir şöhret kazanana dek kendilerini taşıyacak yeterli sermayeye sahip olmayanlar için yaygın başarısızlık nedenidir.

31. DİĞER: Bu listeye dahil olmayan, sizin yaşadığınız herhangi bir başarısızlık nedenini ekleyin.

Bu otuz en önemli başarısızlık nedeni içinde, deneyip başarısız olan herkes için geçerli olan hayat trajedisinin tanımı bulunmaktadır. Sizi iyi tanıyan birisinin bu listeyi sizinle birlikte incelemesi ve otuz bir başarısızlık nedenine göre sizi analiz etmesi faydalı olacaktır. Bunu tek başınıza yapmanızın da yardımı olabilir. Çoğu insan kendilerini diğerlerinin gördüğü gibi görmezler. Siz de göremeyenlerden olabilirsiniz.

Eski bir söz, "Ey insan, kendini bil!" demektedir. Eğer malı başarıyla pazarlamak istiyorsanız malı iyi tanımalısınız. Aynı şey kişisel hizmetin pazarlanması için de geçerlidir. Düzeltmek ya da tamamen ortadan kaldırmak için bütün zayıflıklarınızı bilmeniz gerekir. Hizmetlerinizi satarken üzerine dikkati çekebilmek için güçlü yanlarınızı da bilmelisiniz. Yalnızca doğru analiz yoluyla kendinizi tanıyabilirsiniz.

İyi tanınan bir işletmenin müdürüne iş için başvuran genç bir adam kendisiyle ilgili cehaletini sergilemişti. Müdür nasıl bir maaş beklediğini sorana dek çok iyi bir izlenim bırakmıştı. Genç aklında belirli bir rakam olmadığını söyledi (kesin amaç eksikliği). O zaman müdür, "Seni bir hafta denedikten sonra değerin kadar ödeme yapacağız," dedi.

"Bunu kabul edemem," dedi başvuru sahibi. "Çünkü şu anda çalıştığım yerde bundan fazlasını alıyorum."

Çalıştığınız yerde maaşınızla ilgili bir ayarlama istemeden ya da başka bir iş aramadan önce şu anda aldığınızdan daha değerli olduğunuzdan emin olmalısınız.

Para istemek bir şey -herkes fazlasını ister- ancak daha fazla değeri olmak başka bir şeydir! Pek çok insan istedikleriyle layık olduklarını karıştırırlar. Sizin parasal gereksinimlerinizin ya da isteklerinizin değerinizle bir ilgisi yoktur. Sizin değeriniz tamamen yararlı hizmet verebilme yeteneğinize ya da diğerlerinin böyle bir hizmeti vermelerini sağlama kapasitenize bağlıdır.

Etkin kişisel hizmet pazarlamasında yıllık benlik analizi, yıllık mal envanteri kadar önemlidir. Üstelik yıllık analizler hatalarda azalmayı, becerilerde artışı göstermelidir. İnsan hayatta ileri gider, olduğu yerde kalır ya da geriler. Kişinin hedefi tabii ki ilerlemek olmalıdır. Yıllık benlik analizleri ilerlemenin yapılıp yapılmadığını ve eğer yapıldıysa ne kadar olduğunu gösterir. Etkin kişisel hizmet pazarlaması, kişinin yavaş bile olsa ilerlemesini gerektirir.

Yıllık analizleriniz her yılın sonunda yapılmalıdır. Aşağıdaki soruları kendinize sorarak ve cevaplarınızın doğruluğu konusunda kendinizi aldatmanıza izin vermeyecek biriyle cevaplarınızı kontrol ederek bu listeyi çıkarın.

Kendinizi Anlamak için

Yirmi Sekiz Özel Soru

1. Bu yıl için amacım olarak belirlediğim hedefe ulaştım mı? (Hayattaki ana amacınızın bir parçası olarak her yıl varılması gereken hedefler üzerinde çalışmalısınız.)
2. Verebileceğim en iyi kalitede hizmet verdim mi, yoksa bu hizmetin iyileştirebileceğim yönleri var mı?
3. Verebileceğim en büyük nicelikte hizmet verebildim mi?
4. Davranışlarımın ruhu her zaman için uyumlu ve işbirliği içinde mi?
5. Erteleme alışkanlığının etkinliğimi azaltmasına izin verdim mi, eğer öyleyse, ne dereceye kadar?
6. Kişiliğimi geliştirdim mi, eğer öyleyse ne dereceye kadar?
7. Planlarımı tamamlama konusunda kararlı mıyım?
8. Her olayda hemen ve kesin bir şekilde karar verdim mi?
9. Altı temel korkunun bir ya da daha fazlasının etkinliğimi azaltmasına izin verdim mi?
10. Aşırı dikkatli ya da çok tedbirsiz davrandım mı?
11. İşyerindeki arkadaşlarımla ilişkim memnuniyet verici mi, değil mi? Eğer memnuniyet verici değilse hata kısmen ya da tamamen benim mi?

12. Çabalarımın belirli bir yere yoğunlaştırılmaması nedeniyle enerjimi israf ettiğim oldu mu?
13. Bütün konularla ilgili olarak açık fikirli ve hoşgörülü müyüm?
14. Hizmet verebilme yeteneğimi ne şekilde geliştirdim?
15. Aşırıya kaçtığım alışkanlıklarım var mı?
16. Açık ya da gizli bir şekilde herhangi bir kendini beğenmişlik ifadesi kullandım mı?
17. Arkadaşlarıma karşı davranışım bana saygı duymalarını sağlayacak nitelikte mi?
18. Fikirlerim ve kararlarım tahminlere mi, yoksa inceleme ve düşünce doğruluğuna mı dayanıyor?
19. Zamanım, harcamalarım ve gelirim için bir bütçe yapma alışkanlığım var mı?
20. Daha iyi bir avantaj elde etmek için kullanabileceğim kârsız bir işe ne kadar zaman harcadım?
21. Gelecek yıl daha etkin olabilmek için zamanımı nasıl yeniden ayarlayabilir ve alışkanlıklarımı değiştirebilirim?
22. Vicdanımın onaylamadığı herhangi bir hareketten sorumlu muyum?
23. Vermem için bana para ödenen hizmetten daha fazla ve daha iyi hizmeti ne şekillerde verdim?
24. Herhangi birine karşı haksızlık ettim mi, eğer öyleyse bunu ne şekilde yaptım?
25. Eğer bu yıl için verdiğim hizmetlerin alıcısı ben olsaydım satın aldığım şeyden tatmin olur muydum?
26. Doğru işte mi çalışıyorum, eğer cevap hayırsa neden?
27. Hizmetlerimin satın alıcısı verdiğim hizmetten tatmin olmuş mudur, olmamışsa neden?

28. Başarının temel prensiplerinde şimdiki derecem nedir? (Bu derecelendirmeyi adil ve dürüst bir şekilde yapın ve bunu doğru bir şekilde yapma cesareti olan birisiyle kontrol edin.)

Bu bölümde anlatılan bilgiyi okuyup özümlemiş olarak artık kendi kişisel hizmetinizi pazarlamak için pratik bir plan yapmaya hazırsınız. Bu bölümde, kişisel hizmet satışının planlanmasında esas olan her prensibin uygun bir tanımını bulacaksınız, buna liderliğin en önemli özellikleri, liderlikte en yaygın başarısızlık nedenleri, liderlik için fırsat alanlarının tanımı, hayatın her adımında başarısızlığın temel nedenleri ve kişinin kendini analizinde kullanılması gereken önemli sorular dahildir.

Doğru bilginin geniş ve ayrıntılı sunumuna, kişisel hizmet pazarlayarak zengin olma yolunu seçenlerin ihtiyacı olacaktır. Servetini kaybedenler ve para kazanmaya yeni başlayanların zenginliği elde etmek için kişisel hizmetten başka teklif edecekleri bir şey yoktur; bu nedenle hizmetin en iyi avantajla pazarlanmasında gerekli olan pratik bilgilere sahip olmaları çok önemlidir.

Bu bilgi personel şefleri, İK müdürleri ve çalışanların seçimi ve etkin organizasyonun sürdürülmesinde görevli olan diğer yöneticiler için çok değerlidir. Eğer bu ifadeden şüpheniz varsa, yirmi sekiz benlik analizi sorusunu yazıyla cevaplayarak sağlamlığını test edebilirsiniz.

AKILDA TUTULMASI GEREKEN NOKTALAR

- Başarılı liderliğin on bir sırrını, liderlerin başarısız olmasının on nedenini öğrenin; gördüğünüz herhangi bir olumsuz etkinin üstesinden gelin; yeni liderlik için altı alanı ve istediğiniz herhangi bir alandaki iyi bir işi elde etmek için beş yolu kullanın.
- Başarı açıklama gerektirmez. Başarısızlık bahaneye izin vermez.

BÖLÜM 8

KARAR ALMA:

Erteleme Huyunu Yenmek

(Zenginliklere Doğru 7. Adım)

Başarısızlık yaşayan yirmi beş binin üzerinde kadın ve erkeğin incelenmesi sonucunda, kararsızlığın otuz maddelik belli başlı başarısızlık listesinin neredeyse başında geldiği gerçeği ortaya konmuştur.

Karar vermenin tersi olan erteleme de herkesin üstesinden gelmesi gereken ortak bir düşmandır.

Bu kitabı bitirdiğinizde *çabuk ve kesin* kararlara varma kapasitenizi sınama fırsatı bulacak ve tanımlanan prensipleri eyleme dönüştürmeye hazır olacaksınız.

Milyonlarca dolarlık servete sahip olan birkaç yüz kişinin incelenmesiyse, bu insanların çok çabuk karara vardıkları ve eğer değiştirirlerse bunu çok yavaş yaptıkları gerçeğini ortaya koymuştur. Parayı çoğaltmada başarısız olan insanlar, *istisnalar dışında,* çok *yavaş* karar verme *ve bu kararı sık ve çabuk değiştirme alışkanlığına sahiptir.*

Henry Ford'un en göze çarpan niteliklerinden biri, çabuk ve kesin karar verme ve bu kararı çok yavaş değiştirme *alışkanlığıdır.* Bu özellik Ford'un inatçı olarak ün salmasına neden olmuştu. Ford'un, bütün üreticileri ve danışmanları ünlü Model T'yi (dünyanın en çirkin arabası) değiştirmesi için ısrar ederken üretmeye devam etmesine neden olan şey bu özelliğiydi.

Belki Ford değişikliği yapmada çok gecikti, ama hikâyenin diğer yanı Ford'un kararındaki katılığının model değişimine gerek kalmadan büyük bir serveti getirmesiydi. Ford'un kesin kararlı olma alışkanlığında, hiç kuşkusuz, inatçılığının payı vardır, ama bu özellik geç karar verme ve bunu sık sık değiştirmeye tercih edilir.

İhtiyaçları için yeterli miktarda para kazanmada başarısız olan insanların çoğu genellikle diğerlerinin görüşlerinden kolayca etkilenirler. Gazetelerin ve komşu dedikodularının kendileri için karar vermesine izin verirler. Görüşler dünyadaki en ucuz mallardır. Herkesin kabul edecek kişiler için bir yığın görüşü vardır. Karar verirken başkalarının görüşlerinden etkileniyorsanız hiçbir işte başarılı olamazsınız, hele arzunuzu paraya çevirme işinde hiç.

Eğer başkalarının görüşlerinden etkileniyorsanız kendinize ait hiçbir arzunuz olmayacaktır.

Burada anlatılan prensipleri uygulamaya başladığınızda *kendi kararlarınızı kendiniz verip* kendi danışmanınız olun. "Beyin Gücü" grubunuz dışında kimseye güvenmeyin. Ve bu grubu seçerken yalnızca sizin amacınızla uyum ve anlayış içinde çalışacak olanları seçtiğinizden emin olun.

Akrabalar ve yakın arkadaşlar, amaçları o olmasa da genellikle insanı "görüşleri"yle ve bazen de komik olduğunu düşündükleri dalga geçmeleriyle engellerler. Binlerce kadın ve erkek hayatları boyunca aşağılık kompleksine sahip olurlar, çünkü iyi niyetli cahil bir insan "görüşleri"yle ya da saçmalıklarıyla onun güvenini yıkmıştır.

Kendi beyniniz ve aklınız var. Onu kullanıp kendi kararınızı verin. Birçok durumda olacağı gibi, eğer diğer insanlardan karar vermenizi mümkün kılacak bilgi almaya ihtiyacınız varsa, amacınızı açıklamadan sessizce alın bu bilgiyi.

Çok fazla bilgiye sahip olduklarını göstermeye çalışmak, az bilgisi olan insanların özelliğidir. Böyle insanlar çok fazla konuşur ve çok az dinlerler. Eğer çabuk karar verme alışkanlığını edinmek istiyorsanız, gözlerinizi ve kulaklarınızı dört açın, ağzınızı kapalı tutun. Çok fazla konuşanlar başka şeyleri çok az yaparlar. Eğer dinlediğinizden daha fazla konuşuyorsanız, kendinizi yalnızca daha fazla bilgi edinme fırsatından yoksun bırakmakla kalmıyor, sizi kıskandıkları için yenilgiye uğratmaktan büyük zevk alacak olan insanlara planlarınızı ve amaçlarınızı açıklamış da oluyorsunuz.

Ayrıca, çok fazla bilgi sahibi olan bir insanın yanında ağzınızı her açışta o insana bilgi dağarcığınızın tamamını ya da eksikliğinizi göstermiş oluyorsunuz! Gerçek bilgelik *alçakgönüllülük* ve *sessizlikle* dikkati çekmektir.

Birlikte olduğunuz herkesin sizin gibi para kazanma fırsatı aradığını unutmayın. Eğer planlarınızdan açıkça söz ederseniz, bir başkasının bu planlar doğrultusunda sizden önce harekete geçip sizi atlattığını görüp şaşırabilirsiniz.

İlk kararınız ağzınızı kapatıp gözlerinizi ve kulaklarınızı açmak olsun.

Bu tavsiyeye uymanız için bir hatırlatma olarak aşağıdaki sözü büyük harflerle yazıp her gün görebileceğiniz bir yere asın:

DÜNYAYA NE YAPMAK İSTEDİĞİNİZİ SÖYLEYİN, AMA ÖNCE YAPIN.

Bu söz, "En önemli şeyler sözcükler değil, eylemlerdir," sözüyle aynı anlama gelmektedir.

Bir Kararın Özgürlük ya da Ölüm Getirmesi

Kararların değeri onlara uygulamak için gereken cesarete bağlıdır. Uygarlığın kuruluşuna yönelik büyük kararlar, sıklıkla ölüme yol açabilecek olan büyük risklerin alınmasıyla verilmiştir.

Lincoln, Amerika'daki beyaz olmayan insanlara özgürlük veren, Özgürlük Bildirisi'ni yayınlama kararını binlerce arkadaş ve politik destekçinin ona karşı tavır alacağını bilerek vermişti.

Socrates'in kişisel inançlarından vazgeçmek yerine zehir içme kararı çok cesurcaydı. Zamanı bin yıl öteye götürmüş ve o zaman doğmamış olan insanlara konuşma ve düşünme özgürlüğü vermişti.

General Robert E. Lee'nin Kuzey'le yollarını ayırıp Güney'i destekleme kararı bir cesaret kararıydı, çünkü bunun kendi hayatına ve başka birçok kişinin hayatına mal olabileceğini çok iyi biliyordu.

Ama Amerika Birleşik Devletleri vatandaşları için tüm zamanlar içindeki en büyük karar, *56 adamın*, bütün Amerikalılara özgürlük getireceğini ya da *her birinin darağacında sallanmasına* neden olacağını bildikleri belgeyi 4 Temmuz 1776'da Philadelphia'da imzalamalarıyla verilmişti.

Bu ünlü belgeyi daha önce duymuşsunuzdur, ama bu kararın nasıl bir cesaret gerektirdiğini çok az insan bilir.

Tarih yazarlarının, yeryüzündeki her insan için yeni özgürlük standartları koymayı hedefleyen uluslara, hayat ve özgürlük kazandıran karşı konulmaz güce çok az da olsa bir atıfta bulunmamaları bir trajediden başka bir şey değildir. Ben bunun bir trajedi olduğunu söylüyorum, çünkü bu, hayatın zorluklarını yenen ve istenen bedeli ödemesi için hayatı zorlayan herkes tarafından kullanılması gerekenle aynı güçtür. Bu gücü ortaya çıkaran olaylara kısaca bir göz atalım. Hikâye 5 Mart 1770'de Boston'da başlıyor. İngiliz askerleri caddelerde devriye geziyor, varlıklarıyla vatandaşları açıkça tehdit ediyorlar. Sömürgede yaşayanlar aralarında gezinen askerlerden hoşnut değiller. Öfkelerini açıkça dile getirmeye başlıyorlar, yürüyen askerlere taş atıp hakaret ediyorlar, ta ki komuta subayı emri verene dek. "Süngü tak... Hücum!"

Çarpışma başladı. Birçok insanın ölümü ve yaralanmasıyla sonuçlandı. Bu olay öyle bir öfke yaratmıştı ki, Eyalet Meclisi -önde gelen sömürge kurucuları tarafından oluşturulmuştu- harekete geçmek amacıyla bir toplantı düzenledi. Bu Meclis'in iki üyesi John Hancock ve Samuel Adams'dı. Cesaretle konuşup Boston'daki bütün İngilizleri çıkarmak için bir hareketin başlatılması gerektiğini açıkladılar.

Şunu unutmayın: O iki adamın kafasında verilen bu karar Birleşik Devletler'in şu anda yaşadığı özgürlüğün başlangıcı olarak adlandırılabilir. Bu iki adamın kararının *inanç* ve *cesaret* gerektirdiğini de unutmayın, çünkü çok tehlikeli bir karardı bu.

Meclis dağılmadan önce Samuel Adams'a Eyalet Valisi Hutchinson'a gidip Boston'daki İngiliz birliklerinin geri çekilmesini istemesi görevi verildi. Bu istek kabul edildi ve İngilizler Boston'dan çıktılar, ama olay kapanmamıştı. Bu, uygarlığın gidişini tümüyle değiştirecek olan bir duruma yol açmıştı.

Richard Henry Lee bu hikâyede önemli bir etken haline geldi, çünkü o ve Samuel Adams sıklıkla yazışıyor, eyaletlerindeki insanların refahıyla ilgili ümitlerini ve korkularını özgürce paylaşıyorlardı. Bunun sonucunda Adams on üç koloni arasında karşılıklı yazışmanın, sorunlarının çözümü için çaresizce ihtiyaç duydukları çabayı örgütlemekte yardımcı olabileceği fikrini oluşturdu. Boston'daki askerlerle çarpışmadan iki yıl sonra (Mart 1772), Adams fikrini Meclis'e açtı. Koloniler arasında bir Yazışma Komitesi kurulacak, her bir koloniye belirli bir yazıcı atanacaktı. "Bunun amacı, İngiliz Amerikası'nın kolonilerinin ıslahı için dostça işbirliği sağlamaktı."

Size ve bana özgürlük vermesi hedeflenen çok yaygın bir gücün örgütlenmesinin başlangıcıydı. "Beyin Gücü" grubu çoktan kurulmuştu. Adams, Lee ve Hancock'tan oluşuyordu.

Yazışma Komitesi kuruldu. Koloni vatandaşları, İngiliz askerleriyle Boston'dakine benzer şekilde örgütsüz mücadele etmeyi sürdürüyorlardı, ama bunun hiçbir yararı olmuyordu. Bireysel sıkıntılar tek bir "Beyin Gücü" grubu altında birleştirilmemişti. Hiçbir grup İngilizlerle aralarındaki sorunları halletmeye yönelik bir tek kesin karara kalplerini, ruhlarını, zihinlerini ve bedenlerini koymamıştı, ta ki Adams, Hancock ve Lee bir araya gelene dek.

Bu arada İngilizler boş durmuyorlardı. Onlar da arkalarında para ve örgütlü asker gücünün verdiği avantajla bazı planlar yapıyor ve kendilerine göre "Beyin Gücü" grubu kuruyorlardı.

Krallık, Massachusetts valisi olarak Gage'in yerine Hutchinson'u atamıştı. Yeni valinin ilk yaptığı şey Samuel Adams'a bir elçi gönderip muhalefetine son vermesini istemek oldu.

Albay Fenton (Gage tarafından gönderilen elçi) ve Adams'ın arasında geçen konuşmanın havasını ancak ne söylediklerine bakarak anlayabiliriz:

Albay Fenton: "Vali Gage tarafından görevlendirildim ve Adams, sizi temin ederim ki, vali, hükümetin tedbirlerine karşı muhalefet etmekten vazgeçmeniz şartıyla size tatmin edici her türlü bağışta bulunma (Adams'ı rüşvet yoluyla kazanma çabası) gücüne sahip. Majestelerinin hoşnutsuzluğuna daha fazla neden olmamanız valinin tavsiyesi, efendim. Davranışlarınız VIII. Henry Antlaşması'na göre suç unsuru oluşturuyor. Bu nedenle eyalet valisinin takdirine bağlı olarak vatan hainliği suçundan dava edilmek üzere İngiltere'ye gönderilebilir ya da hapse atılabilirsiniz. Buna karşılık, politik tutumunuzu değiştirirseniz, sadece kişisel avantajlar kazanmakla kalmayıp kralla da barışınızı sağlamış olacaksınız."

Samuel Adams'ın iki *seçeneği* vardı. Muhalefeti bırakıp rüşvet alabilir ya da *devam edip asılma riskini göze alabilirdi.*

Adams'ın hayatına mal olabilecek bir kararı verme zamanı gelmişti. Adams, Albay Fenton'dan, ona vereceği cevabı valiye *aynen ileteceğine* dair şeref sözü aldı.

Adams'ın cevabı şuydu: "Vali Gage'e, Kralların Kralı'yla uzun süre önce barış yaptığımı söyleyin. Hiçbir kişisel kazanç ülkemin erdemli amaçlarını terk etmemi sağlayamaz. Ayrıca Samuel Adams'ın tavsiyesi olarak Vali Gage'e şunu da söyleyin, *öfkeli insanların duygularını daha fazla aşağılamasın.*"

Vali Gage, Adams'ın iğneli cevabını alınca büyük bir öfkeye kapılıp bir bildiri yayınladı. "Bendeniz, Majestelerinin adına, silahlarını derhal indirip barışçıl görevlerine geri dönen herkese merhametli affını teklif ediyorum ve bunun için söz veriyorum. Suçları çok ağır olup layıkıyla cezalandırmaktan başka bir düşünceye yer bırakmayacak olan Samuel Adams ve John Hancock bu aftan yararlanamayacaklardır."

Adams ve Hancock ölüm tehlikesiyle karşı karşıyaydı. Öfkeli valinin tehdidi iki adamın aynı derecede tehlikeli başka bir karara varmasını sağladı. Sadık takipçilerini gizlice toplantıya çağırdılar hemen. Toplantı başladıktan sonra Adams kapıyı kilitleyip anahtarı cebine attı. Orada bulunanlara kolonide yaşayanların bir kongre düzenlemesinin zorunlu olduğunu ve böyle bir kongre için bir karara varılana dek kimsenin odadan çıkamayacağını söyledi.

Büyük bir heyecan başladı. Bazıları böylesi radikal bir hareketin sonuçlarını değerlendirirken bazıları da majestelerine rağmen böyle *kesin bir karara* varmanın akılcılığıyla ilgili büyük şüphelerini ifade etti. Kilitli odadaki iki adam korkuya karşı bağışıklı, başarısızlık olasılığına karşı kördü. Bu iki adam Hancock ve Adams'dı. Onların zihinlerinin etkisiyle ve Yazışma Komitesi'nin yardımıyla diğerleri de onaylamaya teşvik edildi ve 5 Eylül 1774'te Philadelphia'da Birinci Kıtasal Kongre'nin toplanmasına karar verildi.

Bu tarihi unutmayın. 4 Temmuz 1776'dan daha önemli bir tarih bu. Kıtasal Kongre'nin toplanmasına dair bir *karar* alınmasaydı Bağımsızlık Bildirisi'nin imzalanması diye bir şey olamazdı.

Yeni Kongre'nin ilk toplantısından önce ülkenin başka bir bölümünden başka bir lider "İngiliz Amerikası'nın Haklarına Kısa Bir Bakış"ı yayınlamak için uğraşıyordu. Virginia bölgesinden Thomas Jefferson'ın Lord Dunmore'la (Virginia'daki Kral'ın temsilcisi) ilişkisi, Hancock ve Adams'ın valileriyle olduğu kadar gergindi.

Ünlü İnsan Hakları Özeti yayınlandıktan sonra Jefferson'a, Majestelerinin hükümetine hainlikten dolayı hakkında dava açılacağı bildirildi. Bu tehditten ilham alan Jefferson'ın meslektaşlarından Patrick Henry aklındakileri cesurca ortaya koydu. Sonsuza dek klasik olarak kalacak ifadelerinden biri şöyleydi: *"Eğer bu, vatan hainliğiyse bundan azami ölçüde yararlanın."*

Kolonilerin kaderini ciddi şekilde düşünmek için toplananlar ellerinde güç, yetki, askeri kuvvet ve para olmayan insanlardı. Aralıklarla iki yıl boyunca 7 Temmuz 1776'ya kadar süren Birinci Kıtasal Kongre'nin açılışında Richard Henry Lee ayağa kalkıp Başkanlık makamına ve ürkek Meclis'e şu teklifte bulundu:

Beyler, Birleşik Koloniler'in özgür ve bağımsız eyaletler olmaları, İngiliz Krallığı'na bağlılıktan ayrılmaları ve bu kolonilerle Büyük Britanya Devleti arasındaki politik bağlantıların tamamen feshedilmesi gerektiği önerisini sunuyorum."

Lee'nin şaşırtıcı önerisi hararetle ve sonunda sabırların taşmasına neden olacak kadar uzun bir süre tartışıldı. Günlerce süren tartışmaların sonunda Jefferson yine kürsüye çıkıp açık, kesin bir tavırla şunları söyledi: "Sayın Başkan, bu konuyu günlerdir tartışıyoruz. O halde neden daha fazla gecikmemiz gerekiyor? Neden daha fazla tartışalım ki? Hadi bugün Amerikan Cumhuriyeti'nin doğum günü olsun. Yıkmak ve ele geçirmek için değil, barışın ve hukukun saltanatını yeniden kurmak için doğmasına izin verelim."

Önergesi oylanmadan önce, Lee ailesindeki ciddi bir hastalık yüzünden Virginia'ya geri çağrılmıştı. Fakat ayrılmadan önce davasını, Meclis harekete geçene dek savaşmaya söz veren arkadaşı Thomas Jefferson'ın ellerine teslim etti. Kısa bir süre sonra Kongre başkanı (Hancock), Jefferson'ı Bağımsızlık Bildirisi'ni oluşturma komitesinin başkanı olarak atadı.

Komite, Kongre tarafından kabul edildiğinde, koloniler Büyük Britanya'yla savaşı kaybettikleri takdirde, onu imzalayan herkesin kendi ölüm fermanını imzalaması anlamına gelen bildiriyi hazırlamak için uzun süre ve yoğun bir biçimde çalıştı.

Bildiri 28 Haziran'da hazırdı, orijinal taslak Kongre'de okundu. Birkaç gün boyunca tartışıldı, değiştirildi ve hazır hale getirildi. 4 Temmuz 1776'da Thomas Jefferson Meclis'in önünde ayağa kalkıp o ana dek kâğıt üzerine dökülmüş en önemli kararı korkusuzca okudu.

"İnsanla ilgili olaylar sırasında, bir halkın onu diğerine bağlayan politik bağlardan kurtulması, doğanın ve Tanrı'nın yasalarının kendilerine hak olarak verdiği, dünya güçleri arasında ayrı ve eşit bir mevki edinmesi gerektiğinde, insan soyunun görüşlerine saygı, onları ayrılmaya zorlayan nedenleri açıklamalarını gerekli kılar..."

Jefferson sözlerini bitirdiğinde bildiri oylandı, kabul edildi ve kendi hayatlarını tehlikeye atan elli altı adam tarafından imzalandı. Bu kararla, insanoğluna sonsuza dek karar verme ayrıcalığı tanıma kaderine sahip bir ulus doğdu.

Bağımsızlık Bildirisi'ne doğru giden olayları inceleyince, şu anda dünyadaki bütün uluslar arasında saygı ve güç uyandıran bir konumda bulunan bu ulusun, elli altı adamdan oluşan "Beyin Gücü" grubu tarafından yaratılan bir kararla doğduğunu görebilirsiniz. Washington'un ordularının başarısını garanti eden şeyin onların kararı olduğuna da dikkat edin, çünkü bu kararın ruhu savaşan her askerin kalbindeydi ve başarısızlık gibi bir şeyi tanımayan ruhsal güç olarak işlev görüyordu.

Ayrıca bu ülkeye özgürlüğünü veren gücün, hür iradeye sahip olmak isteyen her birey tarafından kullanılması gereken güç olduğuna da dikkat edin. Bu güç, bu kitapta tanımlanan ilkelerden oluşmuştur. Bağımsızlık Bildirisi hikâyesinde bunlardan en az altısını saptamak zor olmayacaktır: *arzu, karar, inanç, kararlılık, "Beyin Gücü" grubu ve düzenli planlama.*

Bu felsefe boyunca, arzuyla desteklenen düşüncenin kendisini fiziksel eşdeğerine dönüştürme eğilimini taşıdığı görüşü sürekli karşınıza çıkacaktır. Bu hikâye ve Birleşik Devletler Çelik Şirketi'nin kuruluş hikâyesinde, bu şaşırtıcı dönüştürme yönteminin kusursuz bir tanımını bulabilirsiniz.

Yöntemin sırrının araştırılmasında bir mucize aramayın, çünkü bulamayacaksınız. Sadece sonsuz doğa yasalarını bulacaksınız. Bu yasalara, inancı ve onları kullanmaya cesareti olan herkes erişebilir. Bir ülkeye özgürlük getirmek ya da zengin olmak için kullanılabilirler.

Çabuk karar veren ve ne istediğini kesin olarak bilenler bunu genellikle elde ederler. Liderler hayatın her döneminde çabuk ve kesin karar verirler. Lider olmalarının başlıca nedeni budur. Dünya, sözleri ve davranışları nereye gittiğini bildiğini gösteren insanlar için yer açma alışkanlığındadır.

Kararsızlık genellikle gençlikte başlayan bir alışkanlıktır. Ortaokul, lise, hatta üniversiteden kesin bir amaç olmaksızın geçerken alışkanlık kalıcı bir hal alır.

Kararsızlık alışkanlığı öğrenciyi seçtiği meslekte de izler, eğer bir meslek seçebilirse. Genellikle okuldan yeni çıkan genç bulunabilecek herhangi bir işi tercih eder. Bulduğu ilk işe girer, çünkü kararsızlık alışkanlığı içine işlemiştir. Bugün ücretlilerin yüzde doksan sekizi belirli bir pozisyon planlamak için kararlılıkları ve bir işvereni nasıl seçeceklerine dair bilgileri bulunmadığından, çalışmakta oldukları işlerde kalmaktadırlar.

Kesin kararlılık her zaman cesaret gerektirir, bazen de büyük cesaret. Bağımsızlık Bildirisi'ni imzalayan elli altı adam bu bildiriyi imzalayarak hayatlarını tehlikeye atmışlardı. Belirli bir işi elde etmek için kesin karara varan ve hayattan istediği ücreti vermesini talep eden bir kişi bu karar için hayatını değil, sadece ekonomik özgürlüğünü riske atmaktadır. Parasal bağımsızlık, zenginlik, arzu edilen bir iş ve mesleki pozisyon bunları beklemeyi, planlamayı ya da talep etmeyi reddeden ya da ihmal eden kişilerin erişebileceği şeyler değildir. Zenginliği, Samuel Adams'ın kolonilerin özgürlüğünü istediği kadar isteyen bir kişinin onu elde edeceği kesindir.

AKILDA TUTULMASI GEREKEN NOKTALAR

- Kararsızlık başarısızlığın temel nedenidir. Herkesin bir fikri vardır, ancak sonunda sizin dünyanızı döndüren şey sizin fikrinizdir.
- Kararlı bir zihin kendini aşırı derecede fazladan güce hazırlar. Kararsızlık genellikle gençlikte başlar; ondan uzak durun ve başkalarının durmasına da yardımcı olun.
- Büyük kararlara yol açan olayları inceleyin, böylece hayatın her döneminde kararlı ve etkin hareket etmek için bir rehber kazanmış olursunuz.
- Özgürlük için duyulan büyük arzu özgürlüğü getirir; zenginlik için duyulan büyük arzu da zenginliği.
- Her güçlü insan gücünü içinde taşır.

BÖLÜM 9

KARARLILIK:
İnancı Güçlendiren Aralıksız Çaba

(Zenginliklere Doğru 8. Adım)

Arzuyu parasal eşdeğerine dönüştürmede kararlı olmak önemli bir etkendir. Kararlılığın temeli *irade gücüdür.*

İrade gücü ve arzu uygun bir şekilde birleştirildiğinde karşı konulamaz bir çift oluştururlar. Büyük zenginliklere kavuşan insanlar genellikle soğukkanlı ve bazen de merhametsiz olarak bilinirler. Oysa sıklıkla yanlış anlaşılmaktadırlar. Onların sahip olduğu şey, amaçlarına kavuşmak için kararlılıkla karıştırıp arzularını *desteklediklerí* irade gücüdür.

İnsanların büyük çoğunluğu, ilk itiraz ya da talihsizlikle karşılaşma durumunda amaçlarını ve hedeflerini bir kenara atıp vazgeçmeye hazırdırlar. Yalnızca birkaçı bütün itirazlara rağmen hedeflerine ulaşana dek devam eder.

"Kararlılık" için kahramanca bir tanım bulunmayabilir, ama su, çimento için nasıl bir anlam taşıyorsa, kararlılık da insan karakteri için o anlamı taşımaktadır.

Bir servetin oluşturulması genellikle bu felsefedeki on üç etkenin hepsinin uygulanmasını gerektirir. Bu prensipler para kazanmak isteyen herkes tarafından anlaşılmalı ve kararlılıkla uygulanmalıdır.

Eğer bu kitabı içindeki bilgileri uygulama niyetiyle okuyorsanız, kararlılığınıza yönelik ilk test, ikinci bölümde anlatılan altı adımı izlemeye başladığınızda ortaya çıkacaktır. Eğer hedeflediği belirli bir amacı ve bu amaca ulaşmaya yönelik planı olan yüzde ikilik grubun içinde değilseniz, talimatları okuyup günlük alışkanlıklarınıza devam edeceksiniz ve bu talimatlara hiç uymayacaksınız.

Kararlı olmamak, başarısızlığın temel nedenlerinden biridir. Binlerce insanla yapılan deneyler, kararlı olmamanın insanların çoğunluğunda görülen yaygın bir zayıflık olduğunu göstermektedir. Çabayla üstesinden gelinebilecek bir zayıflıktır bu. Yeterince kararlı olmamanın üstesinden gelmek *tamamen* insanın arzusunun yoğunluğuna bağlıdır.

Bütün başarıların başlangıç noktası arzudur. Bunu hiç aklınızdan çıkarmayın. Zayıf arzular zayıf sonuçlar doğurur, tıpkı zayıf bir ateşin zayıf bir sıcaklık yayması gibi. Eğer kararlı olmadığınızı düşünüyorsanız, bu zayıflığın üstesinden arzunuzun altında güçlü bir ateş yakarak gelebilirsiniz.

Kitabı sonuna kadar okumaya devam edin, sonra Arzu bölümüne geri dönüp altı adımla ilgili olarak verilen talimatları *derhal* uygulamaya başlayın. Bu talimatları uygulamadaki hevesiniz para kazanmayı gerçekte ne kadar çok ya da ne kadar az istediğinizi gösterecektir. Eğer kayıtsız olduğunuzu görürseniz, servet edinmeye başlamadan önce kesinlikle edinmeniz gereken "para bilinci"ni henüz edinmediğinizden emin olabilirsiniz.

Eğer yeterince kararlı olmadığınızı düşünüyorsanız, dikkatinizi Beyin Gücü bölümünde verilen talimatlara odaklayın; etrafınızı "Beyin Gücü" grubuyla çevirin, bu grubun işbirlikçi çabalarıyla kararlılığı geliştirebilirsiniz. Kendi Kendine Telkin ve Bilinçaltı bölümlerinde kararlılığın gelişimi konusunda ek bilgiler bulacaksınız. Alışkanlık oluşturma doğanız arzu ettiğiniz nesnenin ya da hedefin açık bir resmini bilinçaltınıza yerleştirinceye kadar bu bölümde sınırları çizilen talimatları izleyin. O noktadan itibaren kararlılık eksikliği nedeniyle engellenmeyeceksiniz.

Bilinçaltınız sürekli olarak çalışır, siz uyurken ve uyanıkken.

Kuralları ara sıra uygulama çabanızın hiçbir değeri olmayacaktır. Bir sonuç elde etmek için bütün kuralları bir alışkanlık haline getirene dek uygulamalısınız. Gerekli para bilincini başka türlü geliştirmenin yolu yoktur.

Yoksulluk, aklı ona yatkın olanlara doğru çekilir, tıpkı paranın zihinleri zenginliğe hazır olanlara doğru çekildiği gibi. YOKSULLUK BİLİNCİ, PARA BİLİNCİNİN BULUNMADIĞI AKLI ELE GEÇİRİR. Yoksulluk bilinci ona uygun olan alışkanlıklar bilinçli olarak uygulanmaksızın gelişir. Para bilinci ise, kişi eğer böyle bir bilinçle doğmadıysa, düzenli olarak yaratılmalıdır.

Yukarıdaki paragrafın anlamını iyice kavradığınızda servetin elde edilmesinde kararlılığın önemini anlayacaksınız. Kararlı olmazsanız daha başlamadan önce yenilmiş olursunuz. Kararlılıkla kazanacaksınız.

Uyurken kâbus gördüyseniz kararlılığın anlamını fark edersiniz. Yatağınızda yatıyorsunuz, yarı uyanıksınız, boğulmak üzere olduğunuzu hissedersiniz. Dönmeyi ya da bir yerinizi oynatmayı başaramazsınız. Kaslarınızın kontrolünü yeniden kazanmaya başlamanız gerektiğini fark edersiniz. İrade gücünün kararlı çabalarıyla sonunda bir elinizin parmaklarını oynatmayı başarırsınız. Parmaklarınızı oynatmayı başararak kolunuzdaki kasların kontrolünü ele geçirebilirsiniz, ta ki kaldırmayı başarana dek. Sonra diğer kolunuzun kontrolünü da aynı şekilde kazanırsınız. Daha sonra da önce bir bacağınızın, ardından diğerinin kontrolünü ele geçirirsiniz. Derken, BÜYÜK BİR İRADE GÜCÜ KULLANARAK bütün kas sisteminizin kontrolünü sağlar ve kâbustan çıkarsınız. Bu iş adım adım gerçekleştirilir.

Zihinsel durgunluğunuzdan da aynı işlemleri izleyerek sıyrılmanız mümkün olabilir, önce yavaş yavaş hareket edersiniz, ardından tam kontrolü sağlayana dek hızınızı arttırırsınız. Başlangıçta ne kadar yavaş olursanız olun, hareket etmede kararlı olmalısınız. BAŞARI KARARLILIKLA GELECEKTİR.

Eğer "Beyin Gücü" grubunuzu özenle seçerseniz, kararlılığı geliştirmeniz için yardımcı olacak en az bir kişide bulursunuz bunu. Bazı zengin insanlar kararlılığı alışkanlık haline getirmişlerdir, çünkü şartlar onları öylesine etkileri altına almıştır ki, kararlı olmak zorunda kalmışlardır.

Kararlılık alışkanlığını edinenler başarısızlık sırasında güvence sahibidirler. Kaç kere yenilirlerse yenilsinler sonunda merdivenin tepesine ulaşırlar. Bazen sanki insanın içinde, görevi kişiyi her türlü cesaret kırıcı denemeden geçirerek sınamak olan bir rehber var gibi görünmektedir. Yenilgiden sonra kendilerini toparlayanlar ve denemeye devam edenler istedikleri yere varırlar ve dünya şöyle bağırır: "Bravo! Bunu yapabileceğini biliyordum!" Gizli rehber hiç kimsenin kararlılık denemesinden geçmeden başarıya ulaşmasına izin vermez. Bu sınavı geçemeyenler sınıfta kalır.

Sınavı geçenler kararlılığının ödülünü alırlar. Karşılık olarak hedefledikleri şeye varırlar. Hepsi bu değil! Maddi karşılıktan çok daha fazlasını, yani HER BAŞARISIZLIK AYNI VEYA DAHA GÜÇLÜ BİR BAŞARININ TOHUMUNU DA BERABERİNDE GETİRİR bilgisini de kazanırlar.

Bu konuda bazı istisnalar vardır; bazı insanlar deneyimleri sayesinde kararlılığın gücünü bilirler. Bunlar yenilginin geçici olmasından başka bir görüşü kabul etmeyenlerdir. Arzularını kararlılıkla sürdürenlerdir ki, yenilgileri sonunda zafere dönüşür. Biz kenarda durmuş seyredenler, yenilgiyle yıkılıp bir daha hiç kalkamayanların sayısının ne kadar fazla olduğunu görürüz. Yenilgiyi daha *büyük çaba* göstermek için bir zorunluluk olarak gören az sayıda kişiyi de görüyoruz. Bu kişiler hayatın geri vitesini hiç kabul etmezler. Ancak görmediğimiz şey, çoğumuzun var olduğunu bile hiç düşünmediği şey, cesaret kırıklığıyla karşılaşanların imdadına yetişen sessiz, ama karşı konulmaz güçtür. Eğer bu güce bir ad koyacak olursak buna kararlılık diyebiliriz. Hepimizin bildiği bir şey: Eğer bir insan kararlı değilse hiçbir işte kayda değer bir başarı kazanamaz.

Bu satırlar yazılırken işimden başımı kaldırıp bir blok ötedeki, büyük esrarengiz Broadway'e, "Ölü Umutların Mezarı" ve "Fırsatın Ön Verandası"na baktım. İnsanlar dünyanın her yerinden şöhret, servet, güç, sevgi ve başarı adı verilen diğer şeyleri bulmak için Broadway'e gelirler. Çok ender olarak bu kalabalık insan grubunun içinden birisi çıkar ve dünya bir kişinin daha Broadway'in hakkından geldiğini duyar. Ama Broadway kolayca ve çabucak fethedilemez. Yeteneği görür, zekâyı fark eder, paraca karşılık verir, ama kişi ancak vazgeçmeyi reddettikten *sonra*, o zaman o kişinin Broadway'i ele geçirme sırrını keşfettiğini anlarız. Sır şu tek bir sözcüğe kesin bir şekilde bağlıdır: *kararlılık*.

Kararlılığı Büyük Beyaz Yol'u ele geçiren Fannie Hurst'ün mücadelesinde sır şöyle dile getirilir: Bayan Hurst yazılarını zenginliğe dönüştürmek üzere 1915 yılında New York'a geldi. Bu dönüşüm çabuk olmadı, ama oldu. Bayan Hurst dört yıl boyunca "New York'un Kaldırımlarını" birinci elden yaşayarak öğrendi. Günlerini çalışarak, gecelerini ümit ederek geçirdi. Umutları zayıfladığında, "Pekâlâ Broadway, sen kazandın," demedi! "Çok güzel, Broadway, bir başkasını yenebilirsin, ama beni değil. Seni vazgeçmen için zorlayacağım," dedi.

Sonunda bir imkân bulup hikâyesini kabul ettirene kadar, bir yayıncı *(The Saturday Evening Post)* ona otuz altıncı ret mektubunu göndermişti. Ortalama bir yazar, hayatın her adımındaki ortalama insanlar gibi, ilk ret cevabı üzerine vazgeçerdi. Oysa Bayan Hurst dört yıl boyunca kaldırımları arşınladı, çünkü kazanmaya kararlıydı.

Derken sonuç geldi. Büyü bozulmuştu, görünmeyen Rehber, Fannie Hurst'ü denemiş ve o da sınavı geçmişti. O andan itibaren yayıncılar kapısını aşındırmaya başladı ve para küçük miktarlarda değil sel gibi akarak geldi.

Kararlılığın neyi başarma gücü olduğu konusunda bir fikir edindiniz kısaca. Fannie Hurst de bir istisna değil. Kadın ve erkeklerin büyük zenginliklere ulaştıkları her yerde öncelikle kararlılığa ulaştıklarından emin olabilirsiniz. Broadway her dilenciye bir fincan kahve ve bir sandviç verir, ancak büyük şeylerin peşine düşenlerin kararlı olması gereklidir.

Kate Smith yıllar boyunca bulduğu her mikrofonda para veya başka bir karşılık olmaksızın şarkı söyledi. Broadway ona, "Eğer dayanabilirsen gelip al," dedi. Broadway yorulup şunları söyleyene dek dayandı: "Bunun ne faydası var ki? Sen ne zaman yenildiğini bilmiyorsun, o yüzden fiyatını koy ve ciddi olarak çalışmaya başla." Bayan Smith fiyatını koydu. Ve fiyatı çok yüksekti.

Kararlılık zihinsel bir durumdur, bu yüzden öğrenilebilir. Bütün zihinsel durumlar gibi kararlılık da çeşitli nedenlere bağlıdır. Bunların arasında:

1. AMACIN KESİNLİĞİ: İnsanın ne istediğini bilmesi, kararlılığın gelişimine doğru birinci ve belki de en önemli adımdır. Güçlü bir güdü insanı her türlü zorluğun üstesinden gelmeye zorlar.
2. ARZU: Yoğun bir arzuya sahipseniz hedefinize doğru ilerlerken kararlılığı kazanmak ve sürdürmek nispeten kolaydır.
3. KENDİNE GÜVEN: Bir planın uygulanmasında kişinin kendi yeteneğine güvenmesi, planını kararlılıkla takip etmesi için ona güç verir. (Özgüven kendi kendine telkin bölümünde anlatılan prensiple geliştirilebilir.)
4. PLANLARIN KESİNLİĞİ: Planlar zayıf ve uygulanması çok zor olsa da, eğer iyi organize edilmişse, kararlılığı cesaretlendirir.

5. DOĞRU BİLGİ: Kişinin deneyim ve gözleme dayanarak planlarının sağlam olduğunu bilmesi kararlılığı geliştirir, bilmek yerine tahmin etmek kararlılığı yıkar.

6. İŞBİRLİĞİ: Sempati, anlayış ve diğerleriyle uyumlu işbirliği kararlılığı geliştirir.

7. İRADE GÜCÜ: Kişinin düşüncelerini kesin hedefe ulaşmaya yönelik planlar üzerine yoğunlaştırma alışkanlığı kararlılığa yol açar.

8. ALIŞKANLIK: Kararlılık alışkanlığın doğrudan sonucudur. Zihin, beslendiği günlük deneyimleri içine alır ve onların bir parçası haline gelir. En büyük düşman olan korku, cesur davranışların zorla tekrarıyla etkin bir şekilde tedavi edilebilir.

Kararlılık konusunu bırakmadan önce kendinize ait bir liste çıkarın ve bu önemli nitelikte ne gibi bir eksiğiniz olduğunu belirleyin. Kendinizi cesaretle ölçün ve başarıya ulaşmanız için bu sekiz maddeden hangisinin sizde olmadığını görün. Bu analiz kendinizle ilgili yeni bir anlayış kazandıracaktır size.

Burada sizinle başarı arasında duran gerçek düşmanlarınızı bulacaksınız. Sadece kararlılık konusundaki zayıflığı gösteren "belirtileri" değil, bu zayıflığın derinlere yerleşmiş bilinçaltı nedenlerini de bulacaksınız. Listeyi dikkatle inceleyin ve eğer gerçekten kim olduğunuzu ve neler yapabileceğinizi öğrenmek istiyorsanız kendinizle dürüstçe yüzleşin. Bunlar zengin olmaya çalışan herkesin öğrenmesi gereken zayıflıklardır:

1. Ne istediğini açıkça ve tam olarak tanımlayamama.

2. Nedenli ya da nedensiz erteleme (genellikle bahanelerle desteklenir).

3. Özelleşmiş bilgiyi elde etmeye karşı ilgi eksikliği.

4. Kararsızlık, sorunlarla dürüstçe yüzleşmek yerine her olayda sorumluluğu başkasına atmak (bu da bahanelerle desteklenir).

5. Sorunların çözümü için kesin planlar yaratmak yerine mazeretlere güvenme alışkanlığı.
6. Kendinden memnun olma. Bu rahatsızlık için çok az çözüm vardır ve bundan muzdarip olanlar için hiç umut yoktur.
7. Bütün olaylarda itirazlara karşı durup savaşmak yerine uzlaşmaya hazır olmayla görülen kayıtsızlık hali.
8. Kişinin hataları yüzünden başkalarını suçlama ve uygun olmayan şartları kaçınılmaz olarak kabul etme alışkanlığı.
9. Harekete yönlendiren güçlü düşüncelerin seçimindeki ihmal yüzünden arzunun zayıf olması.
10. İlk yenilgi anında vazgeçmeye karşı duyulan isteklilik, hatta heveslilik hali (altı temel korkudan birine ya da daha fazlasına dayanır).
11. Analiz edilebilecek şekilde yazılmış organize plan yetersizliği.
12. Görüşlere dayanarak hareket etmeyi ya da ortaya çıktığı anda fırsatı yakalamayı ihmal etme alışkanlığı.
13. Kararlı bir şekilde istemek yerine dilemek.
14. Zenginliği hedeflemek yerine yoksullukla uzlaşma alışkanlığı, harekete geçme ve sahip olma hırsında genel bir eksiklik.
15. Zenginliğe giden bütün kestirme yolları araştırmak, karşılığında bir eşdeğer vermeksizin almaya çalışmak (genellikle kumar oynama alışkanlıklarında görülür).
16. Eleştirilme korkusu, diğer insanların düşüneceği, yapacağı ya da söyleyeceği şeyler yüzünden plan yapma ve harekete geçirmede yetersizlik. Bu düşman listenin başında gelir, çünkü genellikle varlığının fark edilemediği bilinçaltında yer alır. (Daha sonraki bölümde gelen Altı Temel Korku'ya bakınız.)

Eleştirilme korkusunun belirtilerinden bazılarını inceleyelim. İnsanların büyük çoğunluğu akrabalarının, arkadaşlarının ve genelde insanların kendilerini istedikleri şekilde etkilemesine izin verirler, bunun sonucunda da kendi hayatlarını yaşayamaz hale gelirler, çünkü eleştirilmekten korkarlar.

Çok sayıda insan evlilikte hata yapar, pazarlığa sadık kalır ve hayatını perişan, mutsuz bir şekilde sürdürür; çünkü yanlışı düzeltirlerse ortaya çıkabilecek eleştiriden korkarlar. (Bu tür korku şekline teslim olan herkes, korkunun kişinin hırsını ve başarı arzusunu yıkarak meydana getirdiği onarılmaz zararı bilir.)

Milyonlarca insan eleştiriden korktuğu için okuldan ayrıldıktan sonra gecikmiş eğitim almayı ihmal eder.

Sayısız adam ve kadın, genç ya da yaşlı, eleştiriden korktukları için saygı adına akrabalarının hayatlarını mahvetmelerine izin verirler. (Saygı insanın hayatını kendi istediği şekilde yaşama hakkının yok edilmesine izin vermeyi gerektirmez.)

İnsanlar iş hayatında riske girmeyi reddederler, çünkü eğer başarısız olurlarsa ardından gelecek olan eleştirilerden korkarlar. *Böylesi durumlarda eleştiri korkusu başarı arzusundan daha güçlüdür.*

Çok fazla insan kendileri için yüksek hedefler koymaz, hatta bir meslek seçmeyi bile ihmal eder, çünkü akrabalarının ya da "arkadaşlarının", "O kadar yüksek hedefler koyma kendine, insanlar senin deli olduğunu sanacaklar," demelerinden korkarlar.

Andrew Carnegie yirmi yılımı bireysel başarı felsefesinin geliştirilmesine adamamı önerdiği zaman ilk düşüncem insanların söyleyebilecekleri şeyler oldu. Bu öneri benim o ana dek düşündüklerimden çok farklı bir hedef belirlemişti. Zihnim bir şimşek hızıyla her biri eleştirilme korkusuna dayanan bahaneler ve mazeretler üretmeye başladı. İçimden bir ses, "Bunu yapamazsın. İş çok büyük ve çok fazla zaman gerektiriyor. Akrabaların senin hakkında ne düşünecek? Hayatını nasıl kazanacaksın? Şimdiye kadar kimse bir başarı felsefesi geliştirmemiş, senin yapabileceğini nereden biliyorsun? Böyle büyük bir hedef belirlemek için kimsin ki sen? Kendi mütevazı hayatını düşün. Sen felsefe hakkında ne bilirsin ki? İnsanlar senin deli olduğunu sanacak (ve sandılar da). Neden daha önce başka bir insan yapmamış bunu?" diyordu.

Bunun gibi bir yığın soru geçiyordu zihnimden. Sanki Carnegie'nin teklifini yerine getirme arzumdan vazgeçmem için benimle alay etmek amacıyla birdenbire bütün dünyanın dikkati bana yönelmişti.

Benim kontrolümü ele geçirmeden hevesimi hemen oracıkta öldürecek iyi bir fırsat bulmuştum. Daha sonra, binlerce insanı inceledikten sonra ÇOĞU FİKRİN ÖLÜ DOĞDUĞUNU VE HIZLI HAREKETE GEÇİRECEK KESİN PLANLAR YARDIMIYLA İÇLERİNE AŞILAMAYA ihtiyaçları olduğunu keşfettim. Bir fikri beslemenin zamanı onun doğum zamanıdır. Yaşadığı her dakika ona daha fazla hayatta kalma şansı verir. Hiçbir zaman planlama ve hareket aşamasına ulaşmayan çoğu fikrin yok edilmesinin altında eleştirilme korkusu yatmaktadır.

Birçok insan maddi başarının uygun "fırsatların" sonucu olduğuna inanır. Bu inancın bir dayanak noktası vardır, ama tamamen şansa güvenenler neredeyse her zaman düş kırıklığı yaşarlar, çünkü kişinin başarıdan emin olabilmesi için var olması gereken önemli bir başka etkeni atlamaktadırlar. Bu, uygun "fırsatların" nasıl yaratabileceğinin bilgisidir.

İnsanın güvenebileceği tek "fırsat" kendi yarattığı "fırsattır." Bu başarılar kararlılığın uygulanması sonucu gelmiştir. Başlangıç noktası kesin amaçlılıktır.

Bir zamanlar büyük bir imparatorluğun bir kralı vardı. Ama kalbinde bir kral değil, yalnız bir adamdı. Wales prensi olarak kırk yıldan uzun bir süre boyunca evlilik için aranan biri oldu; Avrupa'dan bir yığın prenses ayaklarına kapandı. Hayatının mahremiyeti yoktu ve VII. Edward olduğunda yalnızca kişisel boşluk duygusu yaşıyordu, yalnızca aşkla doldurulabilecek bir boşluk.

Peki ya Wallis Simpson? Aşkı bulmak için gösterdiği çaba iki kez başarısız olunca, aşkı aramaya devam etti. İlk görevi aşkı bulmaktı. Dünyadaki en büyük şey neydi ki? Büyük Usta aşk olduğunu söylemişti, insan yapımı kurallar, eleştiri, şiddet, iftira ya da politik evlilik değil, aşk demişti.

Wallis Simpson'ı, yani ne istediğini bilen kişiyi düşündüğünüzde onun bu aşkı elde etmek için büyük bir imparatorluğu sarstığını görebilirsiniz. Bunun bir erkekler dünyası olduğundan, kadınların eşit kazanma şansı olmadığından şikâyet edenler, bu sıra dışı kadının, çoğu kadının "yaşlı" olarak değerlendirebileceği bir yaşta dünyanın en gözde bekârını elde ettiği hayat hikâyesini incelemeliler.

"Peki ya Kral Edward? İstediği kadının aşkını elde etmek için çok yüksek bir bedel ödedi mi?

Sadece bir tahminde bulunabiliriz. Ama *kararı* görebiliriz, bu kararın bir bedeli olduğunu ve bu bedelin açıkça ödendiğini görebiliriz.

İngiltere İmparatorluğu dünyaya yeni bir düzen getirdi. Windsor Dükü ve karısı sonunda kraliyet ailesiyle uzlaştı. Aşk, *kararlılık* ve ödenen bedelin hikâyesi bu zaferi kazananların uzun zaman öncesine aitmiş gibi görünmelerine neden oluyor. Ama bu iki insanın dünyanın en büyük hazinesini nasıl aradıklarını ve istediklerini hatırlıyoruz.

Karşılaştığınız ilk yüz kişiyi inceleyin ve onlara hayatta en fazla ne istediklerini sorun. Doksan sekizi size ne istediklerini söyleyemeyecektir. Eğer bir cevap için onları zorlarsanız bazıları "güvence"; çoğu "para"; birkaçı "mutluluk"; bazıları "şöhret ve güç"; diğerleri "sosyal tanınma", "kolay bir yaşam", "şarkı söyleme, dans etme ya da yazma yeteneği" diyecektir. Ama hiçbiri bu terimleri tam olarak tarif edemeyecek ya da bu belli belirsiz tanımladıkları arzularını elde etmeye yönelik bir plan sunamayacaklardır. Zenginlik arzulara cevap olarak gelmez. Sadece, sürekli kararlılığın bulunduğu kesin arzuyla desteklenen planlara cevap olarak meydana gelir.

Kararlılık Nasıl Güçlendirilir

Kararlılık alışkanlığına götüren dört temel adım vardır. Bunlar çok büyük zekâ, çok fazla eğitim gerektirmez, sadece biraz zaman veya çaba gerektirir. Gerekli adımlar şunlardır:

1. YERİNE GETİRİLMESİ İÇİN ATEŞLEYİCİ BİR ARZUYLA DESTEKLENEN BELİRLİ BİR AMAÇ.
2. SÜREKLİ EYLEMLERLE UYGULANAN BELİRLİ BİR PLAN.
3. AKRABALARIN, ARKADAŞLARIN VEYA TANIDIKLARIN OLUMSUZ ÖNERİLERİ DAHİL BÜTÜN OLUMSUZ VE CESARET KIRICI ETKİLERE KARŞI KAPALI BİR ZİHİN YAPISI.
4. KİŞİYİ HEM AMAÇ HEM DE PLANIN UYGULANMASINDA CESARETLENDİRECEK BİR VEYA DAHA FAZLA İNSANIN DOSTÇA İTTİFAKI.

Bu dört adım hayatın her döneminde başarı için esastır. Bu felsefenin on üç prensibinin amacı kişinin bu adımları bir alışkanlık şeklinde atmasını sağlamaktır.

Bu adımlar sayesinde kişi ekonomik kaderini kontrol edebilir.

Bu adımlar kişiyi bağımsızlık ve düşünce özgürlüğüne götürür.

Bu adımlar kişiyi küçük ya da büyük zenginliğe ulaştırır.

Güç, şöhret ve dünya çapında tanınmaya bu adımlar götürür.

Uygun "fırsatların" doğmasını bu adımlar sağlar.

Hayalleri fiziksel gerçekliklere bu adımlar dönüştürür.

Korku, cesaret kırıklığı ve kayıtsızlığın üstesinden gelmeyi bu dört adım sağlar.

Bu dört adımı atmayı öğrenen herkesi muhteşem ödüller beklemektedir. Kişinin istediği bedeli almasının ayrıcalığıdır bu.

Gizemli güçler kararlı insanın zorluklarla başa çıkma kapasitesi üzerinde nasıl bir etki yaratır? Kararlılık özelliği kişinin zihninde onun olağanüstü güçlere ulaşmasını sağlayan bir tür ruhsal, zihinsel ya da kimyasal faaliyet mi oluşturur? Sonsuz Akıl savaşı kaybettikten sonra ve bütün dünya karşısındayken bile savaşmaya devam eden kişinin yanında mı yer almaktadır?

Henry Ford gibi her şeye bir hiçle başlayıp kararlılığından başka çok az şeyle büyük bir sanayi imparatorluğu kuran insanları incelediğimde bu ve benzeri sorular aklıma gelirdi hep. Ya da üç aydan fazla okula gitmediği halde dünyanın en büyük mucidi haline gelen Thomas A. Edison kararlılığı konuşan bir makineye, hareket eden filmlere, elektrik ampulüne ve diğer yüzlerce yararlı icada dönüştürdü.

Uzun yıllar boyunca hem Ford'u hem de Edison'u yakından inceleme fırsatına sahip oldum. Bu nedenle her iki adamda da, muhteşem başarılarının kaynağı olabilecek kararlılıktan başka bir özellik görmediğimi söylerken bilgiye dayanarak konuşuyorum.

İnsan geçmişteki peygamberleri, filozofları, mucize insanları ve dini liderleri tarafsız bir şekilde incelerse, kararlılığın, emek yoğunlaştırılmasının ve amaç kesinliğinin başarılarının en önemli kaynağı olduğu kaçınılmaz sonucuna varır.

AKILDA TUTULMASI GEREKEN NOKTALAR

- Kararlılık insan karakterini, karbonun kırılgan demiri bükülemez çeliğe dönüştürdüğü gibi değiştirir. Kararlılıkla sihirli para bilincini geliştirebilirsiniz ve bilinçaltınız sürekli olarak istediğiniz parayı elde etmeniz için çalışır.
- Sekiz maddelik kararlılık listesi içinizde kararlılığı nasıl geliştirebileceğinizi gösterir. Özel eğitim için sekiz alan kararlılığınız için hedef belirler.
- İşlerin nerede zorlaştığına dikkat edin; zorlukların işleri nasıl harekete geçirdiğini göreceksiniz.

BÖLÜM 10

BEYİN GÜCÜ GRUBU'NUN ETKİSİ:

İtici Güç

(Zenginliklere Doğru 9. Adım)

Paranın elde edilmesinde güç vazgeçilmez bir öğedir.

Planları harekete dönüştürecek yeterli güç yoksa planlar boş ve yararsızdır. Bu bölüm, kişinin gücü nasıl elde edip kullanacağını gösteren yöntemi anlatacaktır.

Güç, "organize ve zekice yöneltilen bilgi" olarak tanımlanabilir. Güç, burada kullanıldığı şekliyle, kişinin arzusunu parasal eşdeğerine dönüştürmesini sağlamaya yetecek örgütlü çabayı ifade etmektedir. Örgütlü çaba, belirli bir amaca yönelik olarak uyum içinde çalışan iki veya daha fazla kişinin çabasının bir araya gelmesinden meydana gelir.

GÜÇ, PARANIN BİRİKİMİ İÇİN GEREKLİDİR! GÜÇ, PARANIN BİRİKTİKTEN SONRA ELDE TUTULMASI İÇİN GEREKLİDİR!

Gücün nasıl kazanılacağını bir görelim. Eğer güç "organize bilgiyse" bu bilginin kaynaklarını inceleyelim önce:

1. SONSUZ AKIL: Bu bilgi kaynağına başka bir bölümde tarif edilen işlem yoluyla, yaratıcı hayal gücünün yardımıyla ulaşılabilir.
2. BİLGİ BİRİKİMİ: İnsanoğlunun bilgi birikimi (şimdiye kadar düzenlenip kaydedilen kısmı) iyi donanımlı bir kütüphanede veya internette bulunabilir. Bu birikmiş bilginin en önemli bölümü, okullarda ve üniversitelerde öğretilir.
3. DENEY VE ARAŞTIRMA: Bilim alanında ve hayatın her döneminde insanlar gündelik olarak yeni bilgileri toplamakta, sınıflandırmakta ve organize etmektedir. "Bilgi birikimi" yoluyla ulaşılamadığında insanın başvuracağı kaynak budur. Burada da yaratıcı hayal gücü sıklıkla kullanılır.

Bilgi yukarıdaki kaynakların herhangi birinden elde edilebilir. Bu bilgi düzenlenip örgütlenerek kesin planlara, bu planlar da eylem biçiminde ifade edilerek güce dönüştürülebilir.

Eğer kişi bilgiyi oluşturup kesin bir plan halinde ifade etme konusunda bir tek kendi çabasına güveniyorsa, en büyük üç bilgi kaynağının incelenmesi bu kişinin yaşayacağı zorluğu kolayca ortaya koyacaktır. Eğer bu planlar geniş kapsamlıysa ve büyük çaplı bir hareketi gerektiriyorsa, kişi başkalarına gerekli güç öğesini aşılamadan önce onları kendisiyle işbirliği yapmaya ikna etmelidir.

"Beyin Gücü Grubu" Sayesinde Güç Elde Etmek

"Beyin Gücü" ortaklığı, "belirli bir amaca ulaşmada iki veya daha fazla kişi arasındaki bilgi ve çabanın uyumlu bir ruh hali içinde ortak bir amaç için bir araya gelmesi" olarak tanımlanabilir.

Hiç kimse "Beyin Gücü"nden yararlanmadan büyük bir güce sahip olamaz. Daha önceki bölümde paranın fiziksel eşdeğerine dönüştürülmesi amacıyla bir plan yaratılması için gerekli talimatlar verilmişti. Eğer bu talimatları zekice ve kararlı bir biçimde uygularsanız ve "Beyin Gücü"nüzün oluşumunda seçici davranırsanız, fark etmeseniz bile amacınıza yarı yarıya varmış olacaksınız.

Bu yüzden uygun bir şekilde seçilmiş "Beyin Gücü" grubu sayesinde sizin için açık hale gelecek olan gözle görülmeyen potansiyel gücü daha iyi anlayabilirsiniz. Burada "Beyin Gücü" prensibinin iki özelliğini açıklayacağız; bunların bir tanesi yapısı itibariyle ekonomik, diğeri ise ruhsaldır. Ekonomik özellik çok açıktır. Ekonomik avantajlar, kişiye mükemmel uyum içinde yardım etmeye istekli bir grup insanın tavsiye, danışmanlık ve kişisel işbirliğini elde eden herkes tarafından yaratılabilir. Bu tür işbirlikçi ittifak hemen hemen bütün büyük servetin temelinde yatmaktadır. Bu büyük gerçeği anlamanız sizin parasal durumunuzu kesinlikle belirleyecektir.

"Beyin Gücü" prensibinin ruhsal yanını anlamak çok daha zordur. Bu ifadeden anlamlı bir öneri çıkarabilirsiniz: "Iki zihin, üçüncü bir zihne benzeyen, gözle görülmeyen bir güç yaratmadan bir araya gelmez."

İnsan zihni, bir parçası ruhsal olan bir enerji türüdür. İki insanın zihni uyum içinde birlikte çalışırken her bir zihnin enerjisinin ruhsal birimleri bir çekim oluşturur, ki bu da "Beyin Gücü"nün "ruhsal" yanını oluşturur.

"Beyin Gücü" prensibi ya da daha çok onun ekonomik özelliğine ilk kez elli yıl önce Andrew Carnegie dikkatimi çekmişti. Bu prensibin keşfi hayattaki iş seçimimden sorumludur.

Carnegie'nin "Beyin Gücü" grubu, çelik üretip satmak amacıyla etrafını kuşattığı neredeyse elli kişilik bir ekipten oluşuyordu. Bütün servetini, "Beyin Gücü" grubu yoluyla elde ettiği güce bağlıyor kendisi.

Büyük servet kazanan herhangi bir insanın ve orta derecede servet kazanan birçoğunun hayat hikâyelerini inceleyin. Göreceksiniz ki, bilinçli ya da bilinçsiz olarak her biri "Beyin Gücü" prensibini uygulamıştır.

BÜYÜK BİR GÜÇ BAŞKA HİÇBİR PRENSİPLE ELDE EDİLEMEZ.

İnsan beyni elektrik piliyle karşılaştırılabilir. Bir grup pilin tek bir pilden daha fazla enerji ortaya çıkaracağı bilinen bir gerçektir. Ayrıca tek bir pilin içinde barındırdığı hücre sayısı ve kapasitesine göre enerji çıkaracağı da bilinmektedir.

Beyin de aynı şekilde çalışır. Bu durum bazı beyinlerin diğerlerinden daha etkin olması gerçeğini açıklar ve bu da anlamlı bir ifadeyi beraberinde getirir: Uyum içinde koordine olan (ya da bağlanan) bir grup beyin tek bir beyinden daha fazla düşünce enerjisi ortaya çıkaracaktır, tıpkı bir grup pilin tek bir pilden daha fazla enerji açığa çıkardığı gibi.

Bu benzetmeyle, "Beyin Gücü" prensibinin, kendilerini diğer insanların beyinleriyle kuşatanların sahip oldukları gücün sırrını içerdiği hemen anlaşılacaktır.

Beyin Gücü" prensibinin anlaşılmasına yönelik bir başka ifade de şudur: Bir grup beyin uyum içinde koordine olup birlikte çalıştığında bu birliktelikle yaratılan artmış enerji gruptaki herkes tarafından kullanıma hazır olacaktır.

Henry Ford'un iş hayatına yoksulluk, okuma yazma bilmeme ve cehalet gibi engellerle başladığı bilinen bir gerçektir. On yıl gibi kısa bir süre içinde Henry Ford'un bu üç engeli aştığı ve yirmi beş yıl içinde Amerika'nın en zengin adamlarından biri olduğu da aynı derecede bilinen bir başka gerçektir. Bu gerçeği, Henry Ford'un en hızlı adımlarının onun Thomas A. Edison'un arkadaşı olduğu döneme rastladığı gerçeğiyle bağdaştırın, o zaman bir insanın zihninin diğerinin başarısında ne kadar etkili olduğunu göreceksiniz. Bir adım daha öteye gidip Henry Ford'un en büyük başarılarının Harvey Firestone, John Burroughs ve Luther Burbank'le (her biri büyük beyin kapasitesine sahipti) tanıştıktan sonra meydana geldiği gerçeğini düşündüğünüzde, gücün zihinlerin dostça ittifakıyla oluşturulabileceğine dair daha fazla kanıt geçmiş olacak elinize.

İnsan, anlayış ve uyum ruhu içinde birlikte olduğu kişilerin yapısını, alışkanlıklarını ve düşünce gücünü alır. Edison, Firestone, Burroughs ve Burbank'le olan arkadaşlıklarıyla Ford kendi beyin gücüne bu dört adamın zekâ, deneyim, bilgi ve ruhsal gücünü de katmıştır. Üstelik "Beyin Gücü" prensibini bu kitapta anlatılan prensipler yoluyla kendine mal edip kullanmıştır.

Bu prensip size de açıktır!

Mahatma Gandi'den daha önce söz ettik.

Muhteşem gücünü elde ettiği yöntemi bir inceleyelim. Bu yöntem birkaç sözcükle açıklanabilir. İki yüz milyonun üzerinde insanı belirli bir amaç uğruna ruh ve beden olarak uyum halinde bir araya getirerek bu güce ulaştı.

Kısacası, Gandi bir mucize başardı, çünkü iki yüz milyonun üzerinde insanın zorla değil, uyum halinde işbirliğine ikna edilmesi bir mucizedir. Eğer bunun bir mucize olduğundan şüpheniz varsa, iki insanı *bir süre boyunca* işbirliğine ikna etmeye çalışın.

Bir işletmeyi yöneten herkes çalışanların uyum içinde çalışmalarını sağlamanın ne kadar zor olduğunu bilir.

Gücün elde edilebileceği belli başlı kaynakların başında, gördüğünüz gibi, Sonsuz Akıl gelmektedir. İki veya daha fazla insan, belirli bir hedef uğruna uyum halinde çalıştıklarında bu işbirliği sayesinde kendilerini Sonsuz Akıl'ın evrensel deposundan doğrudan güç alabilecek bir konuma yerleştirmiş olurlar. Bu bütün güç kaynaklarının en büyüğüdür. Dâhilerin ve büyük liderlerin (bu gerçeği bilsinler ya da bilmesinler) başvurdukları yer orasıdır.

Gücün elde edilmesi için gerekli bilginin alınabileceği diğer iki kaynak insanın beş duyusundan daha fazla güvenilir değildir. Duyulara her zaman güvenilemez.

Daha sonra gelen bölümlerde, Sonsuz Akıl'la en kolay bağlantı kurma yöntemleri yeterli bir şekilde tanımlanmıştır.

Bu bir din dersi değildir. Bu kitapta tanımlanan hiçbir temel prensip insanların dini alışkanlıklarına doğrudan ya da dolaylı olarak müdahale etmeye niyetli şeklinde yorumlanamaz. Bu kitap okuyucunun para arzusunu fiziksel eşdeğerine nasıl dönüştüreceğini göstermeyle sınırlandırılmıştır.

Okuyun, *düşünün* ve okurken meditasyon yapın. Kısa süre sonra bütün konu açığa çıkacak ve siz onu bir bütün olarak göreceksiniz. Şu anda tek tek bölümlerin ayrıntılarını görüyorsunuz.

Para utangaç ve kaçıcıdır. Seçtiği kızın peşinde koşan kararlı bir âşığın kullandığından çok da farklı olmayan bir yolla kur yapılıp elde edilmesi gerekir. Ve paraya "kur yaparken" kullanılan güç, bir kıza kur yaparken kullanılandan farklı değildir. Paranın ele geçirilmesinde başarılı olmak için bu güç inanç, arzu ve kararlılıkla birleştirilmeli; bir planla uygulanmalı ve o plan eyleme geçirilmelidir.

Para, "çok para" olarak bilinen miktarlarda geldiğinde onu kazanan kişiye suyun tepeden aşağı akışı gibi hızla gelir. Burada, bir nehrin akışına benzetilebilecek olan, görünmeyen büyük bir güç akışı söz konusudur.

Büyük zenginliklere ulaşmış olan her insan hayatın bu akışını fark eder. İnsanın düşünce sürecini oluşturur. Düşüncenin olumlu duyguları, akıntının insanı servete götüren tarafıdır. Olumsuz duygular insanı yoksulluğa götüren taraftır.

Bu kitabı servet kazanmak amacıyla okuyan kişiler için büyük önem taşıyan bir görüştür bu.

Eğer akıntının yoksulluğa götüren tarafındaysanız, kendinizi akıntının diğer tarafına taşımanıza yardım edecek bir kürek işlevi görebilir. Size yalnızca uygulama ve kullanım yoluyla hizmet edebilir. Sadece okumanın ve öyle ya da böyle bir yargıda bulunmanın sizin için bir faydası olmayacaktır.

Yoksulluk ve zenginlik sıklıkla yer değiştirir. Zenginlik, yoksulluğun yerini aldığında bu değişiklik genellikle iyi düşünülmüş ve dikkatle uygulanmış planlarla sağlanmıştır. Yoksulluk için plana gerek yoktur. Kimsenin ona yardım etmesine ihtiyacı yoktur, çünkü cesur ve acımasızdır. Zenginlik ise utangaç ve çekingendir. Bir şeyin onu "çekmesi" gerekmektedir.

AKILDA TUTULMASI GEREKEN NOKTALAR

- Kişisel ve iş başarısına Andrew Carnegie'nin en büyük katkısı "Beyin Gücü" istediğiniz gibi kullanmak üzere sizindir. Hayat boyu sürecek güce giden yol olarak düzenlenmiş ve yönlendirilmiş bilginin kullanımı için başlıca yol budur.
- İnsan zihni bir enerji şeklidir. İki ya da daha fazla zihin uyum halinde çalıştığında büyük bir enerji "bankası" ve "Beyin Gücü"ne benzetilebilen, gözle görülmeyen üçüncü bir güç oluştururlar.
- Zengin olmak için plan yapmak ve organize olmak gereklidir. Yoksul kalmak çok kolaydır; yoksulluk için plana gerek yoktur.
- Üç belli başlı zihin gücü kaynağı size yardımcı olmaya hazırdır. Nasıl kullanacağını bilenler -şu anda sizin bildiğiniz gibi- tarafından her zaman kullanılabilirler.
- Mutluluk yapmakla bulunur, sadece sahip olmakla değil.

BÖLÜM 11

CİNSELLİĞİN GİZEMLİ DÖNÜŞÜMÜ

(Zenginliklere Doğru 10. Adım)

Bilgisizlik yüzünden bu zihinsel durum genellikle fiziksel olanla bağdaştırılır ve cinsellik konusunda bilgi alırken birçok insanın maruz kaldığı kalıplaşmış inançlar nedeniyle, özellikle fiziksel olan şeyler, önyargılara yol açar.

Cinsel heyecanın ardında üç yapıcı potansiyel vardır. Bunlar:

1. İnsan soyunun devamı.
2. Sağlığın korunması (tedavi edici olarak eşi yoktur).
3. Sıradanlığın dehaya dönüştürülmesi.

"Dönüştürme" sözcüğünün anlamı basit bir dille, "bir elementi ya da enerji şeklini bir başkasına aktarmadır." Cinsel enerjinin dönüşümü basittir ve kolay bir şekilde açıklanabilir. Zihnin fiziksel ifade bulan düşüncelerden başka yaratıcı düşüncelere çevrilmesi anlamını taşır.

Cinsel heyecan çok özel zihinsel bir durum yaratır.

Cinsel arzu insan arzuları içinde en güçlü olanıdır. Bu arzunun kontrolü altındayken kişi başka zamanlarda daha önce bilmediği şekilde hayal gücü, cesaret, irade gücü, kararlılık ve yaratıcılık yeteneğinde keskinlik geliştirir. Bu arzu o kadar güçlü ve tahrik edicidir ki, insanların bu uğurda hayatlarını ve saygınlıklarını açıkça tehlikeye atabilirler. Kontrol altına alınıp başka kanallara aktarıldığında kişiyi harekete geçiren bu güç hayal gücünde, cesarette keskinlik gibi özelliklerini sürdürür; özellikle edebiyat, sanat ya da diğer mesleklerde kuşkusuz zenginliğin elde edilmesinde de yaratıcı bir güç olarak kullanılabilir.

Cinsel enerjinin dönüştürülmesi irade gücünün çalıştırılmasını gerektirir, ama alınan karşılık bu çabaya değer. Cinsel ifade doğuştan gelir ve doğaldır. Arzu bastırılamaz ve yok edilemez, zaten böyle yapılmamalıdır. Ne var ki, insanın bedenini, zihnini ve ruhunu zenginleştiren ifade şekliyle çıkış yolu sağlanmalıdır. Eğer dönüştürme yoluyla bu tür bir çıkış yolu verilmezse sadece fiziksel yollardan çıkış yolu arayacaktır.

Bir nehre baraj yapılabilir ve suyu bir süre için kontrol edilebilir, ama sonunda bir çıkış yolu bulacaktır. Aynı şey cinsel heyecan için de geçerlidir. Bir süre için bastırılıp kontrol edilebilir, ama doğası gereği ifade edilmesi gerekir. Yaratıcı bir tür çabaya dönüştürülmezse daha değersiz bir çıkış yolu bulacaktır.

Cinsel heyecanı yaratıcı bir enerjiye dönüştürebilen insanlar gerçekten çok şanslıdır, çünkü bu keşifleri ile kendilerini dâhi statüsüne yükseltebilirler. Bilimsel çalışmalar bu konudaki gerçekleri açığa çıkarmıştır:

1. En büyük başarıları gerçekleştiren insanlar cinsel yönleri oldukça gelişmiş ve cinsel enerjilerini yapıcı bir sevgiye dönüştürmeyi öğrenmiş insanlardır.
2. Büyük zenginlikler elde eden ve edebiyat, sanat, sanayi, mimaride büyük saygı kazanan erkekler hep bir kadının etkisiyle motive olmuşlardır.

Bu keşiflerin yapıldığı araştırmalar iki bin yıldır biyografi ve tarihin sayfalarına gömülmektedir. Büyük başarı kazanan kadın ve erkeklerin hayatlarıyla ilgili bir kanıt söz konusu olduğunda bu insanların oldukça gelişmiş seks doğalarının olduğu görülmüştür.

Cinsel heyecan ona karşı bir itirazın olamayacağı, "karşı konulmaz bir güçtür." Bu heyecanla güdülenen erkekler eylem için süper bir güç edinirler. Bu gerçeği anladığınızda, cinsel enerjinin dönüştürülmesinin yaratıcı yeteneği içerdiğini daha iyi kavrayacaksınız.

Bir insanda ya da bir hayvanda cinsel hormon salgılayan bezleri yok ettiğinizde, en büyük hareket kaynağını ortadan kaldırmış olursunuz. Bunun kanıtı olarak hadım edildikten sonra herhangi bir hayvanı seyredin. Bir boğa cinsel açıdan değişime uğradıktan sonra bir inek kadar uysal hale gelir. Seks değişimi insan ya da hayvan olsun insanın içindeki mücadeleciliği yok eder. Seks enerjisi içinde gizli bir yaratma yeteneği barındırır.

Zihinsel Gücü Tetikleyen 10 Uyaran

İnsan zihni coşku, arzu, hayal gücü gibi uyaranlar sonucunda heyecanla yüksek bir titreşime geçer. Zihni uyaranlar şunlardır...

1. Cinsellik ifade etme arzusu.
2. Aşk.
3. Ün, güç, parasal kazanç ya da para için ateşleyici arzu.
4. Müzik.
5. Aynı ya da karşı cins ile arkadaşlık.
6. Ruhani ya da dünyevi başarılar için birleşen iki ya da daha fazla insanın uyumuna dayalı "Beyin Gücü" grubu.
7. Karşılıklı acı çekme, zulme uğrayan insanların yaşadığı gibi.
8. Kendi kendine telkin.

9. Korku.

10. Uyuşturucu ya da alkol.

Zihni en etkin bir şekilde güçlendirip fiziksel hareketi başlatan uyaranlar listesinin başında cinselliği ifade etme arzusu gelir. Bu uyaranların sekizi doğal ve yapıcıdır. İkisi yıkıcıdır. Bu liste zihinsel uyaranların karşılaştırmalı incelemesini yapabilmeniz amacıyla burada sunulmuştur. Bu incelemeden cinsel heyecanın bütün zihinsel uyaranlar içinde en yoğun ve en güçlüsü olduğu kolayca görülebilir.

Düşünen bir insan dâhinin tanımıyla ilgili olarak bazı sorular sormak isteyecektir. İlk soru, "Sıradan düşünce yoluyla ulaşılamayan bilgi kaynaklarıyla nasıl iletişim kurulabilir?" olacaktır.

Sonraki soru ise, "Sadece dâhilerin ulaşabileceği bilinen bilgi kaynakları var mıdır, eğer öyleyse, bu kaynaklar nelerdir ve kişi bunlara nasıl ulaşabilir?" olacaktır.

Bu konuda kanıtlar sunacağız. Siz bu kanıtlar yoluyla denemeler yaparak kendi kanıtınızı elde edebilirsiniz.

Dâhilik Altıncı Hissini Geliştirmekten Geçer

Altıncı hissin gerçekliği oldukça iyi bir şekilde saptanmıştır. Altıncı his yaratıcı hayal gücüdür. Yaratıcı hayal gücü çoğu insanın hayatı boyunca hiç kullanmadığı bir beceridir ve eğer kullanırlarsa bile bu sadece rastlantı sonucu olur. Oldukça az sayıda insan yaratıcı hayal gücünü bilerek ve bir amaç için kullanır. Dâhiler bu beceriyi, işlevini anlayarak bilinçli olarak kullanırlar.

Yaratıcı hayal gücü becerisi insanın sınırlı aklıyla Sonsuz Akıl'ın sınırsızlığı arasındaki doğrudan bağdır. Din gerçekliği içinde atfedilen bütün açıklamaların ve icat edilen temel veya yeni prensiplerin keşfi yaratıcı hayal gücü becerisiyle gerçekleşir.

Fikirler ya da kavramlar popüler şekliyle "önseziler" şeklinde zihnimizde belirdiğinde, bunlar aşağıdaki kaynakların bir ya da daha fazlasından gelir:

1. Sonsuz Akıl
2. Beyne beş duyu yoluyla ulaşan düşünce dalgaları ve duyu izlenimlerinin depolandığı bilinçaltı.
3. Bilinçli düşünce yoluyla bir fikir ya da kavramı ifade eden başka insanların zihinleri.
4. Başka insanların bilinçaltı depoları.

İlham ve Yaratıcı fikirlerin alınabileceği başka bir kaynak yoktur. Beynin çalışması on zihin uyaranından bir ya da daha fazlasıyla uyarıldığında kişiyi sıradan düşünce ufkunun üzerine çıkarma etkisine sahip olur ve kişinin uzak mesafeleri göremediği fırsatları ve daha alçak düzlemde var olmayan yeni düşünceleri hayal etmesine izin verir.

Herhangi bir zihin uyaranıyla düşünce düzeyi yükseldiğinde kişinin bulunduğu konum, yerdeyken görüşünü sınırlayan ufuk çizgisinin üzerini ve ötesini görebileceği bir yüksekliğe uçakla çıkan kişinin bulunduğu konumla aynıdır. Üstelik bu yüksek düşünce düzeyindeyken kişi, yiyecek, giyecek ve barınma gibi üç temel ihtiyacını gidermeye yönelik sorunlarla uğraşırken görüşünü sınırlayan ve engelleyen herhangi bir uyaranın etkisi altında kalmaz. Kişi uçakla yükselirken tepeler, vadiler ve görüşünü kapatan diğer engellerin kaldırıldığı gibi, günlük sıradan düşüncelerin ortadan kaldırıldığı bir düşünce dünyasındadır.

Yüceltilmiş düşünce düzlemindeyken zihnin yaratıcı becerisine serbest hareket etmesi için imkân verilir. Altıncı hissin işlevi için yol açılmıştır. Birey başka şartlar altında ulaşamayacağı fikirlere karşı alıcı hale gelir. "Altıncı his" bir dâhiyle sıradan biri arasındaki farkı belirleyen bir beceridir.

Yaratıcı beceri kullanıldıkça ve kişi ona daha fazla güvenip düşünce dalgası için daha fazla talepte bulundukça, bu beceri bireyin bilinçaltının dışında yer alan etkenlere karşı daha dikkatli ve alıcı hale gelir. Bu beceri yalnızca kullanılarak geliştirilebilir.

Kişinin "bilinci" tamamen altıncı his becerisiyle işlev gördükçe bu gerçek anlaşılır.

Büyük ressamlar, müzisyenler ve şairler büyüktürler, çünkü yaratıcı beceri yoluyla "içlerinden gelen küçük sese" kulak verme alışkanlığını edinmişlerdir. Hayal gücü çok "kuvvetli" olanların en iyi fikirlerinin "önsezilerle" geldiği iyi bilinen bir gerçektir.

Büyük bir hatip bu büyüklüğünü gözlerini kapatıp tamamen yaratıcı hayal gücü becerisine güvenerek elde etmiştir. Konuşmasının en can alıcı noktasında neden gözlerini kapattığı sorulduğunda, "Gözlerimi kapatıyorum, çünkü o zaman içimden gelen fikirlere göre konuşabiliyorum," demiştir.

Amerika'nın en başarılı ve en iyi bilinen maliyecisinin bir karar vermeden önce iki ya da üç dakika için gözlerini kapama alışkanlığı vardı. Bunu neden yaptığı sorulduğunda, "Gözlerim kapalıyken daha ileri zekâ düzeyine ulaşabiliyorum," diyordu.

Maryland, Chevy Chase'den Dr. Elmer Gates yaratıcı hayal gücünü kullanarak pek çoğu basit olan iki yüzden fazla patent aldı. Yöntemi Dr. Gates'in kesinlikle dahil olduğu bir dâhinin konumuna ulaşmayı isteyenler için hem ilginç hem de önemlidir. Dr. Gates dünyanın en büyük, ama reklamı az yapılan bilim adamlarından biriydi.

Laboratuvarında, "kişisel iletişim odası" adını verdiği bir bölüm vardı. Ses geçirmez bir odaydı burası ve öyle bir şekilde ayarlanmıştı ki, gerektiğinde içeri hiç ışık girmiyordu. Üzerinde kâğıtların bulunduğu küçük bir masa vardı. Masanın üzerinde, duvardaki ışıkları kontrol eden elektrik düğmeleri bulunuyordu. Dr. Gates yaratıcı hayal gücüyle ulaşabildiği güçleri kullanmak istediğinde bu odaya girer, masaya oturur, lambaları kapatır ve üzerinde çalıştığı icatla ilgili *bilinen* faktörlere *yoğunlaşırdı.* İcadının bilinmeyen faktörleriyle ilgili fikirler zihnine dolmaya başlayana dek o pozisyonda kalırdı.

Bir keresinde fikirler o kadar çabuk gelmişti ki. Neredeyse üç saat boyunca yazmak zorunda kalmıştı. Düşünceleri akmayı ve o yazmayı bıraktığında, yazdıklarının bilim dünyasında bilinen verilerle arasında hiçbir benzerlik bulunmayan prensiplerin tam bir tanımını içerdiğini gördü. Üstelik bu notlarda üzerinde çalıştığı problemin çözümü de vardı.

Dr. Gates hayatını, şirketler ve bireyler adına "fikirler için oturarak" kazanıyordu. Amerika'daki en büyük şirketlerden bazıları ona "fikir için oturmak" üzere saat başına önemli miktarda para ödüyorlardı.

Akıl yürütme becerisi genellikle hatalıdır, çünkü büyük oranda kişinin birikmiş deneyimlerine dayanmaktadır. İnsanın deneyimleriyle elde ettiği her bilgi doğru değildir. Yaratıcı hayal gücüyle alınan fikirler çok daha güvenilirdir, çünkü zihnin akıl yürütme becerisine açık olmayan daha güvenilir kaynaklardan gelmektedirler.

Bir dâhiyle garip fikirli sıradan bir mucit arasındaki en büyük fark, dâhinin yaratıcı hayal gücü becerisiyle çalışıyor olmasına karşılık mucidin bu beceri konusunda hiçbir şey bilmemesidir. Bilimsel mucit hem birleştirici hem de yaratıcı hayal gücü becerisini kullanır.

Örneğin, bilimsel mucit, icat etmeye birleştirici beceriyi, yani akıl yürütme becerisini kullanarak başlar, deneyimle birikmiş olan prensip ya da bilinen gerçekleri düzenler ve birleştirir. Eğer bu birikmiş bilginin icadını tamamlaması için yetersiz olduğunu görürse *yaratıcı* becerisiyle kendisine açık olan bilgi kaynaklarına başvurur. Bunu yapmanın yolu bireyden bireye değişir, ama bu işlemin özü şudur:

1. On zihin uyaranından birini ya da birkaçını veya kendi tercih edeceği uyaranları kullanarak ZİHNİ ORTALAMADAN DAHA HIZLI TİTREŞECEK şekilde uyarır.

2. İcadıyla ilgili bilinen gerçekler (bitmiş bölümler) üzerinde YOĞUNLAŞIR VE ZİHNİNDE İCADINA AİT BİLİNMEYEN FAKTÖRLERE AİT MÜKEMMEL BİR RESİM OLUŞTURUR. Bilinçaltı kontrolü ele geçirene dek bu resmi zihninde tutar, sonra zihnini bütün düşüncelerden arındırarak rahatlar ve cevapların zihnine dolmasını bekler.

Bazen sonuçlar hem kesin hem de çabuktur. Diğer zamanlarda sonuçlar, altıncı hissin gelişimine ya da yaratıcı yetiye bağlı olarak olumsuzdur. Edison yaratıcı becerisine yönelip elektrik ampulünü mükemmel hale getirmeden önce, hayal gücünün birleştirici becerisinin yardımıyla fikirlerin on bin farklı birleşimini denemiştir. Fonografı üretirken yaşadığı deneyim de bunun benzeriydi.

Yaratıcı hayal gücü becerisinin var olduğuna dair bol miktarda güvenilir kanıt bulunmaktadır. Bu kanıtlar çok fazla eğitim almadan çalıştıkları alanlarda lider olan insanların doğru analizinin yapılmasıyla elde edilebilir. Lincoln yaratıcı hayal gücü becerisini keşfedip kullanarak büyüklüğe ulaşmış liderlere iyi bir örnektir. Bu yetiyi Anne Rutledge'le tanıştıktan sonra yaşadığı aşk uyaranının sonucu olarak keşfetmiş ve kullanmaya başlamıştı.

Tarihin sayfaları büyük liderlerin kayıtlarıyla doludur. Bunların başarılarında en büyük etken, yaratıcı becerilerini cinsel arzuyla uyaran kadınlardır. Napoleon Bonaparte bunlardan biridir. İlk karısı Josephine'den ilham alırken karşı konulamaz ve mağlup edilemezdi. Ama onu bir kenara bıraktıktan sonra gerilemeye başladı. Yenilgisi ve St. Helena'ya sürgünü birbirinden çok uzak değildi.

Amerika'da eşlerine duydukları tutku ve aşkın etkisiyle başarının doruklarına tırmandıktan sonra yeni biri için eski eşlerini bir kenara bırakan ve mahvolan erkeklerin hikâyelerinden söz edebiliriz. Napoleon *doğru kaynaktan gelen* cinsel etkinin yerine hiçbir şey konulmayacak kadar güçlü olduğunu keşfeden tek erkek değildi.

İnsan zihni uyaranlara tepki verir! Bu uyaranlar içinde en büyük ve güçlü olanı cinsel arzudur. Kontrol edilip dönüştürüldüğünde bu dürtü bir erkeği, daha alçak düzlemde önünü kesen endişe ve önemsiz öfkeyi kontrol etmesini mümkün kılan düşünce düzeyine çıkarabilir.

Hafızaları tazelemek amacıyla, belirli erkeklerin hayat hikâyelerinden elde edilebilen gerçeklerle ilgili olarak, burada büyük başarıya sahip birkaç kişinin adını vereceğiz. Bu kişilerin dehalarının güç kaynağını dönüştürülmüş cinsel enerjilerinden aldıklarına hiç şüphe yok:

GEORGE WASHINGTON	THOMAS JEFFERSON
NAPOLEON BONAPARTE	ELBERT HUBBARD
WILLIAM SHAKESPEARE	ELBERT H. GARY
ABRAHAM LINCOLN	WOODROW WILSON
RALPH WALDO EMERSON	JOHN. H. PATTERSON
ROBERT BURNS	ANDREW JACKSON

ENRICO CARUSO

Hayat hikâyeleri konusundaki bilginiz bu listeye sizin bazı eklentiler yapmanızı mümkün kılabilir. Eğer, bulabilirseniz bütün insanlık tarihinde iyi geliştirilmiş cinsellik doğasıyla güdülenmemiş olup herhangi bir alanda göze çarpan başarı kazanmış olan birini gösterin.

Şu anda yaşamayan insanların hayat hikâyelerine güvenmek istemiyorsanız, tanıdığınız büyük başarı kazanmış insanları inceleyin ve onlar arasında yüksek düzeyde cinsel dürtüye sahip olmayan birini bulup bulamayacağınıza bakın.

Cinsel enerji bütün dâhilerin yaratıcı enerjisidir. *Bu itici cinsel güçten yoksun olan hiçbir büyük lider, dâhi ya da sanatçı bulamazsınız.*

Hiç kuşkusuz, buradan bütün gelişmiş cinsel dürtüye sahip olanların dâhi olduğu şeklinde bir ifade çıkarılamaz. İnsan yalnızca hayal gücünün yaratıcı becerisinin yardımıyla mevcut güçleri çekebilecek şekilde zihnini uyardığı zaman dâhi statüsünü elde edebilir. Bu "güçlendirmeyi" sağlayabilecek uyaranlar arasında en önemlisi cinsel enerjidir. Sadece bu enerjiye *sahip olmak* bir dâhi yaratmak için yeterli değildir. Bu enerji, insanı dâhi statüsüne yükseltmeden önce, fiziksel ilişki arzusundan *başka* türde bir arzuya ve eyleme *dönüştürülmelidir.*

Büyük cinsel arzuları nedeniyle insanların büyük bir çoğunluğu, bu gücü yanlış anlayarak ve yanlış kullanarak dâhi olmaktan uzaklaşıp kendilerini *daha aşağılara,* hayvanların statüsüne indirirler.

Yirmi beş binin üzerinde insanı inceleyerek başarılı olmuş erkeklerin bunu kırkından önce ender olarak başardıklarını ve gerçek hızlarına ancak ellisini geçtikten sonra ulaştıklarını keşfettim. Bu gerçek o kadar şaşırtıcıydı ki, nedenini bulmak için daha dikkatli bir araştırmaya girmeme yol açtı.

Bu çalışma, başarılı insanların bunu kırkından önce yapamamalarının ana nedeninin, cinsel heyecanın fiziksel yanına aşırı düşkünlük göstererek enerjilerini ziyan etmeleri olduğunu ortaya çıkarmıştır. İnsanların çoğunluğu cinsel dürtünün salt fiziksel yanından çok daha önemli başka olasılıkları da olduğunu *asla* öğrenemezler. Bu keşfi yapanların çoğu ise, cinsel enerjinin en yüksek noktasında olduğu dönemde *birçok yılı ziyan ederek* kırk beş, elli yaşlarına ulaşırlar. Bunu genellikle kayda değer bir başarı izler.

Kırk yaşına ve bazen de onu geçene dek çoğu erkeğin hayatı, daha faydalı kanallara aktarılabilecek enerjinin boşa harcandığını göstermektedir. Daha hassas ve daha güçlü heyecanlara önem verilmez. Cinsel arzu bütün insan heyecanları içinde en güçlüsü ve en zorlayıcısıdır. Bu nedenle bu arzu kontrol edildiğinde ve fiziksel ifadesi dışında bir eyleme dönüştürüldüğünde kişiyi büyük başarılara götürebilir ve dahilik seviyesine yükseltebilir.

30.000'den fazla satış elemanını eğitip yönlendiren bir öğretmen faal olarak seks enerjilerini kullanan insanların en etkin satıcılar olduğunu keşfetmiştir. Bunun açıklaması, "kişisel mıknatıslık" olarak bilinen kişilik etkeninin cinsel enerjisinden farklı bir şey olmadığıdır. Yüksek düzeyde seksi kişiler yüksek çekim gücüne sahiptirler. Bu hayati güç anlaşılıp doğru yönlendirildiğinde insanlar arasındaki ilişkide büyük avantaj sağlayabilir. Bu enerji diğer insanlara şu aracılar yoluyla iletilebilir:

1. *El sıkmak:* Elin dokunuşu çekiciliğin varlığını ya da yokluğunu anında gösterir.
2. *Ses tonu:* Çekicilik ya da cinsel enerji, sesi renklendiren ya da müzikal ve çekici kılan bir etkendir.
3. *Beden duruşu:* Seksi insanlar zarif ve hızlı bir şekilde hareket ederler.
4. *Düşüncelerin titreşimi:* Seksi insanlar cinsel heyecanı duygularıyla birleştirirler ya da böyle yapmayı isterler ve bu şekilde etrafındakileri etkileyebilirler.
5. *Beden süsü:* Seksi insanlar kişisel görünümleri konusunda çok dikkatlidirler. Genellikle kişiliklerine, fiziklerine, tenlerine vb. yakışan giysiler seçerler.

Bir satış elemanı işe alındığında becerikli bir satış müdürü *ilk talep olarak* satıcının kişisel çekiciliğine bakar. Cinsel enerjisi olmayan insanlar hiçbir zaman çekici ve coşkulu olmazlar. Oysa coşku, satılan mal ne olursa olsun satıcılıkta en önemli gerekliliktir.

Cinsel enerjiden yoksun vaiz, hatip, avukat ya da satıcı, başkalarını etkilemek söz konusu olduğunda başarısızlığa uğrayacaktır. Çoğu insanın yalnızca duygularına hitap eden şekilde etkilendiği gerçeğini de göz önüne alırsak, bir satıcının doğal yeteneğinin bir parçası olarak cinsel enerjisinin önemini anlayacaksınız. Usta satıcılar satışta bu statüye erişmişlerdir, çünkü bilinçli ya da bilinçsiz olarak cinsel enerjiyi satış şevkine *dönüştürmüşlerdir!* Bu ifadede cinsel enerjinin dönüştürülmesinin gerçek anlamıyla ilgili çok pratik bir öneri bulunabilir.

Aklını cinsellik konusundan nasıl uzak tutacağını ve cinsel enerjisini aynı coşku ve kararlılıkla satış çabasına nasıl yönelteceğini bilen bir satıcı, bunun farkında olsun ya da olmasın seksi dönüştürme sanatını kazanmıştır. Cinsel enerjilerini dönüştüren satıcıların büyük çoğunluğu ne yaptıklarının ya da nasıl yaptıklarının hiç farkında olmadan yaparlar bunu.

Cinsel enerjinin dönüştürülmesi, ortalama bir insanın bu amaçla kullanmak istemeyeceği kadar fazla irade gücü gerektirir. Dönüşüm için gerekli irade gücünü toplamayı zor bulanlar bu yeteneği yavaş yavaş kazanabilirler. Zorlu irade gücü gerektirse de bu uygulamanın ödülü gösterilen çabanın değerinden çok daha büyüktür.

Cinsellik konusu insanların büyük çoğunluğunun bağışlanmaz bir biçimde cahil göründüğü bir konudur. Cinsel dürtü, cahil ve kötü fikirli insanlar tarafından büyük ölçüde yanlış anlaşılmış, iftiraya uğramış ve alaya alınmıştır.

Milyonlarca insan, bu aydınlanma çağında bile, yüksek düzeyde cinsel dürtüye sahip olmanın bir lanet olduğu yanlış inancıyla aşağılık kompleksi geliştirmektedir. Cinsel enerjinin erdemiyle ilgili bu ifadeler ahlaksızlığın mazur gösterilmesi şeklinde yorumlanmamalıdır. Cinsel heyecan zekice ve dikkatle kullanıldığı takdirde bir erdemdir. Bedeni ve zihni zenginleştirmek yerine bozacak ölçüde yanlış kullanılabilir ve kullanılmaktadır da.

İnceleme ayrıcalığına sahip olduğum bütün büyük liderlerin başarılarının geniş ölçüde bir kadından aldıkları ilhama dayandığını keşfetmem benim için çok büyük önem taşıyordu. Birçok örnekte, "söz konusu kadın", halkın kendisi hakkında çok az şey duyduğu ya da hiçbir şey duymadığı, alçakgönüllü ve özverili bir eştir. Birkaç olayda, alınan ilham "öteki kadına" doğru uzanmaktadır.

Her zeki insan alkollü içkiler ve uyuşturucu yoluyla aşırı uyarılmanın yıkıcı olduğunu bilir. Ancak seksin aşırı kullanımının, uyuşturucu ya da alkol gibi yaratıcı çabayı yıkıcı ve zararlı bir alışkanlık haline gelebileceğini çok az insan bilir.

Seks düşkünü bir erkek uyuşturucu düşkünü bir erkekten çok farklı değildir! Her ikisi de mantık ve irade gücü becerileri üzerinde kontrolü kaybetmişlerdir. Birçok hastalık hastası vakası, seksin gerçek işlevi hakkındaki cehaletle gelişen alışkanlıklardan doğmaktadır.

Cinsel enerjinin dönüştürülmesi konusundaki bilgisizliğin bir yandan cahil kişiye büyük cezalar yüklerken, öte yandan aynı derecede büyük faydalara engel olduğu kolayca görülebilir.

Cinsellik konusundaki geniş kapsamlı cehalet, seks konusunun etrafının esrar ve karanlık sessizlikle kuşatılmış olması gerçeğine dayanır. Esrar ve sessizliğin komplosu, genç insanların zihninde yasak psikolojisiyle aynı etkiyi yapmaktadır. Sonuç, merakı ve bu *yasak* konu üzerinde daha fazla bilgi elde etme arzusunu arttırmıştır; bilginin kolayca elde edilebilir olmaması tüm kanun yapıcılarının ve gençleri bu konuda en iyi eğitebilecek şekilde öğrenim görmüş çoğu doktorun ayıbıdır.

Çok az insan kırk yaşından önce herhangi bir alanda hayli yaratıcı çaba içine girer. Ortalama bir insan bu büyük yaratma kapasitesine kırkla altmış yaşları arasında ulaşır. Bu ifadeler, dikkatle gözlenmiş olan binlerce kadın ve erkeğin incelenmesine dayanmaktadır. Kırk yaşından önce bir yere varamamış ve kırk yaşla "yaşlılığa" yaklaştığından korkan insanlar için cesaret verici olmalıdır bu bulgular. Kırkla elli yaşları arasındaki yıl lar en verimli dönemdir. Erkekler bu yaşlara korkuyla ve titreyerek değil, ümit ve beklentiyle girmelidir.

Eğer çoğu erkeğin kırk yaşından önce en iyi işlerini gerçekleştirmedikleri şeklindeki ifade için kanıt isterseniz, dünyanın tanıdığı en başarılı insanların kayıtlarını inceleyin. Henry Ford kırk yaşını geçene dek başarıyı yakalayamadı. Andrew Carnegie çabalarının sonucunu aldığında kırk yaşını çoktan geçmişti. James J. Hill kırk yaşında hâlâ telgraf memuru olarak çalışıyordu. Muhteşem başarıları bu yaştan sonra geldi. Amerikan sanayicileri ve yatırımcılarının hayat hikâyeleri kırkla altmış yaş arasındaki dönemin bir erkeğin en üretken çağı olduğuna dair kanıtlarla doludur.

Otuzla kırk yaş arasında erkekler cinsel enerjiyi dönüştürme sanatını öğrenirler (hepsi değil). Bu keşif genelde rastlantı sonucu olur ya da bunu bilincine varmadan yaparlar. Başarı gücünün otuz beşle kırk yaşı arasında arttığını gözleyebilir, ama çoğu örnekte, bu değişikliğin nedeninden habersizdir. Doğa otuzla kırk yaş arasındaki bireylerde aşk ve seks heyecanlarını uyumlu hale getirmeye başlar, böylece kişi bu büyük güçleri harekete geçirici bir uyaran olarak birlikte kullanır.

Kendinizi Yalnızca Siz Dâhiliğe Ulaştırabilirsiniz.

Seks tek başına harekete geçiren kuvvetli bir dürtüdür, ancak gücü kasırgaya benzer, sıklıkla kontrol edilemez olur. Ama cinsel heyecana aşk duygusu karışmaya başladığında amaca yönelik davranışların sakinleşmesi, dengenin sağlanması ve yargıların yerinde olması sonucunu verir. Kırk yaşına ulaşan hangi insan bu ifadeleri analiz edemeyecek ve kendi deneyimleriyle doğrulamayacak kadar talihsizdir?

Bir kadını memnun etme arzusuyla harekete geçip yalnızca cinsel heyecana dayanan bir erkek büyük bir başarı elde etme kapasitesine sahip olabilir ki, genellikle öyledir, ama hareketleri altüst olmuş, bozulmuş ve tamamen yıkıcı hal almıştır. Sadece cinsel güdüye dayanarak bir kadını memnun etme arzusuyla harekete geçen bir erkek hırsızlık yapabilir, aldatabilir, hatta cinayet işleyebilir. Ne var ki, aşk duygusu cinsel heyecanla birleştiğinde aynı erkek hareketlerini daha fazla mantık, denge ve makul düşünceyle yönlendirecektir.

Aşk, romantizm ve seks insanı büyük başarılara götürebilecek heyecanlardır. Aşk emniyet subapı görevi yapan bir heyecandır, dengeyi ve yapıcı çabayı garanti eder. Bu üç heyecan bir araya geldiğinde insanı dâhi düzeyine çıkarabilir.

Heyecanlar zihinsel durumlardır. Doğa insanı, maddenin kimyası prensibine benzer şekilde işleyen "zihin kimyası"yla donatmıştır. Maddenin kimyası yardımıyla bir kimyagerin, tek başına hiçbirinin zararlı olmayan belirli elementleri birbirine karıştırarak ölümcül bir zehir yaratabileceği bilinen bir gerçektir. Heyecanlar da aynı şekilde ölümcül bir zehir hazırlamak üzere birleşebilir. Seks ve kıskançlık heyecanı birbirine karıştığında kişiyi çılgın bir canavara çevirebilir.

İnsan zihnindeki bu yıkıcı duygulardan birinin ya da daha fazlasının varlığı, zihindeki kimya yoluyla kişinin adalet duygusunu yok eden bir zehir oluşturabilir.

Dâhiliğe giden yol, seks, aşk ve romantizmin gelişimi, kontrolü ve kullanımından ibarettir. Bu süreç kısaca aşağıdaki şekilde ifade edilebilir:

Bu duyguların varlığını zihinde egemen düşünceler şeklinde teşvik edin ve bütün yıkıcı duyguları yok etmeye çalışın. Zihin bir alışkanlık varlığıdır. Kendisini besleyen egemen düşüncelerle gelişir. İrade gücüyle kişi herhangi bir duyguyu *yok edip* yerine istediği bir duyguyu koyabilir. Zihni irade gücüyle kontrol etmek zor değildir. Kontrol kararlılık ve alışkanlıkla gelir. Kontrol sırrı, dönüştürme işleminin altında yatan etkendir. İnsanın zihninde herhangi bir olumsuz duygu belirdiğinde düşünceleri değiştirmek gibi basit bir işlemle olumlu ve yapıcı duyguya dönüştürülebilir.

"Dâhiliğe giden gönüllü kişisel çabadan başka hiçbir yol yoktur! İnsan yalnızca cinsel enerjinin itici gücü yardımıyla büyük parasal ya da iş başarıları elde edebilir, ancak tarih insanın bu serveti elde etme ve bunun tadını çıkarma zevkinden yoksun bırakan karakter özelliklerine sahip olduğuna dair kanıtlarla doludur. Bu değerli bir analiz ve düşüncedir, çünkü erkekler kadar kadınlara da yardımcı olan bir gerçeği ifade etmektedir.

Bu konudaki bilgisizlik, zenginliğe ulaşmış bile olsalar binlerce insanın mutsuzluğuna neden olmaktadır.

Aşk anıları hiçbir zaman silinmez. Uyaran kaynağı yok olduktan uzun bir süre sonra bile oldukları yerde bekler, rehberlik eder ve kişiyi etkilerler. Bu yeni bir bilgi değildir. Gerçek aşkı tadan herkes insanın kalbinde kalıcı izler bıraktığını bilir. Aşkın etkisi uzun sürelidir, çünkü aşk yapı olarak manevi bir olgudur. Aşk yoluyla büyük başarılara ulaşmak için uyarılamayan kişi için umut yoktur, hayattaymış gibi görünse de aslında ölüdür.

Geçen yıllarınıza geri dönün ve zihninizi aşkın güzel anılarıyla yıkayın. Geçmişin endişe ve kızgınlıklarının etkisini yumuşatacaktır. Sizin hayatın nahoş gerçeklerinden kaçmanız için bir fırsat olacaktır ve belki de -kim bilir- hayatınızın bütün maddi ya da manevi durumunu değiştirecek olan bu fantezi, fikirler veya planlar dünyasına geçici olarak geri dönüşünüz sırasında zihniniz size teslim olacaktır.

Âşık olduğunuz ve onu kaybettiğiniz için talihsiz olduğunuza inanıyorsanız bu düşünceyi yok edin. Gerçekten seven biri asla tamamen kaybedemez. Aşk garip ve huysuz bir şeydir. İstediği zaman gelir ve hiç uyarmadan çeker gider. Orada kaldığı sürece onu kabul edip tadını çıkarın, ama gittiği zaman da ardından endişelenerek zaman kaybetmeyin. Endişe onu asla geri getirmeyecektir.

Aşkın yalnızca bir kez gelebileceği düşüncesini de silin kafanızdan. Aşk çok kez gelip gidebilir, ama insanı aynı şekilde etkileyen iki aşk yaşantısı yoktur. Kalpte diğerlerinden daha derin bir iz bırakabilen bir aşk yaşantısı olabilir, ancak bütün aşk yaşantıları faydalıdır, yalnızca aşk gittiğinde öfkeli ve alaycı olan kişilere bir faydası olmaz.

Aşkla ilgili hiçbir düş kırıklığı olmamalıdır ve eğer insan aşkla cinsel heyecan arasındaki farkı anlarsa böyle bir düş kırıklığı olmayacaktır. En büyük fark aşkın manevi, cinselliğinse biyolojik bir olay olmasıdır. İnsan kalbine manevi bir güçle dokunan bir yaşantının zararlı olması mümkün değildir, oysa kıskançlık veya cehalet söz konusu olduğunda durum farklıdır.

Aşk hiç kuşkusuz hayatın en büyük deneyimidir. Kişiyi Sonsuz Akıl'la birleşmeye götürür. Romantizm ve cinsel heyecan birleştiğinde insanı yaratıcı çabanın merdiveninde en üst basamaklara çıkarabilir. Aşk, seks ve romantizm heyecanı dehanın oluşumunda başarının sonsuz üçgeninin kenarlarını oluşturur.

Aşk birçok açısı, gölgesi ve rengi olan bir duygudur. Ama aşkın türleri içinde en yoğun ve ateşleyici olanı, aşk ve cinsel heyecan karıştığında yaşanan deneyimdir. Cinsellikle uygun bir şekilde dengelenip oranlanan aşkın sonsuz çekimiyle kutsanmayan evlilikler mutlu evlilikler olamaz ve nadiren dayanıklı olurlar. Aşk tek başına evliliğe mutluluk getirmez, seks de öyle. Bu iki güzel heyecan karıştığında evlilik yeryüzünde şimdiye kadar hiç bilinmeyen türde bir zihin yapısı meydana getirebilir.

Romantizm heyecanı aşk ve seks heyecanlarına karıştığında insanın sınırlı zekâsıyla Sonsuz Akıl'ın sınırsız zekâsı arasındaki engeller ortadan kalkar. İşte o zaman bir dâhi doğmuş demektir!

Burada, gerekli şekilde anlaşıldığında, pek çok evlilikte bulunan kargaşaya uyum getiren bir yorum sunulmaktadır. Sıklıkla dırdır etme şeklinde ifade edilen uyumsuzluklar bizi genellikle cinsellik konusundaki *bilgi eksikliğine* götürür. Aşk, romantizm ve cinsellik duygusuyla işlevinin gerektiği gibi anlaşılmasının mümkün olduğu yerde evli insanlar arasında uyumsuzluk yoktur.

Eşleri aşk, seks ve romantizm duyguları arasındaki ilişkiyi anlayan eşler çok şanslıdır. Bu kutsal üçlüyle hareket edildiğinde hiçbir iş zor değildir.

Eğer bir kadın, kocasının ona ilgisini yitirmesine ve başka kadınlarla ilgilenmesine izin verirse, bu genellikle seks, aşk ve romantizm konularına yönelik cehaleti veya kayıtsızlığından kaynaklanmaktadır. Bu ifade, şüphesiz erkek ve karısı arasında bir zamanlar gerçek sevginin bulunduğunu varsaymaktadır. Aynı şey, karısının ona ilgisinin ölmesine izin veren bir erkek için de geçerlidir.

Evli insanlar genellikle bir yığın önemsiz konu üzerinde tartışırlar. Eğer bunlar doğru bir şekilde çözümlenirse, gerçek sıkıntı nedeninin bu konular üzerindeki kayıtsızlık ya da bilgisizlik olduğu görülür.

Erkeklerin en büyük ateşleyici gücü bir kadını memnun etme arzusudur! Tarih öncesi çağlarda başarılı olan avcı bunu bir kadının gözünde büyük görünme arzusuyla başarmıştır. Bu açıdan erkeğin yapısı değişmemiştir. Bugünün "avcısı" eve hayvan derisi getirmez, ama iyi elbiseler, arabalar ve zenginlik temin ederek karısı için duyduğu arzuyu gösterir. Erkek kadını memnun etmek için uygarlıktan önce duyduğu aynı arzuya sahiptir hâlâ. Değişen tek şey memnun etme yollarıdır. Büyük servetler elde eden, güç ve şöhret kazanan erkekler bunu büyük ölçüde kadınları memnun etme arzularını tatmin etmek için yaparlar. Kadınları hayatlarından çıkarırsanız çoğu erkeğin hayatındaki büyük zenginliğin bir anlamı kalmaz.

Erkeğin yapısını anlayan ve bunu dikkatle besleyen bir kadının diğer kadınların rekabetinden korkmasına gerek yoktur. Erkekler başka erkeklerle mücadele ederken yıkılmaz irade güçleriyle birer dev olabilirler, ama seçtikleri kadın tarafından kolayca idare edilebilirler.

Çoğu erkek tercih ettikleri kadın tarafından kolayca idare edildiklerini kabul etmeyecektir, çünkü türlerin en güçlüsü olarak tanınmak erkeğin yapısında vardır. Zeki bir kadın bu erkeksi özelliği tanır ve akıllı bir şekilde bundan her iki tarafta faydalanır.

Çoğu erkek seçtikleri kadınlar -eşleri, sevgilileri, anneleri ya da kız kardeşleri- tarafından idare edildiklerini bilirler, ama bu etkiye karşı çıkmaktan sakınırlar, çünkü doğru kadının değiştirici etkisi olmaksızın hiçbir erkeğin mutlu ya da tam olmayacağını bilecek kadar zekidirler. Bu önemli gerçeği bilmeyen bir erkek, erkeklerin başarıya ulaşması için bir araya gelmiş diğer pek çok etkenden daha fazla işe yarayan bir güçten kendini yoksun bırakmış olur.

AKILDA TUTULMASI GEREKEN NOKTALAR

- Cinsel enerji hakkındaki iki şaşırtıcı gerçek bu geniş kişisel güç kaynağına yönelik yeni bir içgörü kazandırmaktadır. Cinsel enerji tıpkı Thomas Edison veya Andrew Jackson'daki kadar etkili olabilen bir deha kaynağıdır.
- Cinsel enerji hevesinizi, yaratıcı hayal gücünüzü, yoğun arzunuzu, kararlılığınızı, sizi zengin ve mutlu kılan diğer özellikleri destekler.
- Size paha biçilemez "önseziler" sunması için yükselmiş bir düşünce düzlemine çıkmak üzere kendi kendinize yardımcı olabilirsiniz.
- Üstün yetenekli mucitlerin büyük sırrı artık basit ama şaşırtıcı iki aşamada sizin için işleyecek. Siz de "mantığın" bile cinsel enerji kadar yardımcı olmayacağını anlayacaksınız; cinselliğin doğal ifadesi hiçbir zaman inkâr edilemez, ama aynı zamanda birçok insanın çok geç keşfettiği bir şekilde de kullanılabilir.
- Her bir hayati gücün ardında sonsuz zenginliğin kaynakları yatmaktadır.

BÖLÜM 12

BİLİNÇALTI:
Sonsuz Akıl'la Bağlantı Noktası

(Zenginliklere Doğru 11. Adım)

Bilinçaltı, beş duyu yoluyla bilince ulaşan her türlü düşünce dalgasının sınıflanıp kaydedildiği ve düşüncelerin bir dosya dolabında depolanan bilgiler gibi geri çağrılabildiği bir alandır.

Bilinçaltı duyguları ve düşünceleri yapılarına bakmaksızın alıp dosyalar. Fiziksel eşdeğerine dönüştürmeyi arzu ettiğiniz her türlü plan, düşünce ya da amacı bilinçaltınıza yerleştirebilirsiniz. Bilinçaltı inanç gibi heyecansal duygularla birleşen egemen arzular üzerinde çalışmaya öncelik tanır.

Bunu Arzu'yla ilgili bölümde verilen talimatlarla bağlantılı olarak düşünün, o zaman ifade edilen düşüncenin önemini anlayacaksınız.

BİLİNÇALTI GECE GÜNDÜZ DURMAKSIZIN ÇALIŞIR. Bilinçaltı kişinin arzusunu fiziksel eşdeğerine çevirecek gücü insan tarafından bilinmeyen bir yöntemle Sonsuz Akıl'dan alır. Bu sonuca ulaşmak için de her zaman en pratik aracıyı kullanır.

Bilinçaltınızı *tamamen* kontrol edemezsiniz, ama somut şekle dönüştürmek istediğiniz her türlü planı, arzuyu veya amacı ona gönderebilirsiniz. Kendi Kendine Telkin bölümünde bilinçaltının kullanılmasıyla ilgili talimatları tekrar okuyun.

Bilinçaltı insanın sınırlı zekâsıyla Sonsuz Akıl arasındaki bağ olduğuna dair inancı destekleyecek pek çok kanıt bulunmaktadır. Bilinçaltı Sonsuz Akıl'ın gücünü kullanan bir aracıdır. Tek başına zihinsel dürtülerin ruhsal eşdeğerlerine dönüştürüldükleri gizli süreci de içerir. Duayı, duaya cevap verebilen kaynağa ileten bir aracıdır.

Bilinçaltıyla bağlantılı yaratıcı gücün imkânları çok etkileyicidir ve ölçülmeleri mümkün değildir. Bu hayranlık uyandıran güç insana ilham verir.

Bilinçaltının varlığın ve gücünün bu kadar az insanın tarafından bilinmesi gerçekten üzücüdür.

Bilinçaltının varlığını bir gerçek olarak kabul ettikten ve arzularınızı fiziksel ya da parasal eşdeğerlerine dönüştürmede bir aracı olarak imkânlarını anladıktan sonra Arzu bölümünde verilen talimatları tamamen anlayacaksınız. Ayrıca neden size durmadan arzunuzu açık hale getirmeniz ve yazmanız tavsiyesinde bulunulduğunu da anlayacaksınız. Talimatları yerine getirmedeki kararlılığın gerekliliği de daha açık hale gelecek.

On üç prensip bilinçaltına ulaşıp onu etkileme yeteneğini kazandığınız uyaranlardır. Bunu ilk denemede başaramazsanız cesaretiniz kırılmasın. Bilinçaltının *yalnızca* İnanç bölümünde verilen talimatlar doğrultusunda, *alışkanlık yoluyla* yönlendirilebileceğini unutmayın. İnanç konusunda ustalaşacak zamanınız olmadı henüz. Sabırlı olun. Kararlı olun.

İnanç ve Kendi Kendine Telkin bölümlerinde birçok ifade bilinçaltınızın yararına tekrar edilecektir. *Siz onu etkileseniz de etkilemeseniz de bilinçaltınızın kendi iradesiyle çalıştığını* unutmayın. Bu ifade doğal olarak, siz bu dürtüler üzerinde kontrol sahibi olup bilinçaltına daha arzu edilir besinler vermezseniz, korku ve yoksulluk gibi bütün olumsuz düşüncelerinizin bilinçaltınız için birer uyaran olacağı anlamına gelmektedir.

Bilinçaltı boş kalmayacaktır! Eğer ona planlar göndermezseniz, *ihmalinizin sonucu* olarak bilinçaltına ulaşan düşüncelerle beslenecektir. Olumlu ve olumsuz düşünce dalgalarının Cinselliğin Gizemli Dönüşümü bölümünde sözünü ettiğimiz dört kaynaktan sürekli olarak bilinçaltına ulaştığını zaten açıklamıştık.

Şu an için, bilinçaltınıza sizin haberiniz olmadan ulaşan her türde düşünce dalgaları ortasında *günlük* olarak yaşadığınızı hatırlamanız yeterlidir. Bu dürtülerin bazıları olumsuz, bazıları olumludur. Şimdi olumsuz dürtüleri dışarıda bırakıp bilinçaltınızı olumlu dürtülerle etkilemeniz gerekiyor.

Bunu başardığınızda bilinçaltınıza ulaşan kapının kilidini açan anahtara sahip olacaksınız. Üstelik bu kapıyı öylesine kontrol edebileceksiniz ki, arzu edilmeyen hiçbir düşünce bilinçaltınızı etkileyemeyecek.

İnsanın yarattığı her şey düşünce dalgası şeklinde başlar. İnsan önce düşüncesinde meydana getirmediği hiçbir şeyi yaratamaz. Hayal gücünün yardımıyla düşünce dalgaları planlara dökülebilir. Hayal gücü kontrol altındayken kişiyi seçtiği işte başarıya götüren plan ya da amaçların yaratılmasında kullanılabilir.

Fiziksel eşdeğerine dönüşmesi istenen ve bilinçli olarak bilinçaltına gönderilen bütün düşüncelerin hayal edilmesi ve inançla karışması gerekmektedir. İnancın bilinçaltına sunulan amaç ya da planla "karışması" belki yalnızca hayal gücüyle yapılabilir.

Bu ifadelerden kolayca anlayabilirsiniz ki, bilinçaltının bilinçli kullanımı bütün prensiplerin aynı anda uygulanmasını gerektirir.

Bilinçaltı "duygu" ya da heyecanla karışan düşünce dalgalarının etkilerine, zihnin yalnızca mantık bölümünden kaynaklanan düşüncelere göre olduğundan daha hassastır. Aslında bilinçaltı üzerinde yalnızca duygusallaştırılmış düşüncelerin harekete geçirici etki yaptığına ilişkin kuramı destekleyecek bir yığın kanıt bulunmaktadır. Heyecan ya da duyguların insanların çoğunu yönettiği iyi bilinen bir gerçektir. Eğer bilinçaltının duygularla karışmış düşüncelere daha çabuk tepki verdiği ve onlardan kolayca etkilendiği doğruysa, daha önemli heyecanların tanınması gereklidir. Başlıca yedi olumlu ve yedi olumsuz heyecan vardır. Olumsuz olanlar düşünce dürtülerine katılıp bilinçaltına girerler. Olumlu olanlarınsa kendi kendine telkin yoluyla kişinin bilinçaltına göndermeyi istediği düşünce dürtülerine katılmaları gerekmektedir. (Talimatlar Kendi Kendine Telkin bölümünde verilmiştir.)

Parasal eşdeğerine dönüşmesini istediğiniz arzunuzu sunmak için bilinçaltınızın "iç dinleyicisini" etkilemeye ve kontrol etmeye hazırlanıyorsunuz. Bu nedenle bu "iç dinleyiciye" yaklaşım yöntemini anlamak çok önemlidir. Bilinçaltının dilini konuşmalısınız, yoksa çağrınıza önem vermeyecektir. Bilinçaltı en iyi heyecan ya da duygu dilinden anlar. Burada belli başlı yedi olumlu ve olumsuz heyecanı tarif edeceğiz, böylece, bilinçaltınıza talimat verirken olumluları vurgular, olumsuzlardan kaçınırsınız.

Yedi Temel Olumlu Duygu

Arzu
İnanç
Aşk
Seks
Coşku
Romantizm
Umut

Başka olumlu heyecanlar da vardır, fakat bunlar en güçlüleri ve yaratıcı çabada en fazla kullanılanlardır. Bu yedi heyecana hâkim olun (yalnızca kullanılarak hâkim olunabilirler), o zaman ihtiyaç duyduğunuz diğer olumlu heyecanlar emrinizde olacaklardır. Bu bağlamda, *zihninizi olumlu heyecanlarla doldurarak* "para bilinci" geliştirmenize yardımcı olmayı hedefleyen bir kitabı okumakta olduğunuzu unutmayın.

Kaçınılması Gereken Yedi Temel Olumsuz Duygu

Korku
Kıskançlık
Nefret
İntikam
Açgözlülük
Batıl İnanç
Öfke

Olumlu ve olumsuz heyecanlar zihni aynı anda işgal edemez. Biri ya da diğeri baskın olmalıdır. Olumlu heyecanın zihninize baskın etkiyi yapmasını sağlamak sizin sorumluluğunuzdur. Burada alışkanlık kanunu yardımınıza gelecektir. Olumlu heyecanları kullanıp uygulama *alışkanlığını oluşturun!* Sonunda zihninize öylesine egemen olacaklar ki, olumsuz düşünceler *giremeyecek*.

Yalnızca bu talimatları harfiyen ve sürekli olarak uygulayarak bilinçaltınızın kontrolünü kazanabilirsiniz. Zihninizdeki tek bir olumsuz düşüncenin varlığı bilinçaltınızdan gelen bütün yapıcı yardım değişikliklerini *yok etmeye* yeterlidir.

Eğer gözlemci bir kişiyseniz, çoğu insanın başka her şey başarısız olduktan sonra duaya yöneldiklerini görmüşsünüzdür! Ya da anlamsız dua sözcüklerini tekrarlar dururlar. Ve insanlar duaya başka her şey başarısız olduktan sonra başvurduğu için korku ve şüpheyle dua ederler, *ki bunlar da bilinçaltının dikkate alıp* Sonsuz Akıl'a gönderdiği olumsuz titreşimlerdir. Aynı şekilde, Sonsuz Akıl'ın alıp üzerinde harekete geçtiği düşüncede bu olacaktır.

Eğer bir şey için dua ederken korku duyarsanız istediğiniz şey gerçekleşmeyebilir ya da Sonsuz Akıl duanıza göre harekete geçmez. Eğer dua ettiğiniz şeyi elde etme deneyimini yaşadıysanız, hafızanızı yoklayıp dua ettiğiniz sıradaki zihinsel durumunuzu hatırlamaya çalışın. O zaman burada ifade edilen teorinin sadece bir teori olmadığını anlayacaksınız.

Sonsuz Akıl'la kurduğunuz iletişim yöntemi, radyonun ses titreşimleriyle yayın yapmasına çok benzer. Eğer radyonun çalışma prensibini biliyorsanız, şüphesiz sesin insan kulağının algılayamayacağı titreşim türüne dönüştürülmeden iletilemeyeceğini de biliyorsunuzdur. Radyo gönderme istasyonları insan seslerini toplar ve titreşimi milyonlarca kez güçlendirerek değiştirir. Ancak bu şekilde ses enerjisi boşluk yoluyla iletilebilir. Bu dönüşüm gerçekleştikten sonra, başlangıçta ses titreşimi şeklinde olan enerji radyo alıcılarıyla taşınır ve bu alıcılar seslerin tanınabilmesi için enerjiyi başlangıçtaki titreşim türüne geri çevirir.

Bilinçaltı kişinin dualarını Sonsuz Akıl'ın tanıyacağı şekilde çeviren bir aracıdır. Mesajı sunar ve duanın hedefini elde etmek için belirli bir plan ya da fikir şeklinde cevabı getirir. Bu prensibi anladığınızda dua kitabından okunan sözcüklerin insanla Sonsuz Akıl arasındaki iletişim aracı olarak hizmet edemediğini ve etmeyeceğini de kavrayacaksınız.

AKILDA TUTULMASI GEREKEN NOKTALAR

- Bilinçaltınız rasgele düşüncelerle, yenilgi düşünceleri ya da başarı ve zenginlik düşünceleriyle beslenebilir.
- Yedi önemli olumsuz heyecanı tanıyın ve zihninize kök salmalarına izin vermeyin. Aynı zamanda olumlu heyecanlarınızı tanıyıp kontrol altına alın.
- Aklınızın ötesinde yer alan Sonsuz Akıl'la iletişiminizde zihniniz bir radyo gibi ayarlanıp sinyal alır ve gönderir. Bütün evrenin enerjisi dualarınızın yanıtlanmasına yardımcı olabilir.
- Kudretli bilinçaltınızı kullanmak için günbegün gücünüzü topluyorsunuz. Kısa süre içinde her plan ve işin arkasında bulunan birincil dürtüleri kontrol edebilirsiniz.
- Kişi ne düşünüyorsa odur.

BÖLÜM 13

BEYİN:

Düşünce Yayını Yapan ve Alan Bir İstasyon

(Zenginliklere Doğru 12. Adım)

Kırk yıldan uzun bir süre önce Dr. Alexander Graham Bell ve Dr. Elmer R. Gates'le birlikte çalışırken insan beyninin düşünce titreşimi için hem yayıncı hem de alıcı istasyon olduğunu gözlemledim.

Radyo yayını prensibiyle aynı şekilde, insan beyni diğer insanların beyinleri tarafından gönderilen düşünce titreşimlerini alma yeteneğine sahiptir.

Bir önceki paragraftaki ifadeyle bağlantılı olarak, yaratıcı hayal gücünün tanımını Hayal Gücü bölümünde anlatıldığı şekliyle karşılaştırın ve düşünün. Yaratıcı hayal gücü beynin, diğer beyinler tarafından gönderilen düşünceleri alan "alıcısı"dır. Kişinin bilinci ya da mantığıyla düşünce uyaranı aldığı dört kaynak arasındaki iletişim aracıdır.

Uyarıldığında ya da yüksek titreşim düzeyine çıkarıldığında zihin, dış kaynaklardan kendisine ulaşan düşüncelere karşı daha alıcı hale gelir. Bu güçlendirme süreci olumlu ya da olumsuz heyecanlar sayesinde gerçekleşir. Duygular yoluyla düşünce titreşimleri güçlendirilir.

Cinsel heyecan yoğunluk ve itici güç bakımından insan heyecanları listesinin başında gelir. Cinsel heyecanla uyarılan beyin bu heyecanın olmadığı zamanlara göre çok daha hızlı çalışır. Cinsel enerjinin dönüştürülmesi, düşüncelerin yaratıcı hayal gücünün fikirlere karşı son derece alıcı hale geldiği bir noktaya çıkarılmasıdır. Öte yandan beyin hızlı çalışırken sadece diğer beyinlerden çıkan düşünce ve fikirleri çekmekle kalmaz, kişinin kendi düşüncelerine, bu düşünceler alınıp kişinin bilinçaltı tarafından harekete geçilmeden önce önemli olan, duyguyu da verir.

Bilinçaltı beynin düşünce titreşimlerinin yayınlandığı "gönderme istasyonu"dur. Yaratıcı hayal gücü ise düşünce enerjilerini alan "alıcı aygıt"tır.

Bilinçaltının önemli etkenlerini ve zihinsel yayın makinenizin gönderici ve alıcı aygıtlarını oluşturan yaratıcı hayal gücü becerisiyle birlikte, yayın istasyonunuzu çalıştıracak aracı olan kendi kendine telkin prensibini de düşünün.

Kendi Kendine Telkin bölümünde verilen talimatlar aracılığıyla arzunuzu parasal eşdeğerine dönüştürme yöntemi konusunda bilgilendirilmiştiniz.

Zihinsel "yayın" istasyonunun çalışması nispeten basit bir işlemdir. Aklınızda tutmanız ve yayın istasyonunuzu kullanmak istediğinizde uygulamanız gereken üç prensip vardır: BİLİNÇALTI, YARATICI HAYAL GÜCÜ ve KENDİ KENDİNE TELKİN. Bu üç prensibi harekete geçirdiğiniz uyaran tanımlanmıştır ve bu işlem arzuyla başlamaktadır.

Göremediğimiz Büyük Güçler

Geçen çağlar boyunca, insan fiziksel duyularına çok fazla dayanmış ve bilgisini, görebildiği, dokunabildiği ve ölçebildiği fiziksel şeylerle sınırlamıştır.

Artık bütün çağlar içinde en muhteşem olanına giriyoruz, bize dünyanın elle tutulamayan güçleri hakkında bir şeyler öğretecek bir çağ. Belki bu çağı yaşarken "diğer benliğin", aynaya baktığımızda gördüğümüz fiziksel benlikten daha güçlü olduğunu öğreneceğiz.

İnsan bazen görünmeyen şeyleri -beş duyu yoluyla algılanamayan şeyler- ciddiye almadan konuşur. Bu konuları duyduğumuzda *her birimizin elle tutulamayan güçler tarafından yönetildiğimizi unutmamalıyız.*

Bütün insanlık gözle görülmeyen, elle tutulmayan güçleri ilk bakışta anlayamaz ve kabul edemez. İnsan bu küçük dünyanın uzayda asılı kalmasını sağlayan ve insanların üzerinden düşmesini önleyen yerçekiminin gözle görünmeyen gücünü kontrol etmek bir yana, onu anlamakta bile zorluk çeker. İnsanoğlu şimşek çakmasıyla gelen gözle görünmeyen gücün hizmetindedir ve elektriğin gözle görünmeyen varlığı karşısında da aynı şekilde çaresizdir. Birçoğumuz elektriğin ne olduğu ve nereden geldiği konusunda bilgisiziz.

İnsanoğlunun gözle görünmeyen şeyler konusundaki cehaleti bunlarla sınırlı değildir. Yeryüzünün toprakları arasına bürünmüş olan gözle görünmeyen gücü (ve zekâyı), *ona verdiği her lokmayı, giydiği her kıyafeti, cebinde taşıdığı her kuruşu veren gücü* anlayamaz.

Beynin Dramatik Hikâyesi

Son olarak, ama aynı derecede önem taşıyan bir konudan söz edeceğiz. Bütün kültür ve eğitimine rağmen insan gözle görünmeyenlerin en büyüğü olan *düşüncenin* gözle görünmeyen gücünü çok az anlamakta, hatta bazen hiç anlamamaktadır. Fiziksel beyin ve düşünce gücünün maddi eşdeğerine dönüştüğü karmaşık mekanizmayla ilgili çok az şey bilir, ama artık bu konuda aydınlanma sağlayacak olan bir çağa girmektedir. Bilim adamları dikkatlerini beyin adı verilen bu muhteşem varlığın incelenmesine çevirmeye başlamışlardır ve onlar henüz çalışmalarının anaokulu evresindeyken, insan beyninin merkez santralinin, beyin hücrelerini birbirine bağlayan hat sayısının on beş milyon sıfırın takip ettiği bir rakamına eşit olduğunu anlayacak kadar çok şeyi açığa çıkarmışlardır.

"Rakam o kadar büyüktür ki," diyor Chicago Üniversitesi'nden Dr. C. Judson Herrick. "Yüz milyonlarca ışık yılıyla uğraşan astronomik rakamlar buna kıyasla önemsiz hale gelmektedir... *İnsanın beyin kabuğunda on milyarla on dört milyar arasında sinir hücresinin bulunduğu saptanmıştır* ve biz bunların belirli kalıplar halinde düzenlendiğini biliyoruz. Bu düzenlemeler gelişigüzel değildir. Belli bir düzen içindedir. Yakın dönemde geliştirilen elektro fizyoloji yöntemleri mikroelektrodlarla çok kesin bir şekilde yerleştirilmiş hücreler ya da liflerden hareket akımı çeker ve bunları radyo tüpleriyle yükseltir ve bir voltun milyonda birine kadar olan potansiyel farkları kaydeder."

Böylesi karmaşık bir ağın yalnızca bedenin gelişimi ve bakımına yönelik fiziksel işlevleri sürdürme amacıyla var olduğunu düşünmek mümkün değildir. Bir kişinin diğeriyle iletişim kurmasını mümkün kılan milyarlarca beyin hücresini veren sistemin diğer gözle görünmeyen güçlerle iletişim kurma araçlarını da vermiş olması düşünülemez mi?

New York Times yayınladığı bir makalede, zihinsel fenomenler alanında en az bir büyük üniversitenin ve zeki bir araştırmacının örgütlü bir araştırma yürüttüğünü, bu ve sonraki bölümde anlatılanlara benzer sonuçlar elde edildiğini ifade etmektedir. Aşağıdaki makale Dr. Rhine ve onun Duke Üniversitesi'ndeki arkadaşları tarafından yapılan bir çalışmayı kısaca analiz etmektedir:

TELEPATİ NEDİR?

Bir ay önce bu sayfada Duke Üniversitesi'nden Profesör Rhine ve arkadaşları tarafından "telepati" ve "zihin okuma"nın varlığını saptamak amacıyla yapılan yüz binlerce testten elde edilen dikkate değer sonuçları yayınlamıştık. Bu sonuçlar, *Harpers Magazine*'deki ilk iki makalede yayınlandı. Yeni yayınlanan ikinci yazıda yazar E. H. Wright bu "duyu ötesi" algılama türünün yapısıyla ilgili olarak şimdiye kadar öğrenilenleri ya da öğrenilenlerden elde edilen mantıklı sonuçları özetlemeye çalışmaktadır.

Telepati ve zihin okumanın gerçek varlığı, bazı bilim adamlarına göre Rhine'ın deneyleri sonucunda oldukça muhtemel görünüyor. Sezgisi güçlü çeşitli kişilerden özel bir destedeki kâğıtlara bakmadan bilmeleri isteniyor. Çok sayıda kadın ve erkek sadece tesadüfe ya da şansa bağlı olamayacak kadar çok sayıda kartı doğru olarak biliyorlar.

Peki bunu nasıl yapıyorlar? Var olduğunu sayarsak sahip oldukları güç duyulara dayanmıyor. Deneyler aynı oda içinde olduğu gibi birkaç kilometre öteden de yapılıyor. Wright'ın görüşüne göre, bu gerçekler, telepati ya da zihin okumayı fiziksel radyasyon teorisiyle açıklama çabalarını da yok ediyor. Yayılan enerjinin bilinen bütün şekilleri mesafe arttıkça azalmaktadır. Telepati ve zihin okuma ise azalmıyor. Ancak diğer zihinsel güçlerimizin olduğu gibi bunlar da fiziksel nedenlerle değişiklik gösteriyorlar. Yaygın inancın tersine kişi uykudayken ya da yarı uyanıkken artmıyorlar, bunun tersine kişi en fazla uyanık ve tetikteyken artıyorlar. Rhine uyuşturucunun kişinin algılama gücünü kesinlikle düşürdüğünü, uyarıcıların ise arttırdığını keşfetmiştir. Bir de, kişinin elinden gelenin en iyisini yapma isteğini taşımasına bağlıdır.

Wright'ın güvenle altını çizdiği bir sonuç, telepati ve zihin okumanın aynı ve tek bir yeti olduğudur. Yani masada kapalı bir kartı "gören" yeti, başka bir zihindeki düşünceyi "okuyan"la aynı görünmektedir. Buna inanmak için birkaç neden bulunmaktadır. Örneğin, şu ana kadar, birinin bulunduğu kişide diğer özellik de vardır. Her ikisi de aynı insanda eşit düzeyde bulunmaktadır. Engeller, duvarlar, mesafelerin ikisi üzerinde de hiçbir etkisi yoktur. Wright bu sonuçtan yola çıkarak diğer duyu ötesi deneyimlerin, kehanet rüyalarının, felaketlerin önceden sezilmesi ve benzeri özelliklerin aynı becerinin bir parçası olabileceğini söylemektedir. Okuyucudan gerekli görmedikçe bu sonuçları kabul etmesi istenmiyor, ama Rhine'ın bulduğu kanıtların etkileyici olduğu kesin.

Dr. Rhine'ın zihnin "duyu ötesi" algı şekillerine tepki verdiği şartlarla ilgili görüşüne, ben ve arkadaşlarımın, zihnin ideal olduğuna inandığımız şartlar altında uyarılabildiği, böylece bir sonraki bölümde anlatılan altıncı hissin (duyunun) pratik biçimde işlev görmesinin sağlanabileceği yolundaki keşfimizi eklemek isterim.

Sözünü ettiğim şartlar, benim ve kadromun iki üyesi arasındaki yakın çalışma uyumundan oluşmaktadır. Deney ve pratik yoluyla, zihinlerimizi (sonraki bölümde tarif edilen "görünmez danışmanlar"la bağlantılı olarak kullanılan prensipleri uygulayarak) nasıl uyarabileceğimizi keşfettik ve böylece üçümüzün zihnini tek bir zihin haline getirmek suretiyle, müşterilerimizin ileri sürdüğü çok çeşitli kişisel sorunlara çözüm bulabilecek duruma geldik.

İşlem çok basittir. Toplantı masasına oturup o sırada ilgilendiğimiz sorunun yapısını açıkça belirleriz, sonra tartışmaya başlarız. Herkes her düşüncesini söyler. Bu zihin uyarımı konusundaki garip olan şey, her katılımcıyı kesinlikle deneyimi dışında olan ve bilinmeyen bir bilgi kaynağıyla iletişime sokmasıdır.

Eğer Beyin Gücü bölümünde tarif edilen prensibi anlıyorsanız, burada anlatılan yuvarlak masa toplantısının da "Beyin Gücü"nün pratik bir uygulaması olduğunu kavrayacaksınız.

Bu zihin uyarımı yöntemi, yani belirli olayların üç kişi arasında uyumlu bir şekilde tartışılması "Beyin Gücü"nün en basit ve en pratik şekilde kullanımını göstermektedir.

Bu felsefenin her öğrencisi buna benzer bir planı uyarlayarak giriş bölümünde kısaca tanıtılan Carnegie formülüne sahip olabilir. Eğer bunun sizin için şu anda bir anlamı yoksa bu sayfayı işaretleyip son bölümü bitirdikten sonra tekrar okuyun.

AKILDA TUTULMASI GEREKEN NOKTALAR

- Üç basit prensip sizin düşünce ve başarma gücünüzü birleştirir. *Elle tutulamayan tüm önemli şeyler* hakkındaki bu yeni anlayışla birçok insan tarafından inkâr edilen bir gücü elde edebilirsiniz.
- Zihin bilimin "garip" keşifleri artık sizin kendinizi geliştirmeniz için pratik bir araç haline gelmiştir. Toplantı masasının anahtar sırrına hâkim olabilirsiniz.
- On trilyon minik hizmetkâr -beyninizin hücreleri- *düşünce, hayal gücü ve istek* kalıpları oluşturur. Zihniniz maddi zenginliğe yönelik her türlü bilgiyi toplayabilir.
- Çoğu insan zengin olmak ister, ama çok azı zenginliğe ulaşmak için belirli bir plan ve ateşleyici bir arzu geliştirir.

BÖLÜM 14

ALTINCI HİS:

Bilgeliğin Tapınağına Açılan Kapı

(Zenginliklere Doğru 13. Adım)

On üçüncü prensip altıncı his olarak bilinmektedir. Burada Sonsuz Akıl kişinin çabası ya da talebi olmaksızın kendi isteğiyle iletişime girmektedir.

Bu prensip söz konusu felsefenin doruk noktasıdır. Önce diğer on iki prensibin iyice öğrenilmesinden sonra anlaşılır, özümlenir ve uygulanır.

Altıncı his, bilinçaltının yaratıcı hayal gücü olarak bilinen kısmıdır. Ayrıca fikirlerin, planların ve düşüncelerin zihne ulaştığı "alıcı" olarak da bilinir.

Altıncı his tanımlamalara meydan okumaktadır! Bu felsefenin diğer prensiplerine hâkim olmayan bir kişiye anlatılamaz, çünkü böyle bir kişinin altıncı hissi karşılaştırabileceği bir bilgisi ya da deneyimi yoktur. Altıncı hissin anlaşılması yalnızca zihin gelişimi *yoluyla* meditasyon yaparak sağlanabilir.

Kitapta anlatılan prensipleri iyice öğrendikten sonra başka bir zamanda size inanılmaz gelebilecek olan bir ifadenin gerçekliğini kabul etmeye hazır hale gelirsiniz; bu gerçek şudur:

Altıncı hissin yardımıyla, gelmekte olan tehlikeler konusunda onlardan kaçınabilmek için tam zamanında uyarılacaksınız ve fırsatları yakalayabilmenin tam zamanını bileceksiniz.

Altıncı hissin yardımıyla, size bilgelik tapınağının kapılarını her an açık tutacak olan "koruyucu bir melek" yardımınıza koşar.

Yazar ne mucizelere inanır ne de onların savunucusudur, çünkü doğanın *yerleşmiş kanunlarından asla sapmayacağını* anlayacak kadar çok şey bilir doğa hakkında. Doğa kanunlarından bazıları o kadar akıl almazdır ki, "mucize" gibi görünürler. Altıncı his bana göre mucizeye çok yakındır.

Yazar, maddenin her bir atomunun ve algılanılabilen ve algılanamayan tüm enerjileri saran Sonsuz Akıl'ın meşe palamudunu meşe ağacına dönüştürdüğünü, yerçekimi kanununa uygun olarak suyun tepeden aşağıya doğru akmasının ve gecenin gündüzü, kışın yazı izlemesinin sağlandığını, her birinin uygun yerini ve diğerleriyle ilişkisini koruduğunu bilmektedir. Bu Akıl söz konusu felsefe prensipleri sayesinde arzuların somut ya da maddi şekillere dönüştürülmesine yardım etmeye ikna edilebilir. Yazar bu bilgiye sahiptir, çünkü bununla deneyler yapmış ve bunu yaşamıştır.

Önceki bölümlerde adım adım ilerleyerek son prensibe kadar geldiniz. Diğer prensiplerin her birine hâkimseniz artık buradaki muhteşem iddiaları herhangi bir *kuşku duymaksızın* kabule hazırsınız demektir. Eğer diğer prensiplere hâkim değilseniz, bu bölümdeki iddiaların hayal mi, gerçek mi olduğuna karar vermeden önce diğer prensiplere hâkim olmalısınız.

"Bir kahramana ilah gibi tapınma" döneminden geçerken en çok hayranlık duyduğum kişileri taklit ettiğimi fark ettim. Üstelik idollerimi taklit etmeye çalışırken duyduğum inanç, bunu çok *başarılı bir şekilde yapmam* için bana büyük bir güç veriyordu.

Kendimi asla bu kahramanlara tapınma alışkanlığından tamamen yoksun bırakmadım. Deneyimlerim, gerçekten büyük olmaya en yakın şeyin, hem duygu hem de eylem açısından büyüklüğü olabildiğince iyi taklit etmek olduğunu öğretti bana.

Yayınlamak üzere tek bir satır yazmadan ve halka açık konuşmalar yapmaya çabalamadan çok önce, hayatları ve işleri beni çok etkileyen dokuz adamı taklit etmeye çalışarak kendi karakterimi yeniden biçimlendirme alışkanlığını edinmiştim. Bu dokuz adam Emerson, Paine, Edison, Darwin, Lincoln, Burbank, Napoleon, Ford ve Carnegie'ydi. Uzun yıllar boyunca her gece "görünmeyen danışmanlarım" adını verdiğim bu grupla hayali bir toplantı yaptım.

Gece uykuya dalmadan hemen önce gözlerimi kapatıp hayalimdeki kurul masamın etrafında bu adamlarla birlikte oturduğumu görürdüm. Burada sadece büyük olarak gördüğüm bu insanların arasına karışma fırsatı bulmakla kalmıyor, başkanlık görevini alarak bu insanları yönetiyordum.

Bu, gecelik toplantılarla hayal gücümü şımartırken çok kesin bir amacım vardı. Amacım kendi karakterimi, hayali danışmanlarımın karakterlerinin bir karışımı olacak şekilde yeniden yapılandırmaktı. Hayatımın erken bir döneminde, cehalet ve hurafelerin bulunduğu bir çevrede doğmuş olmanın yol açtığı engellerden kurtulmam gerektiğini fark ederek yukarıda açıkladığım yöntemle yeniden doğma görevini verdim kendi kendime.

Telkin ile Karakterini Oluşturmak

Psikolojinin azimli bir öğrencisi olarak insanlar, baskın düşünceleri ve arzularının sonuçlarıdır. Kuşkusuz, bütün insanlar kafalarındaki egemen düşünce ve arzulara bağlı olarak şu anda içinde bulundukları duruma gelirler. İnsanların derinlere yerleşmiş arzularını bir şekilde ifade etmenin yolunu aradıklarını da biliyorum. Kendi kendine telkinin karakteri oluşturmada güçlü bir etken, aslında karakterin oluşturulduğu tek prensip olduğunun farkındaydım.

Bu zihin operasyonunun prensiplerini bilerek, karakterimi yeniden inşa ederken ihtiyaç duyacağım malzemeyle iyi bir şekilde donatılmıştım. Bu hayali kurul toplantılarında, istediğim bilgiler için kabine üyelerimi çağırıyor, sesli olarak şunları söylüyordum:

Emerson hayatınızı seçkin kılan muhteşem doğa anlayışınızla ilgili bilgi almak istiyorum sizden. Doğa yasalarını anlayıp kendinizi ona uydurmanızı mümkün kılacak hangi özelliklere sahipseniz, bilinçaltımda bunlarla ilgili bir etki bırakmanızı istiyorum.

Burbank doğa yasalarını kaktüsün dikenlerini döküp yenilebilir bir yiyecek hale gelmesini sağlayacak şekilde nasıl düzenlediğiniz bilgisini bana vermenizi istiyorum. Daha önce yalnızca bir çimenin büyüdüğü yerde iki çimenin büyümesini mümkün kılmanızı sağlayan bilgiyi verin bana.

Napoleon, sizin insanları etkileme ve onları daha kararlı bir ruh haliyle harekete geçirmek gibi muhteşem yeteneğinizi taklit yoluyla kazanmak istiyorum. Ayrıca yenilgiyi zafere çevirmenizi ve engelleri aşmanızı mümkün kılan sürekli inanç ruhunu da kazanmak istiyorum.

Paine sizden düşünce özgürlüğünü ve sizi çok seçkin kılan cesaret ve açıklığı kazanmak istiyorum.

Darwin doğa bilimleri alanında tarafınızdan örneklendiği şekliyle, önyargısız ya da tarafsız olarak neden-sonuç ilişkisini incelemedeki muhteşem yeteneğinizi ve sabrınızı kazanmak istiyorum.

Lincoln adalet duygusu, yorulmak bilmeyen sabır ruhu, espri yeteneği, insanı anlama ve hoş görme gibi belirgin niteliklerinizi kendi karakterime katmak istiyorum.

Carnegie büyük sanayi kuruluşunu inşa etmek için etkin bir şekilde kullandığınız *örgütlü çabayı* iyi bir şekilde anlamak istiyorum.

Ford yoksulluğun üstesinden gelmenizi ve insan emeğini organize etmek, birleştirmek ve basitleştirmenizi sağlayan ısrarcılık, kararlılık, denge ve kendine güven ruhunu kazanmak istiyorum, böylece sizin adımlarınızı takip etmeleri için başkalarına yardım edebilirim.

Edison, sizden doğanın sırlarını ortaya çıkardığınız muhteşem inanç ruhunu ve onun yardımıyla yenilgiyi zafere çevirdiğiniz dinmek bilmez çalışma ruhunu kazanmak istiyorum."

Hayali kabine üyelerime hitap şeklim, o anda elde etmeyi en fazla istediğim karakter özelliğine göre değişiyordu. Onların hayatlarını büyük bir özenle inceledim. Aylar süren bu gece toplantılarından sonra bu hayali kişiliklerin *gerçek* haline geldiği keşfiyle serseme dönmüştüm.

Bu dokuz erkeğin her biri bireysel bir karakteristik geliştirmişti, ki bu beni çok şaşırtıyordu. Örneğin, Lincoln her zaman geç kalma ve etrafta ağırbaşlı bir tavırla dolaşma alışkanlığı geliştirmişti. Yüzünde her zaman ciddi bir ifade oluyordu. Onu ender olarak gülümserken görüyordum.

Bu diğerleri için geçerli değildi. Burbank ve Paine sık sık kabinenin diğer üyelerini şok eden nükteli ifadelerle konuşuyorlardı. Bir keresinde Burbank geç kaldı. Geldiğinde heyecanlı ve coşku doluydu. Geç kaldığını, çünkü bir deney üzerinde çalıştığını söyledi, bu deneyle her türlü ağacın üzerinde elma yetiştirmeyi umuyordu. Paine, kadınla erkeğin arasındaki bütün sıkıntıların elmayla başladığını söyleyerek onu haşladı. Darwin, Panie'e ormana elma aramaya giderken küçük yılanlara dikkat etmesi gerektiğini söylerken gülüyordu. Emerson, "Yılan yoksa elma da yok," dedi. Napoleon, "Elma yoksa keyif de yok!" dedi.

Bu toplantılar o kadar gerçekçi hale gelmişti ki, sonuçlarından korkmaya başlayıp birkaç ay süreyle bu toplantılara ara verdim. Bu toplantılara devam edersem toplantıların tamamen *benim hayal ürünüm olduğu* gerçeğini unutmaktan korkuyordum.

Bu olayı anlatma cesaretini ilk kez burada buldum. Bu konuda sessiz kalmıştım, çünkü bu tür konulara olan kendi tutumumdan yola çıkarak bu sıra dışı yaşantıyı anlatacak olursam yanlış anlaşılacağımdan korkuyordum. Şimdi yaşadığım deneyimi kâğıda dökebiliyorum, çünkü insanların "ne diyecekleri" konusunda o zamanlar olduğum kadar endişeli değilim.

Yanlış anlaşılmamak için burada o toplantıların tamamen hayali olduğunu ifade etmek istiyorum, bütün bunlar yalnızca benim hayalimde gerçekleşmiş olsa da beni olağanüstü bir macera yoluna soktular, gerçek büyüklüğün takdirini canlandırdılar, yaratıcı gücü cesaretlendirdiler ve dürüst düşüncenin ifadesini teşvik ettiler.

Beynin hücre yapısının bir yerlerinde "önsezi" adı verilen düşünce titreşimlerini alan bir organ vardır. Şimdiye kadar, bilim altıncı his organının nerede olduğunu keşfedememiştir, ama bu önemli değildir. İnsanoğlunun fiziksel duyular dışındaki kaynaklardan da doğru bilgi aldığı gerçeği hâlâ geçerlidir. Böyle bir bilgi genellikle, zihin olağanüstü uyarımın etkisi altındayken alınır. Heyecan yaratıp kalbin normalden hızlı çarpmasına neden olan acil bir durum altıncı hissi harekete geçirebilir. Araba kullanırken neredeyse kaza yapmak üzere olan kişiler böyle bir durumda altıncı hissin yardıma geldiğini ve saniyenin yarısı kadar bir süre içinde kazaya engel olduğunu bilirler.

Zihnimin, bana altıncı his yoluyla ulaşan fikirlere, düşüncelere ve bilgiye karşı en fazla bu "görünmeyen danışmanlarım"la yaptığım toplantılar sırasında alıcı olduğunu fark ettim.

Acil durumlarla karşı karşıya kaldığım zamanlarda, ki bunların bazılarında hayatım tehlikedeydi, "görünmeyen danışmanlarımın" rehberliğiyle bu zorluklardan sıyrıldım.

Başlangıçta hayali kişilerle toplantılar düzenlemekteki amacım, kendi kendine telkin prensibiyle, kazanmayı arzu ettiğim çeşitli özellikler konusunda bilinçaltımı etkilemekti. Daha yakın dönemde deneylerim tamamen farklı bir yol izlemeye başladı. Artık benim ve müşterilerimin karşılaştığı bütün zor sorunların çözümü için görünmeyen danışmanlarıma gidiyorum. Tümüyle bu tür danışmanlığa dayanmasam da sonuçlar genellikle şaşırtıcı oluyor.

Altıncı his insanın isteği üzerine gelip gidecek bir şey değildir. Bu büyük gücü kullanma yeteneği, bu kitapta anlatılan prensiplerin kullanımıyla birlikte yavaş yavaş gelir.

Kim olursanız olun ya da bu kitabı okumadaki amacınız ne olursa olsun, bu bölümde anlatılan prensibi anlamazsanız bu kitaptan yararlanamazsınız. Bu özellikle, bu kitabı okuma amacınız para ya da diğer maddi şeyleri kazanmaksa doğrudur.

Altıncı hisle ilgili bölüm kitaba dahil edilmiştir, çünkü bu kitap kişilerin hayattan istedikleri şeyi elde etmek için kendilerine yanılmaksızın yol gösterecek tam bir felsefe sunmak amacıyla tasarlanmıştır. Bütün başarıların başlangıç noktası arzudur. Bitiş noktası ise anlayışa -kendini ve başkalarını anlamaya, doğa yasalarını anlamaya, mutluluğu tanıma ve anlamaya- götürecek olan bilgidir.

Bu tür bir anlayışa yalnızca altıncı his prensibini tanımak ve kullanmakla tam olarak ulaşılabilir.

Bu bölümü okumuş olduğunuza göre okurken yüksek zihinsel düzeyine çıktığınızı fark etmiş olmalısınız. Harika! Bir ay sonra tekrar bu bölüme gelin, bir kez daha okuyun, zihninizin daha da yüksek bir düzeye ulaştığını göreceksiniz. Ara sıra bu deneyimi tekrarlayın, bir kerede ne kadar çok ya da az şey öğrendiğinizle ilgilenmeyin. Sonunda cesaretsizliğinizi atmanızı, korkuyu yenmenizi, ertelemeyi bırakmanızı ve özgürce hayal kurmanızı sağlayan güce sahip olduğunuzu göreceksiniz. O zaman, her büyük düşünürün, liderin, sanatçının, müzisyenin, yazarın, devlet adamının harekete geçirici ruhu olan ve bilinmeyen "şeyin" dokunuşunu hissedeceksiniz. İşte o zaman ilk yenilgi işaretinde vazgeçebileceğiniz kadar kolay bir şekilde arzularınızı fiziksel ya da parasal eşdeğerine dönüştürme konumunda olacaksınız.

AKILDA TUTULMASI GEREKEN NOKTALAR

- İlham ve "önsezi" artık yanınızdan geçip gitmeyecek, artık yaratıcı hayal gücünüz, altıncı hissiniz aracılığıyla sizi coşkuyla dolduracak.
- Yazar, Henry Ford ve diğer başarılı erkekleri "görünmez danışmanları" olmak üzere seçti. Siz de hedeflerinize, tıpkı onun yaptığı gibi, aynı şaşırtıcı yöntemle ulaşabilirsiniz.
- Artık bütün zamanların tüm başarılı insanlarının yararlandığı bilinmeyen "şey"le bağlantıya girdiniz. Bu şey, sanat, bilim ve her türlü iş alanında hâlâ görünürde mucizeler yaratmaktadır.
- Eğer hayattaki en büyük amacınız para ya da herhangi maddi bir şeyi kazanmaksa bu bölüm size rehberlik etmede özel önem taşıyor.

BÖLÜM 15

KORKUNUN ALTI HAYALETİNİ ALT ETMEK

(Beyni Zenginlikler için Arındırmak)

Bu felsefenin herhangi bir bölümünü başarılı bir şekilde uygulamaya sokmadan önce zihniniz onu almaya hazır olmalıdır. Hazırlık zor değildir, ortadan kaldırmanız gereken üç düşmanın incelenmesi ve anlaşılmasıyla başlar; bunlar kararsızlık, şüphe ve korkudur.

Bu olumsuzluğun üçü ya da herhangi biri zihninizde kaldığı sürece altıncı his işe yaramaz. Bu üçlü birbiriyle yakından ilişkilidir; birinin bulunduğu yerde diğer ikisi de yakınlardadır.

Kararsızlık korkunun fidesidir! Okurken bunu unutmayın. Kararsızlık, şüpheye dönüşür, ikisi birleşir ve korku haline gelir! Bu ikisinin karışma süreci oldukça yavaştır. Bu üç düşmanın bu kadar tehlikeli olmalarının nedenlerinden biri budur. *Varlıkları görünmeden* filizlenir ve büyürler.

Bu bölümün geri kalanı, söz konusu felsefe bir bütün olarak uygulamaya sokulmadan önce varılması gereken bir sonu tarif etmektedir. Ayrıca çok sayıda insanı yoksulluğa iten bir koşulu inceler ve ister para bağlamında olsun, isterse paradan çok daha değerli olan zihinsel yapı bağlamında olsun, zenginliği elde eden herkes tarafından anlaşılması gereken bir gerçeği ifade eder.

Bu bölümün amacı dikkati altı temel korkunun nedenine ve tedavisine çevirmektir. Bir düşmanın üstesinden gelmeden önce onu çok iyi tanımlamalıyız. Okurken kendinizi dikkatle inceleyin ve eğer varsa, altı yaygın korkudan hangisinin sizde olduğunu saptayın.

Bu kurnaz düşmanların alışkanlıklarına kanmayın. Bazen bilinçaltında saklı kalırlar, çünkü burada saptanmaları ve ortadan kaldırılmaları çok zordur.

Altı Temel Korku

Altı temel korku vardır; her insan bunlardan birinden ya da birkaçından ara sıra acı çeker. Hiçbirinden acı çekmeyen kişi çok şanslıdır. En yaygın görünüşlerine göre sıralarsak bu korkular şunlardır:

Yoksulluk
Eleştiri
Hastalık
Aşkın kaybedilmesi
Yaşlanma
Ölüm

Diğer korkular bunlar kadar önemli değildir; bu altı başlık altında gruplandırılabilirler.

Korkular zihinsel durumdan başka bir şey değildir. Kişinin zihinsel durumu ise denetimine ve yönlendirmesine bağlıdır.

İnsan önce düşünmediği hiçbir şeyi yaratamaz. Bu ifadeyi daha da önemli başka bir ifade izlemektedir: *İnsanın düşünce dalgaları bilinçli olsun olmasın kendilerini hemen fiziksel eşdeğerlerine dönüştürürler.* Sadece şansla ele geçen düşünce dalgaları (başka zihinlerin gönderdiği düşünceler), tıpkı kişinin kendi tasarladığı ve yarattığı düşünce dalgaları gibi, o insanın mali, mesleki, profesyonel ve sosyal kaderini belirleyebilir.

Burada, neden aynı yetenek, eğitim, deneyim ve beyin kapasitesine sahip olan insanlardan bazılarının talihi bir türlü yaver gitmezken neden bazılarının "şanslı" göründüğünü anlamayan kişiler için büyük önem taşıyan bir gerçeğin ifadesi için temel hazırlıyoruz. Bu gerçek, *her insanın kendi zihnini tümüyle kontrol etme yeteneğine sahip olduğu*dur. Kişi bu kontrolle zihnini diğer zihinler tarafından serbest bırakılmış başıboş düşünce dürtülerine açık bırakabilir ya da zihninin kapılarını sıkıca kapatıp yalnızca kendi düşüncelerini kabul eder.

Doğa insanı yalnızca tek bir şey üzerinde kontrol sahibi kılmıştır, o da düşüncedir. Bu gerçek, insanın yarattığı her şeyin önce düşünce şeklinde başladığı gerçeğiyle birleşince, kişiyi korkunun üstesinden gelinebileceği prensibe çok yaklaştırır.

Her düşüncenin kendisini fiziksel eşdeğeriyle dönüştürmek eğilimi varsa (ki bu şüpheye yer bırakmaksızın doğrudur), korku ve yoksulluk düşünce titreşimlerini cesaret ve parasal kazanca dönüştürülemeyeceği de aynı derecede doğrudur.

Yoksulluk ve zenginlik arasında bir uzlaşma olamaz! Yoksulluğa ve zenginliğe giden iki yol zıt yönlere doğru uzanmaktadır. Eğer zenginlik istiyorsanız yoksulluğa götüren her türlü şartı reddetmelisiniz. (Burada "zenginlik" sözcüğü en geniş anlamda, yani maddi ve manevi zenginlik olarak kullanılmaktadır.) Zenginliğe giden yolun başlangıç noktası arzudur. Arzuyla ilgili bölümde uygun kullanımı için tam talimat aldınız.

Korkuyla ilgili bu bölümde zihninizi arzuyu pratik kullanım için hazırlamanın yöntemlerini öğreneceksiniz.

İşte burada bu felsefenin ne kadarını özümlediğinizi saptamak için kendinize meydan okuyabilirsiniz. Tam bu noktada bir medyuma dönüşüp geleceğin sizin için neler sakladığını söyleyebilirsiniz. Eğer, bu bölümü okuduktan sonra yoksulluğu kabul etmek istiyorsanız, bu sizin seçiminizdir. Bu kaçamayacağınız bir karardır.

Eğer zenginliği talep ediyorsanız ne şekilde olacağına ve ne kadar zenginliğin sizi tatmin edeceğine karar verin. Zenginliğe giden yolu biliyorsunuz. Eğer kararlılıkla izlerseniz sizi bu yolda tutacak bir harita verildi elinize. Eğer başlamayı ihmal eder ya da varmadan durursanız sizden başka suçlanması gereken kimse yoktur. Bu sorumluluk size ait. Eğer şu anda hayatın zenginliğini talep etmeyi reddeder ya da bunda başarısız olursanız hiçbir mazeret sizi sorumluluğu kabul etmekten kurtarmayacaktır, çünkü kabul tek bir şeyi gerektirir -tesadüfen kontrol edebildiğiniz tek şeyi- o da zihin durumudur. Zihinsel durum kişiye özel bir şeydir. Satın alınamaz, yaratılması gerekir.

Fakirlik (Parasızlık) Korkusu

Yoksulluk korkusu zihinsel bir durumdan başka bir şey değildir! Ama girdiği her işte kişinin başarı şansını yok etmeye yeter.

Bu korku mantık becerisini felce uğratır, hayal gücünü ve kendine güveni yok eder, coşkuyu öldürür, inisiyatifi kişinin elinden alır, amaç belirsizliğine yol açar, ertelemeyi teşvik eder, kendini kontrolü imkânsız hale getirir. İnsanın kişiliğindeki çekiciliği yok eder, doğru düşünme olasılığını ortadan kaldırır, çaba isteğini dağıtır; kararlılığına hâkim olur, irade gücünü bir hiçe çevirir, hırsı öldürür, hafızayı bulanıklaştırır ve akla gelen her türde başarısızlığı davet eder; aşkı öldürür ve kalpteki en hassas duyguları yok eder, arkadaşlığı bozar ve yüzlerce şekilde felakete davetiye çıkarır, uykusuzluk, acı ve mutsuzluğu getirir. Ve bütün bunlar arzu ettiğimiz her şeyin bol bol bulunduğu bir dünyada yaşıyor olmamız ve arzu ettiğimiz şeyle aramızda amaç belirsizliğinden başka hiçbir şeyin bulunmaması gerçeğine rağmen meydana gelir.

Yoksulluk korkusu şüphesiz altı temel korku içinde en yıkıcısıdır. Listenin en başına yerleştirilmiştir, çünkü üstesinden gelinmesi en zor olanıdır. Yoksulluk korkusu, insanın kalıtımında bulunan, soydaşlarını ekonomik açıdan avlama eğiliminden kaynaklanır. İnsandan aşağıda bulunan hemen hemen bütün hayvanlar içgüdüleriyle davranırlar ve düşünme kapasiteleri çok sınırlıdır, bu yüzden birbirlerini fiziksel olarak avlarlar. Daha üstün sezgi gücü, düşünme ve akıl yürütme kapasitesiyle başka bir insanın bedenini yemez; ama onu parasal olarak avlayıp "yemek"ten daha büyük tatmin alır. İnsan o kadar açgözlüdür ki, onu soydaşlarından koruyacak akla gelen her türlü kanun konmuştur.

Hiçbir şey yoksulluk kadar acı ve aşağılanma hissettirmez insana! Yalnızca yoksulluğu yaşayanlar tam anlamını bilirler.

İnsanın yoksulluktan bu derece *korkması* şaşılacak bir şey değildir. Kalıtımla devralınan deneyimler kişiye, para ve dünyevi mülkiyetler söz konusu olduğunda bazı insanlara hiç güvenilmeyeceğini öğretmiştir.

Kendini analiz, insanın bilmek istemediği zayıflıklarını açığa çıkarır. Bu inceleme şekli hayattan sıradanlık ve yoksulluktan başka bir şey isteyenler için gereklidir. Kendinizi madde madde kontrol ederken hem jüri, hem yargıç, hem savcı, hem savunma avukatı, hem sanık, hem de tanık olduğunuzu unutmayın. Gerçeklerle dürüstçe yüzleşin. Kendinize kesin sorular sorun ve doğrudan yanıtlar isteyin. İnceleme bittiğinde kendiniz hakkında daha fazla şey biliyor olacaksınız. Eğer bu incelemede tarafsız olamayacağınızı düşünüyorsanız, sizi iyi tanıyan birini siz kendinizi sorgularken yargıç olmak üzere çağırın. Siz gerçeğin peşindesiniz. *Geçici olarak utanmanıza, sıkılmanıza neden olsa bile gerçeği bulun!*

İnsanların büyük çoğunluğu en çok neden korktukları sorulduğunda, "Hiçbir şeyden korkmam," diye cevap verir. Bu cevap doğru değildir, çünkü insanlar çeşitli türde korkuyla tutsak edildiklerini, engellendiklerini, ruhsal ve fiziksel olarak yenilgiye uğratıldıklarını bilirler. Korku heyecanı o kadar derin ve o kadar sinsi bir şekilde yerleşmiştir ki, insan varlığını bile fark etmeden onun yüküyle yaşayıp gider. Yalnızca cesur bir analiz bu evrensel düşmanın varlığını açığa çıkaracaktır. Bu tür bir analize başladığınızda karakterinizin derinliklerini inceleyin. Burada aramanız gereken bazı belirtilerin bir listesini veriyoruz:

Yoksulluk Korkusunu Gösteren Altı Belirti

1. KAYITSIZLIK: Hırs eksikliği, yoksulluğa tahammül etme eğilimi, hayatın verdiği her şeyi itirazsız kabul etme; zihinsel ve fiziksel tembellik, inisiyatif, heves ve kendini kontrol noksanlığı.
2. KARARSIZLIK: Düşünmeyi başkalarına bırakma alışkanlığı, "tereddütte kalmak."
3. ŞÜPHE: Genellikle kişinin başarısızlıklarını örtmek, açıklamak ya da özür dilemek için mazeretler ve bahaneler uydurması; bazen de başarılı olanlara yönelik kıskançlık ya da eleştirici tavır sergilemesi.
4. ENDİŞE: Genellikle diğerlerinde hata bulma; gelirinden fazla harcama eğilimi; kişisel görünüme önem vermeme; alkol kullanımında aşırıya kaçma, bazen uyuşturucu kullanımı; kaygı, denge eksikliği ve çekingenlik.
5. AŞIRI TEDBİR: Her olayın olumsuz yanına bakma alışkanlığı, başarı araçlarına dikkati yoğunlaştırma yerine muhtemel başarısızlıkları düşünme ve bunlar hakkında konuşma; felakete giden bütün yolları bilme, ama başarısızlıktan kaçmak için plan ara-

yışına girmeme; fikir ve planları harekete geçirmek için "doğru zamanı" bekleme, ta ki beklemek kalıcı bir alışkanlık halini alana dek; başarısız olanları hatırlayıp başarılı olanları unutma eğilimi; yarı dolu bardağın boş kısmını görmek, ama var olan suya önem vermemek; hazımsızlığa, kabızlığa, kötü nefes ve ağız kokusuna vb. yol açan kötümserlik.

6. ERTELEME: Geçen yıl yapılması gerekenleri yarına erteleme alışkanlığı, işi yapmaya yetecek kadar enerjiyi mazeretler ve bahaneler bulmak için harcamak gibi belirtiler aşırı tedbir, şüphe ve endişeyle yakından ilişkilidir. Mümkün olduğu yerde sorumluluğu kabul etmekten kaçma; mücadele etmek yerine uzlaşma isteği; zorlukları kontrol edip onları ilerlemek için kullanmak yerine zorluklarla uzlaşmak; hayattan zenginlik, servet, tatmin ve mutluluk istemek yerine bir kuruş için pazarlık etmek; bütün köprüleri yakıp geri dönüşü imkânsız kılmak yerine başarısızlık kontrolü ele geçirince ne yapacağını planlama; zayıflık ve sıklıkla kendine güven, kesin amaçlılık, kendini kontrol, inisiyatif, coşku, hırs, sağlam akıl yürütme yeteneği eksikliği; zenginliği talep etmek yerine yoksulluğu beklemek; zenginliği talep edip ele geçirenler yerine yoksulluğu kabul edenlerle arkadaşlık etmek.

Bazıları soracaktır: "Neden parayla ilgili bir kitap yazdınız? Neden zenginliği tek başına parayla ölçüyorsunuz?" Bazıları paradan daha fazla arzu edilen zenginlik türleri olduğuna inanır ve bunda haklıdır. Evet, parayla ölçülemeyecek zenginlikler vardır, ama, "Bana ihtiyacım olan parayı verin, istediğim her şeyi ben bulurum," diyecek milyonlarca insan da vardır.

Nasıl para kazanılacağını gösteren bu kitabı yazmamın asıl nedeni milyonlarca kadın ve erkeğin yoksulluk korkusuyla felç olması. Bu tür bir korkunun insana neler yapabileceğini Westbrook Pegler çok iyi anlatılmıştır:

Para sadece madeni diskler ya da kâğıt parçacıklarıdır; paranın satın alamayacağı kalp ve ruh hazineleri vardır. Ama çoğu insan yoksulluk içinde olduğu için bunu akılda tutup morallerini bozmamayı başaramıyorlar. Bir erkek yenilgiye uğramış bir şekilde sokaklarda sürünüyor, bir iş bulamıyorsa, moralinin bozuk olduğu omuzlarının çöküşünden, şapkasını giyişinden, yürüyüşünden ve bakışlarından anlaşılır. Düzenli işi olan insanlardan karakter, zekâ ve yetenek açısından hiç de aşağı olmadığını bilse bile, yine de aşağılık duygusundan kaçamaz.

Öte yandan bu insanlar -arkadaşları bile olsa- bir üstünlük duygusu hisseder ve belki de bilinçsiz bir şekilde ona "kayıp biri" gibi davranırlar. Bir süre için borç alabilir, fakat alıştığı şekilde yaşamasına yetmez bu ve çok uzun süre borç almaya devam edemez. Zaten borç almanın kendisi, özellikle kişi hayatta kalmak için borç alıyorsa insanı depresyona sokacak bir deneyimdir ve borç alınan para kişinin kazandığı para gibi ruhunu canlandırıcı etkiye sahip değildir. Şüphesiz bu söylediklerimiz sokak serserileri ya da bu tür yaşamı alışkanlık haline getirmiş olanlar için değil, normal hırsları ve kendine saygısı olanlar için geçerlidir.

Eleştirilme Korkusu

Eleştiri korkusu kişiden inisiyatifi alır, hayal gücünü yok eder, bireyselliğini sınırlar, kendine güvenini yıkar ve kişiye yüzlerce şekilde zarar verir. Ebeveynler çocuklarını eleştirerek tamir edilmez yaralar açabilirler. Çocukluk arkadaşlarımdan birinin annesi onu hemen her gün sopayla döv üp işini her zaman şu ifadeyle bitirirdi: "Yirmi yaşına varmadan hapsi boylayacaksın." Arkadaşım on yedisinde ıslahevine gönderilmişti.

Eleştiri herkesin fazlasıyla sahip olduğu bir hizmet türüdür. Herkes eleştiri stokuna sahiptir ve istensin ya da istenmesin bedava dağıtırlar. İnsanın en yakın akrabaları genellikle en kötü eleştiri suçlularıdır. Bir ebeveynin gereksiz eleştiriyle çocuğunda aşağılık kompleksine neden olması bir suç (aslında bu en kötü suçtur) olarak kabul edilmelidir. İnsanın doğasını iyi anlayan işverenler insanın içindeki değerlerden eleştiriyle değil, yapıcı öneriyle faydalanırlar. Ebeveynler de aynı şeyi çocuklarıyla başarabilirler. Eleştiri insanın kalbine korku ya da kırgınlık sokar, ama sevgi ya da şefkat doğuramaz.

Kurnaz giysi üreticileri, bütün insanlığın yaşadığı bu eleştiri korkusunu paraya dönüştürme konusunda hiç vakit kaybetmemişlerdir. Her mevsim kıyafetlerin modeli değişmektedir. Modayı kim belirliyor? Giysileri satın alan kişilerin belirlemediği kesin, yani üretici belirliyor. Neden giysilerin modellerini bu kadar sık değiştiriyorlar? Cevap açık. Daha fazla giysi satabilmek için.

Otomobil üreticileri araba modellerini aynı nedenle bu kadar sık değiştiriyorlar. Hiçbir erkek son model olmayan bir arabayı kullanmak istemez.

Eleştirilme Korkusunu Gösteren Yedi Belirti

Bu korku neredeyse yoksulluk korkusu kadar evrenseldir ve etkileri kişisel başarı için en az o kadar ölümcüldür, çünkü korku inisiyatifi yok eder ve hayal gücünün kullanımını engeller. Korkunun belli başlı belirtileri şunlardır:

1. ÇEKİNGENLİK: Genellikle yabancılarla tanışma ve konuşmada çekingenlik, ellerin ve uzuvların garip biçimlerde hareket ettirilmesi, gözlerin kaçırılması ve kaygılanma.

2. ÖZGÜVEN EKSİKLİĞİ: Yetersiz ses kontrolü, başkalarının varlığından endişelenmek, kötü beden duruşu, unutkanlık.

3. ZAYIF KİŞİLİK: Kararlarda kesinlik, kişisel çekicilik ve fikirleri kesin bir şekilde ifade etme yeteneğinde yetersizlik; sorunlarla dürüstçe yüzleşmek yerine kaçmak; fikirlerini dikkatle incelemeksizin diğerleriyle aynı fikirde olmak.

4. AŞAĞILIK KOMPLEKSİ: Aşağılık duygusunu örtme amacıyla kendini onayladığını belirten sözler söyleme ve hareketler yapma alışkanlığı; başkalarını etkilemek için "büyük sözcükler" kullanmak (genellikle gerçek anlamlarını bilmeden); başkalarının giyim, konuşma ve davranış tarzlarını taklit etme. Hayali başarılarla övünme bazen üstünlük kompleksinin yüzeye çıkmasına izin verir.

5. SAVURGANLIK: Başkalarına yetişmeye çalışma alışkanlığı kişinin gelirinden fazlasını harcamasına neden olur.

6. İNİSİYATİF EKSİKLİĞİ: Kişinin ilerlemesi için karşısına çıkan fırsatları yakalayamaması, fikirlerini ifade etme korkusu ve güvensizliği; üstler tarafından sorulan sorulara kaçamak cevaplar verme; konuşma ve hareketlerde tereddüt, sözcüklerde ve işlerde yalancılık.

7. HIRS YETERSİZLİĞİ: Zihinsel ve fiziksel tembellik, kendi fikrinde ısrar edememe, bir karara varmada yavaşlık, kolayca etkilenme; başkalarını arkalarından eleştirme ve yüzlerine övme alışkanlığı, yenilgiyi itirazsız kabul etme ya da başkalarından itiraz gelince bir işi bırakma; nedensiz olarak diğer insanlardan şüphelenme, konuşma ve tavırlarda zarafet eksikliği, suçu kabul etmede isteksizlik.

Sağlığını Kaybetme Korkusu

Bu korku fiziksel ve sosyal kalıtıma kadar izlenebilir. Çıkış noktası açısından yaşlanma ve ölüm korkusuyla yakından ilgilidir, çünkü insanı, hakkında bir şey bilmediği ama bazı rahatsız hikâyelerin kendisine öğretildiği "korkunç dünyaların" sınırına yaklaştırmaktadır. Bazı ahlaksız insanların sağlığın bozulması korkusunu canlı tutarak sağlık satma işiyle uğraştıkları gözden kaçırılmamalıdır.

Sonuç olarak, insan sağlığının kötüye gitmesinden korkar, çünkü eğer ölürse neler olabileceğine dair çok korkunç hikâyeler yerleştirilmiştir zihnine. Ayrıca hastalığın getireceği ekonomik yükten de korkmaktadır.

Ünlü bir doktor, doktora başvuran hastaların yüzde yetmiş beşinin hastalık hastası olduğunu saptamıştır. Korkmak için en ufak bir neden bile olmadığı halde duyulan hastalık korkusunun sıklıkla hastalığın korkulan belirtilerini ortaya çıkardığını göstermiştir.

İnsan zihni çok güçlü ve kudretlidir! Yapabilir de, yıkabilir de.

Bu kötü hastalık korkusundan faydalanan ilaç üreticileri servetler kazanmışlardır. Her şeye inanan insanlar üzerindeki bu tür sömürü geçen yıllarda o kadar yaygın hale gelmişti ki, popüler bir dergi ilaç işindeki en kötü suçlulara karşı sert bir kampanya başlatmıştı.

Yıllar önce yapılan bir dizi araştırma, insanların telkinle hasta edilebileceğini kanıtlıyordu. Bu deneyi şu şekilde düzenledik: Üç tanıdığı seçtiğimiz bir "kurbanı" ziyaret edip ona, "Neyin var? Çok kötü görünüyorsun," diyor ve genellikle kurbandan "Oh, hiçbir şeyim yok. Çok iyiyim," cevabını alıyor. İkinci tanıdık genellikle, "Bilmiyorum, ama kendimi kötü hissediyorum," cevabını alıyor. Üçüncüsü ise, kurbanın gerçekten hasta olduğunu açıkça ifade etmesiydi. Bazen hastalığın olumsuz düşünce dalgasıyla başladığına dair pek çok kanıt bulunmaktadır. Böylesi bir dürtü telkin yoluyla birinden diğerine geçirilebilir ya da kişinin kendisi tarafından üretilebilir.

Burada sözünü ettiklerimizden daha fazla akıl bahşedilen bir kişi bir keresinde, "Biri bana nasıl olduğumu sorduğunda hep bir yumrukla cevap vermek isterim," demişti.

Doktorlar iyileşmeleri için hastalarını başka iklimlere gönderirler, çünkü "zihinsel tutumun" değiştirilmesi zorunludur. Kötü sağlık korkusunun tohumları herkesin zihnine atılmıştır. Aşk ve iş ilişkilerinde endişe, korku, cesaretsizlik, düş kırıklığı bu tohumun filizlenip büyümesine neden olur.

İş ve aşk ilişkilerinde düş kırıklığı sağlığın bozulmasının nedenlerini içeren listenin başında gelmektedir.

Sağlığı Kaybetme Korkusunu Gösteren Yedi Belirti

Neredeyse evrensel olan bu korkunun belirtileri şöyledir:

1. KENDİ KENDİNE TELKİN: Kendine telkinin olumsuz kullanımıyla her türlü hastalığa ait belirtileri arama ve bulma alışkanlığı; hayali hastalıklardan "hoşlanmak" ve onlardan gerçekmiş gibi söz etmek; başkalarının tedavi değeri olduğunu söyledikleri her şeyi denemek; başkalarıyla ameliyatlar, kazalar ve diğer türde hastalıklar hakkında konuşmak; bir uzmanın gözetiminde olmaksızın diyetler, fiziksel egzersizler, ev reçeteleri ve "şarlatan" doktor tedavilerini denemek.

2. HASTALIK HASTALIĞI (hipokondri): Hastalıklardan söz etme alışkanlığı, tüm dikkatini hastalığa yoğunlaştırmak ve bir sinir bozukluğu oluşana dek hastalığı beklemek. Şişe içindeki hiçbir şey bu durumu tedavi edemez. Olumsuz düşünceyle ortaya çıkarılır ve olumlu düşünceden başka tedavi edecek hiçbir şey yoktur. Hastalık hastalığı kişinin korktuğu hastalığın yapacağı tahribatı yapabilir. Çoğu sözde sinir krizi bu hayali hastalıktan doğmaktadır.

3. TEMBELLİK: Sağlığın bozulması korkusu sıklıkla uygun fiziksel egzersize engel olup kişiyi evin içine tıktığı için kilo artışına neden olur.

4. HASSASİYET: Sağlığı kaybetme korkusu kişinin vücut direncini kırar ve her türlü hastalık için uygun bir ortam hazırlar. Bu korku genellikle yoksulluk korkusuyla bağlantılıdır; özellikle hastalık hastası olan kişi sürekli olarak muhtemel doktor ve hastane ücretlerini nasıl ödeyeceği konusunda kaygılanır. Bu tip kişiler hastalık için hazırlanmak, ölüm hakkında konuşmak, mezarlık ve cenaze işlemleri için para biriktirmek gibi işler üzerine çok fazla zaman harcarlar.

5. KENDİ ÜSTÜNE ÇOK FAZLA TİTREMEK: Hayali hastalığı yem olarak kullanarak anlayış isteme alışkanlığı (insanlar genellikle işten kaçmak için bu hileye başvururlar); tembelliği örtmek için hastaymış gibi yapma ya da hırs eksikliği için bahane olarak kullanma alışkanlığı.

6. AŞIRILIK: Baş ağrısı, nevralji vb. gibi ağrıları azaltmak için nedeni ortadan kaldırmak yerine alkol ya da uyuşturucu kullanmak.

7. ENDİŞE: Hastalıklar hakkında yazılar okuma ve bu hastalığa yakalanma olasılığı üzerinde endişelenme alışkanlığı, ayrıca ilaç reklamlarını okuma alışkanlığı.

Aşkı Kaybetme Korkusu

Bu kalıtımsal korkunun başlangıç kaynağı erkeğin komşusunun karısını çalmaya ve fırsat bulduğunda kadından yararlanmaya yönelik çokeşlilik eğilimine dayanmaktadır.

Kıskançlık ve diğer benzeri nevroz türleri, insanda kalıtımsal olarak yer eden aşkını kaybetme korkusundan kaynaklanır. Bu korku altı temel korku içinde en fazla acı verenidir. Beden ve zihni diğer temel korkuların yaptığından çok daha fazla yıpratır.

Aşkın kaybedilmesi korkusu, erkeğin kadını şiddet kullanarak çaldığı taş devrine kadar gitmektedir. Erkekler kadınları çalmaya hâlâ devam etmektedirler, ama teknikleri değişmiştir. Artık güç kullanmak yerine ikna etmeye çalışmakta, güzel elbiseler, iyi arabalar sözü vermekte ve fiziksel güç kullanmaktan çok daha etkili olan diğer "yemler"den yararlanmaktadırlar. Erkeklerin alışkanlıkları uygarlığın başlangıcından öncekiyle aynıdır, ama artık farklı bir şekilde ifade edilmektedir.

Aşkı Kaybetme Korkusunu Gösteren Belirtiler

1. KISKANÇLIK: Herhangi mantıklı bir kanıt olmaksızın arkadaşlar ve sevgililerden şüphelenmek; bir nedene dayanmadan eşini ihanetle suçlama alışkanlığı; herkesten kuşku duyma, hiç kimseye tam güven duymama.

2. HATA BULMA: Arkadaşlar, akrabalar, iş arkadaşları, sevgililer ve eşlerde herhangi bir neden olmaksızın ya da en ufak bir tahrikle hata bulma alışkanlığı.

3. KUMAR OYNAMA: Aşkın satın alınabileceği düşüncesiyle sevilen kişiye para sağlamak için kumar oynama, çalma, sahtekârlık yapma ve diğer tehlikeli risklere girme alışkanlığı; gösteriş yapma amacıyla sevilen kişiye hediyeler almak için gelirinin üstünde harcama ya da borca girme alışkanlığı; uykusuzluk, sinirlilik, kararlılık eksikliği, irade zayıflığı, kendini kontrol yetersizliği, kendine güven eksikliği, huysuzluk.

Yaşlanma Korkusu

Bu korku temelde iki kaynaktan ortaya çıkmaktadır. Birincisi, yaşlılığın yoksulluğu da beraberinde getireceği düşüncesi. İkincisi ve en yaygın olanı "cehennem azabıyla" çok iyi karıştırılmış geçmişin yanlış ve zalim öğretileri; insanı korkuyla köle haline getirmek için kurnazca uydurulmuş diğer öcüler.

Yaşlılıktan korkmakta insanın iki sağlam nedeni vardır; bir tanesi sahip olduğu işe yarar her türlü şeyi gasp edebilecek olan yakınlarına duyduğu güvensizlikten, diğeri ise ötedeki dünya hakkında zihninde çizilmiş olan korkunç tablodan kaynaklanmaktadır.

Yaşlılık korkusunun en yaygın nedeni yoksulluk olasılığıyla bağlantılıdır. "Huzurevi" pek hoş bir sözcük değildir. Elden ayaktan düştükleri yıllarını yoksullara bakan bu kurumlarda geçirme düşüncesi herkesin içini ürpertmektedir.

Yaşlılık korkusuna katkıda bulunan nedenlerden bir tanesi özgürlük ve bağımsızlığın kaybedilmesidir, çünkü yaşlılık fiziksel ve ekonomik özgürlüğün kaybını da beraberinde getirmektedir.

Yaşlanma Korkusunun Belirtileri

Bu korkunun en yaygın belirtileri şunlardır:

1. ERKEN YAVAŞLAMA: Kırk yaş civarında, zihinsel olgunluk döneminde yavaşlama ve aşağılık kompleksi geliştirme; yanlış bir şekilde yaşı yüzünden hata yaptığını düşünme eğilimi.

2. YAŞI YÜZÜNDEN ÖZÜR DİLEME: Yalnızca kırk ya da elli yaşına vardığı için kişinin yaşı yüzünden özür dileme alışkanlığı edinmesi. Oysa, insan akıl ve anlayış çağına eriştiği için minnettarlığını ifade etmelidir.

3. İNİSİYATİFİ ÖLDÜRME: Kişi yanılgıya düşerek inisiyatif, hayal gücü ve özgüvene sahip olamayacak kadar yaşlı olduğuna inandığında bu niteliklerini kaybedilir.

4. GENÇ BİRİ GİBİ GÖRÜNMEK: Arkadaş ve yabancıların alaylarına neden olabilecek şekilde gençlerin giysilerini giyme ve davranışlarını benimseme alışkanlığı çok yaygındır.

Ölüm Korkusu

Bazılarına göre bu, temel korkularının en amansızıdır. Bunun nedeni açıktır. Ölüm düşüncesiyle bağlantılı dehşetli korku, vakaların çoğunda olduğu gibi, dini fanatikliğe dönüştürülebilir. Sözde "dinsiz" olanlar daha "medeni" olanlara göre ölümden daha az korkarlar. Binlerce yıldır insanlar hâlâ cevaplanmamış olan soruyu sormaktadırlar: "Nereden geldim ve nereye gidiyorum?"

Geçmişin karanlık çağları sırasında, daha kurnaz ve hilekâr olanlar bir ücret karşılığında bu soruların cevaplarını vermişlerdir.

"Çadırıma gel, inancımı kucakla, dogmalarımı kabul et, ben de öldüğünde doğruca cennete gitmeni sağlayacak bileti vereceğim sana," diye bağırır mezhep lideri. "Çadırımın dışında kalanları şeytan alıp sonsuza dek cehennemde yaksın."

Sonsuza dek sürecek ceza insanın hayata olan ilgisini yok eder ve mutluluğu imkânsız hale getirir.

Dini liderler insanı cennete götürecek güvenli bir belge sağlayamazlar, ama bunu sağlayamadıkları için talihsiz kişinin cehenneme girmesine izin veriyor da değillerdir. Cehenneme girme olasılığı o kadar korkunçtur ki, bunun düşüncesi bile hayal gücünü etkisi altına alır, insanın mantığı felç olur ve ölüm korkusu başlar.

Ölüm korkusu büyük okullar ve üniversitelerin olmadığı dönemdeki kadar yaygın değil artık. Bilim adamları gerçeğin projektörlerini dünya üzerine çevirdiler ve bu gerçek, insanları bu dehşetli ölüm korkusundan kurtardı. Üniversiteye giden genç erkek ve kadınlar korkunç hikâyelerden kolayca etkilenmiyorlar artık. Biyoloji, astronomi, jeoloji ve diğer bilimlerin yardımıyla insanın zihnini etkisi altına alan karanlık çağların korkusu giderildi.

Bütün dünya yalnızca iki şeyden meydana gelmiştir: enerji ve madde. Fiziğe girişte ne maddenin ne de enerjinin (insanın bildiği salt iki gerçeklik) yaratılamayacağını ve yok edilemeyeceğini öğreniriz. Madde ve enerjinin her ikisi de dönüştürülebilir, ama hiçbiri yok edilemez.

Hayat hiçbir şey değilse bile bir enerjidir. Eğer ne madde ne de enerji yok edilemiyorsa hayatın da yok edilemeyeceği kesindir. Hayat, diğer enerji türleri gibi, çeşitli süreçlerden geçebilir ya da değişebilir, ama yok edilemez. Ölüm sadece bir geçiştir.

Eğer ölüm salt değişiklik ya da geçiş değilse o halde ölümden sonra uzun, ebedi, huzurlu bir uykudan başka hiçbir şey yok demektir ve uyku korkulacak bir şey değildir. Bu yüzden ölüm korkusunu sonsuza dek silebilirsiniz.

Ölüm Korkusunu Gösteren Belirtiler

1. ÖLMEYİ DÜŞÜNMEK: Bu alışkanlık yaşlılarda daha sık görülürse de, gençler bile hayatın tadını çıkarmak yerine ölümü düşünürler sık sık. Bu genellikle amaçsızlık veya -belki de amaçsızlık nedeniyle- uygun bir uğraş bulamamaktan kaynaklanmaktadır. Ölüm korkusundan en güzel kurtuluş, başkalarına yararlı hizmet verme isteğiyle desteklenen ateşleyici bir başarı arzusuyla sağlanır. Meşgul bir insan ölmeyi düşünmez.

2. YOKSULLUK KORKUSUYLA BAĞLANTI: İnsan hayatında yoksulluğun başlamasından korkabilir ya da kendi ölümünün sevdiklerini yoksulluğa sürükleyeceğinden korkabilir.

3. HASTALIK YA DA DENGESİZLİKLE BAĞLANTI: Fiziksel hastalık depresyona neden olabilir. Aşkta düş kırıklığı, dini fanatiklik, yüksek nevroz düzeyi ya da akıl hastalığı ölüm korkusunun diğer nedenleri arasındadır.

Endişe

Endişe korkuya dayanan zihinsel bir durumdur. Yavaş yavaş ama kararlı bir şekilde ilerler. Sinsi ve kurnazdır. Kişinin akıl yürütme becerisini felce uğratıp kendine güven ve inisiyatifini yok edene dek adım adım zihne yerleşir. Endişe kararsızlığın neden olduğu sürekli bir korku türüdür. Bu nedenle de kontrol edilebilen zihinsel bir durumdur.

Tedirgin zihin çaresizdir. Kararsızlık zihni tedirgin eder. Çoğu insanda hemen karara varacak ve bu kararının arkasında duracak irade gücü yoktur.

Belirli bir hareket çizgisini izlemek için bir karar verdiğimizde şartlar konusunda endişelenmeyiz.

Altı temel korku, kararsızlık yoluyla endişeye dönüştürülebilir. Ölümü kaçınılmaz bir olay olarak kabul etme kararına varıp sonsuza dek ölüm korkusundan kurtarın kendinizi. Mümkün olan her türlü zenginliğe ulaşmaya karar verip yoksulluk korkusunu yenin. Başka insanların ne söylediği, yaptığı ya da düşündüğü konusunda *endişe etmeme* kararı alıp eleştiri korkusunun boynunu kırın. Yaşlılığı bir engel olarak değil, size gençliğin tanımadığı bilgelik, kendini kontrol ve anlayışı getiren büyük bir lütuf olarak kabul etme kararını verip yaşlanma korkusunu defedin. Belirtileri unutma kararı vererek sağlığı kaybetme korkusundan kurtarın kendinizi.

Hayatın sunması gereken hiçbir şeyin endişe etmeye değmeyeceği kararına vararak her türlü endişe alışkanlığını yok edin. Bu kararla birlikte size mutluluk verecek olan huzur ve sükûnet de gelecektir.

Zihni korkuyla dolu olan bir insan sadece kendi zekice hareket şansını yok etmekle kalmaz, bu yıkıcı titreşimleri kendisiyle ilişkiye giren kişilerin zihinlerine aktarır ve onların şansını da yok eder.

Bir köpek ve at bile sahibinin ne zaman cesaretsiz olduğunu bilir; üstelik, köpek ya da at sahibinin yaydığı korku titreşimlerini alıp ona göre davranır. Hayvanlar âleminde daha düşük zekâ düzeylerinde de korku titreşimini algılama kapasitesini bulabilirsiniz.

Korku titreşimleri bir zihinden ötekine, istasyondan yayılan sesin radyo tarafından alınışı kadar çabuk ve kesin bir şekilde geçer.

Olumsuz ya da yıkıcı düşünceleri sözlü olarak ifade eden kişinin, bu sözlerinin sonucunu yıkıcı bir şekilde "geriye tepme" olarak göreceği kesindir. Sözcüklerin yardımı olmaksızın yıkıcı düşünce dürtülerinin açığa çıkarılması da birden fazla şekilde "geri teper." Hatırlanması gereken şeylerin birincisi, hatta belki de en önemlisi, yıkıcı düşünce dürtülerini açığa çıkaran kişinin yaratıcı hayal gücü becerisinin bozularak zarar göreceğidir. İkincisi, herhangi bir yıkıcı duygunun zihinde bulunmasının, diğer insanları uzaklaştıran ve sıklıkla onları kişinin aleyhine çeviren olumsuz bir kişilik yapısı gelişimine neden olmasıdır. Olumsuz düşünceleri açığa çıkaran kişilerin göreceği üçüncü zarar, şu anlamlı gerçekte yatmaktadır: Bu düşünce dürtüleri sadece diğerlerine zarar vermekle kalmaz, kendilerini kişinin bilinçaltına gömerek o insanın karakterinin bir parçası haline gelirler.

Hayattaki işiniz başarı kazanmaktır. Başarılı olmak için, akıl huzurunu bulmalı, hayatın maddi gereksinimlerini elde etmeli ve hepsinden öte mutluluğu yakalamalısınız.

Kendi zihninizi kontrol edebilirsiniz, onu seçtiğiniz türde düşünce dalgasıyla besleme gücüne sahipsiniz. Bu ayrıcalık onu yapıcı bir şekilde kullanma sorumluluğunu da getirmektedir. Kendi düşüncelerinizi kontrol etme gücüne sahip olduğunuz gibi, dünyevi kaderinizin hâkimi de sizsiniz. Çevrenizi etkiler, yönetir ve kontrol edebilir, hayatınızı olmasını istediğiniz şekle getirebilirsiniz... Ya da hayatınızı düzene sokmak için elinizdeki ayrıcalığı kullanmazsınız, böylece okyanustaki bir tahta parçası gibi oraya buraya savrulacağınız geniş "olasılıklar" denizine atabilirsiniz kendinizi.

Olumsuz Etkilere Açık Olmak

Altı temel korkuya ek olarak insanlara sıkıntı veren başka bir dert daha vardır. Başarısızlık tohumlarının bol miktarda yetiştiği zengin bir toprağı oluşturur bu. O kadar sinsidir ki, varlığı genelde saptanamaz. Bu sıkıntı tam olarak korku adı altında sınıflandırılamaz. Altı temel korkudan daha derine yerleşmiştir ve onlardan daha tehlikelidir. Bu derde bir isim vermek için ona *olumsuz etkilere açık olmak* diyeceğiz.

Büyük zenginliklere ulaşan insanlar kendilerini kötülüklere karşı her zaman korurlar! Yoksul insanlar ise bunu hiç yapmazlar! Herhangi bir işte başarılı olanlar zihinlerini sıkıntılara direnmek üzere hazırlarlar. Eğer bu felsefeyi zenginliğe ulaşmak için okuyorsanız, olumsuz etkilere açık olup olmadığınızı görmek için kendinizi çok dikkatli bir şekilde incelemelisiniz. Eğer bu analizi ihmal ederseniz arzu ettiğiniz şeye ulaşma hakkınızı elinizden almış olursunuz.

Kendinize bu konuda analiz yapın. Kendinizi analiz etmek amacıyla hazırlanmış soruları okuduktan sonra cevaplarınızı açık yüreklilikle ve kararlılıkla verin. Size tuzak kurmuş bekliyor olduğunu bildiğiniz bir düşmanı araştırdığınız gibi titizlikle gidin bu işin üstüne. Kendinizi otoyol hırsızlarından kolaylıkla koruyabilirsiniz, çünkü hukuk sizin yararınıza örgütlü işbirliği içindedir. Oysa bu "yedinci belanın" üstesinden gelmek daha zordur, çünkü siz onun varlığından habersizken uykunuzda ya da uyanıkken vurur. Üstelik silahı sadece zihinsel durumdan oluştuğu için gözle görülmez. Bu bela tehlikelidir de, çünkü çok çeşitli şekillerde vurabilir. Bazen kişinin kendi akrabaları tarafından iyi niyetle söylenmiş sözlerle zihne girer. Kimi kez kişinin kendi zihinsel tutumuyla içten içe oyuk açar. Kimi zaman o kadar çabuk öldürmese de bir zehir kadar ölümcüldür.

Kendinizi Olumsuz Etkilere Karşı Koruyun

Kendi ürettiğiniz ya da çevrenizdeki olumsuz insanların faaliyetlerinin sonucu olan olumsuz etkilerden kendinizi korumak için irade gücünüz olduğunu kabul edin ve bunu zihninizde bu etkilere karşı bir bağışıklık duvarı örene dek kullanın.

Sizin ve diğer bütün insanların yapı itibarıyla tembel, kayıtsız ve zayıf yanlarına uyan bütün telkinlere açık olduğu gerçeğini kabul edin.

Doğanız gereği altı temel korkuya karşı korunmasız olduğunuzun farkına varın ve bu korkulara karşı koymak amacıyla yeni alışkanlıklar geliştirin.

Olumsuz etkilerin sıklıkla bilinçaltınız yoluyla size ulaştığını, bu yüzden fark edilmelerinin güç olduğunu bilin ve zihninizi sizi depresyona sokan ya da herhangi bir şekilde cesaretinizi kıran herkese ve her duruma karşı kapatın.

İlaç çekmecenizi temizleyin, bütün ilaç şişelerini atın ve soğuk algınlığı, ağrı, acı ve hayali hastalıklara boyun eğmeyin.

Sizi, düşünen ve kendiniz için bir şeyler yapmak üzere motive eden ve destekleyen kişilerle arkadaşlık edin.

Tüm bunları yapmak için bir sorunla karşılaşmayı beklemeyin, hemen şimdi harekete geçin.

Hiç kuşkusuz, bütün insanların en yaygın zayıflığı zihinlerini diğer insanlardan gelen olumsuz etkilere açık bırakma alışkanlığıdır. Bu zayıflık çok zararlıdır, çünkü çoğu insan bunun etkisi altında olduğunu bilmez ve bilenler de günlük alışkanlıklarının kontrol edilemez bir parçası haline gelene dek ihmal eder ya da düzeltmeyi reddeder.

Kendilerini gerçekte oldukları gibi görmek isteyenlere yardım etmek için aşağıdaki soru listesi hazırlanmıştır. Soruları okuyup sesli bir şekilde cevap verin, böylece kendi sesinizi duyabilirsiniz. Bu kendinize karşı gerçekçi olmanızı kolaylaştıracaktır.

Kişisel Analiz Testinin Soruları

Sık sık kendinizi "kötü hissettiğinizden" yakınıyor musunuz, eğer öyleyse sebebi nedir?

En küçük bir tahrikte diğer insanlarda hatalar bulur musunuz?

İşinizde sık sık hata yapıyor musunuz, eğer öyleyse neden?

Konuşmalarınızda alaycı ve kırıcı mısınızdır?

Herhangi birisiyle arkadaşlık kurmaktan bilerek kaçıyor musunuz, eğer öyleyse, neden?

Sık sık hazımsızlıktan yakınıyor musunuz? Eğer öyleyse sebebi nedir?

Hayat sizin için boş ve gelecek ümitsiz mi görünüyor?

Mesleğinizi seviyor musunuz? Eğer hayırsa neden?

Sık sık kendinize acır mısınız, eğer öyleyse neden?

Sizden üstün olanları kıskanır mısınız?

Zamanınızı en çok neye ayırırsınız, başarıyı düşünmeye mi, yoksa başarısızlığı düşünmeye mi?

Yaşlandıkça kendinize olan güveninizi kazanıyor musunuz, yoksa kaybediyor musunuz?

Hatalarınızdan ders alıyor musunuz?

Akrabalarınız ya da arkadaşlarınızın sizi endişelendirmesine izin verir misiniz? Eğer öyleyse neden?

Bazen "bulutların üstünde" ve diğer zamanlarda ümitsizliğin derinliklerinde misiniz?

Sizin üzerinizde en fazla kimin ilham verici etkisi var? Sebebi nedir?

Kaçınabileceğiniz halde, olumsuz veya cesaret kırıcı etkilere katlanıyor musunuz?

Kişisel görünüşünüz konusunda ilgisiz misiniz? Eğer öyleyse ne zaman ve neden?

Sıkıntılarınızın sizi rahatsız edemeyeceği kadar meşgul olarak onları çöp sepetine atmayı öğrendiniz mi?

Eğer başkalarının sizin adınıza düşünmelerine izin veriyorsanız kendinizi "pısırık" olarak görür müsünüz?

Önlenebilir kaç tane sorun sizi rahatsız ediyor ve onlara neden katlanıyorsunuz?

"Sinirlerinizi yatıştırmak" için içki, uyuşturucu ya da sigaraya başvurur musunuz? Eğer öyleyse neden bunlar yerine irade gücünü denemiyorsunuz?

Size dırdır eden kimse var mı, eğer öyleyse sebebi nedir?

Belirli bir hedefiniz var mı, eğer öyleyse nedir ve bunu başarmak için herhangi bir planınız var mı?

Altı temel korkunun herhangi birini yaşıyor musunuz? Eğer öyleyse hangisini?

Kendinizi başkalarının olumsuz etkilerinden koruyabileceğiniz herhangi bir yönteminiz var mı?

Zihninizi olumlu kılmak için kendi kendine telkin yöntemini bilerek kullanıyor musunuz?

En fazla hangisine değer veriyorsunuz, maddi varlıklarınıza mı, yoksa kendi düşüncelerinizi kontrol etme ayrıcalığınıza mı?

Kendi yargılarınıza karşılık başkalarının kolayca etkisinde kalıyor musunuz?

Sizi mutsuz eden durumlarla dürüstçe yüzleşir misiniz, yoksa sorumluluktan kaçar mısınız?

Bütün hatalarınızı ve başarısızlıklarınızı analiz edip onlardan yararlanmaya mı çalışırsınız, yoksa bunun sizin göreviniz olmadığı şeklinde bir tavır mı takınırsınız?

En zararlı zayıflıklarınızın üçünü sayabilir misiniz? Bunları düzeltmek için ne yapıyorsunuz?

Başka insanları sıkıntılarını size açıp anlayış ve şefkat aramaları için cesaretlendirir misiniz?

Günlük deneyimlerinizden kişisel gelişiminizde yardımı olacak dersler çıkarır mısınız?
Varlığınızın diğer insanlar üzerinde olumsuz bir etkisi oluyor mu?
Başkalarının hangi alışkanlığı sizi en fazla kızdırır?
Görüşlerinizi kendiniz mi biçimlendirirsiniz, yoksa başka insanların sizi etkilemelerine izin mi verirsiniz?
Bütün cesaret kırıcı etkilere karşı kendinizi koruyabileceğiniz zihinsel bir durum yaratmayı öğrendiniz mi?
İşiniz size inanç ve ümit aşılıyor mu?
Zihninizi her türlü korkudan arındırmanızı mümkün kılacak ruhsal güce sahip olduğunuzun bilincinde misiniz?
Dininiz zihninizi olumlu halde tutmanıza yardımcı oluyor mu?
Diğer insanların endişelerini paylaşmanın göreviniz olduğunu hissediyor musunuz? Eğer öyleyse neden?
Huyları birbirine benzer kişilerin bir arada bulunduklarına inanıyorsanız, birlikte olmayı seçtiğiniz arkadaşlarınızı inceleyerek kendiniz hakkında ne öğrendiniz?
En yakın arkadaşlarınızla aranızda, eğer varsa, nasıl bir bağlantı görüyorsunuz ve bu ilişkide yaşadığınız herhangi bir mutsuzluk var mı?
Sizin arkadaş olarak gördüğünüz birinin, aslında zihniniz üzerinde yarattığı olumsuz etkisi yüzünden en büyük düşmanınız olması mümkün müdür?
Kimin sizin için yararlı, kimin zararlı olduğunu hangi kurallara göre değerlendiriyorsunuz?
Yakın arkadaşlarınız sizin üstünüz mü, astınız mı?
Yirmi dört saat içinde ne kadar süreyi aşağıdakilere adıyorsunuz:

a. İşinize
b. Uykuya
c. Oyun ve dinlenmeye

d. Faydalı bilgi almaya
e. Sadece zaman öldürmeye

Tanıdıklarınız içinde sizi:

a. En çok kim cesaretlendiriyor
b. En çok kim uyarıyor
c. En çok kim cesaretinizi kırıyor?

En büyük endişeniz nedir? Neden buna katlanıyorsunuz?

Birisi size talep edilmemiş bedava tavsiye sunuyorsa, amacını sorgulamadan ve incelemeden kabul eder misiniz?

En çok neyi arzu ediyorsunuz? Bunu elde etmeye niyetli misiniz? Bu arzu için diğer arzularınızı ikinci dereceye atmaya istekli misiniz? Bu arzunuzu elde etmek için günde ne kadar zaman ayırıyorsunuz?

Sık sık karar değiştirir misiniz? Eğer öyleyse neden?

Genellikle başladığınız her işi bitirir misiniz?

Başka insanların işleri, mesleki unvanları, üniversite diplomaları ya da sağlıklarının kolayca etkisi altında kalır mısınız?

Sosyal ve parasal durumları nedeniyle insanların ihtiyaçlarını karşılar mısınız?

Yaşayan en büyük insanın kim olduğunu düşünüyorsunuz? Bu insan hangi açıdan sizden daha üstün?

Bu soruları inceleyip cevap vermek için ne kadar zaman ayırdınız? (Bütün listenin incelenmesi ve yanıtlanması için en azından bir gün gerekli.)

Bütün soruları dürüstçe cevaplandırdıysanız kendiniz hakkında insanların çoğuna göre daha fazla şey biliyorsunuz demektir. Soruları dikkatle inceleyin, birkaç ay boyunca her hafta sorulara tekrar dönün. Bu soruları dürüstçe yanıtlamak gibi basit yöntemle elde edeceğiniz, sizin için büyük değer taşıyan ek bilgiye çok şaşıracaksınız. Bazı soruların cevabı konusunda emin değilseniz sizi iyi tanıyanların, özellikle size iltifat etmeleri için gerek olmayanların yardımını isteyin ve kendinizi onların gözüyle görün. Sonuçlar çok şaşırtıcı olacak.

Tek bir şey üzerinde tam kontrolünüz vardır, o da kendi düşünceleriniz. Bu, insanlar tarafından bilinen bütün gerçekler içinde en önemlisi ve en ilham verici olandır. İnsanın kutsal yapısını yansıtmaktadır. Bu kutsal yapı kendi kaderinizi kontrol edebileceğiniz tek araçtır. Kendi zihninizi kontrol etmeyi başaramıyorsanız, başka hiçbir şeyi kontrol edemeyeceğiniz kesindir. Eğer sahip olduğunuz şeyler konusunda kayıtsız olmak zorundaysanız bunun maddi şeylerle ilgili olmasını sağlayın. *Zihniniz sizin ruhsal bir malınızdır!* Onu hak ettiği şekilde özenle koruyun ve kullanın. Bu amaçla irade gücü verildi size.

Ne yazık ki, planlı olarak ya da cehalet sonucunda başka insanların zihnini olumsuz telkinlerle zehirleyenler için yasal bir ceza yoktur. Bu tür bir yıkım ağır hukuki yaptırımlarla cezalandırılmalıdır, çünkü bu şekilde insanın kanunla korunan maddi şeyleri kazanma şansı yok edilebilir ve sıklıkla da edilmektedir.

Olumsuz kafa yapısına sahip insanlar Thomas A. Edison'u insan sesini kaydedip yeniden duyuracak bir makineyi üretemeyeceği konusunda ikna etmeye çalıştılar, "Çünkü," diyorlardı. "Başka kimse böyle bir makine üretmedi şimdiye kadar." Edison onlara inanmadı. Zihnin düşünebildiği ve inandığı her şeyi üretebileceğini biliyordu ve bu bilgi Edison'u içinde bulunduğu kalabalığın üzerine çıkardı.

Olumsuz düşünce taşıyan kişiler F. W. Woolworth'e, beş, on sentlik satışlarla dükkân çalıştırmaya çabalarken meteliksiz kalacağını söylediler. Onlara inanmadı. Planlarını inançla desteklerse mantık sınırları içinde her şeyi yapabileceğini biliyordu. Başka insanların olumsuz telkinlerini kafasından uzak tutma hakkını kullanarak yüz milyon dolardan fazla bir servetin sahibi oldu.

Henry Ford kabaca üretilmiş ilk otomobilini Detroit sokaklarında denediğinde Thomases alaycı bir şekilde küçümsedi onu. Bazıları bu şeyin hiçbir zaman kullanışlı olmayacağını bazıları ise kimsenin böyle bir şey için para ödemeyeceğini söyledi. Ford, "Dünyayı güvenilir motorlu arabalarla kuşatacağım," dedi ve bunu başardı! Büyük zenginlik arayanların yararı için şu noktayı bir kez daha hatırlatalım: Henry Ford ve çalışanları arasındaki tek fark Ford'un bir zihni olması ve onu kontrol etmesiydi. Diğerlerinin de zihni vardı, ama kontrol etmeye çalışmıyorlardı.

Zihinsel kontrol özdisiplin ve alışkanlığın bir sonucudur. Ya zihninizi kontrol edersiniz ya da o sizi kontrol eder. Bu konuda yarı yarıya bir uzlaşma olamaz. Zihni kontrol etme yöntemleri arasında en pratik olanı belirli bir planla desteklenen kesin bir amaçla onu meşgul etmektir. Kayda değer başarılar kazanan insanların hayatlarını inceleyin, her birinin zihnini kontrol ettiğini göreceksiniz. Bu kontrol olmaksızın başarı mümkün değildir.

55 Klasik Mazeret

Başarılı olmayan insanların belirli bir ortak özellikleri vardır. Başarısızlık için gerekli bütün nedenleri bilirler ve kendi başarısızlıklarını açıklamak için geçerli mazeretleri vardır.

Bu mazeretlerin bazıları zekicedir ve birkaçı olgularla doğrulanabilir. Ne var ki mazeretler sizi başarılı yapmaz ve istediğiniz yere götürmez.

Bir karakter tahlilcisi en yaygın kullanılan mazeretlerin bir listesini yapmıştır. Listeyi okurken kendinizi dikkatle inceleyin ve bu mazeretlerin hangilerini kullandığınızı saptayın. Ayrıca bu kitapta sunulan felsefenin bu mazeretleri geçersiz kıldığını da unutmayın.

1. EĞER bir karım ve çocuğum olmasaydı...
2. EĞER yeterince gayretli olsaydım...
3. EĞER param olsaydı...
4. EĞER iyi bir eğitimim olsaydı...
5. EĞER bir iş bulabilseydim...
6. EĞER sağlığım iyi olsaydı...
7. EĞER zamanım olsaydı...
8. EĞER zamanlama daha iyi olsaydı...
9. EĞER diğer insanlar beni anlasaydı...
10. EĞER şartlarım daha farklı olsaydı...
11. EĞER hayatımı yeni baştan yaşasaydım...
12. EĞER başkalarının ne diyeceğinden korkmasaydım...
13. EĞER bana bir şans verilseydi...
14. EĞER şimdi bir şansım olsaydı...
15. EĞER diğerlerinin bana kini olmasaydı...
16. EĞER beni durduracak engeller olmasaydı...
17. EĞER biraz daha genç olsaydım...
18. EĞER gerçekten istediğim şeyi yapabilseydim...
19. EĞER zengin doğmuş olsaydım...
20. EĞER doğru insanlarla tanışmış olsaydım...
21. EĞER bazı insanların sahip olduğu yeteneklerim olsaydı...
22. EĞER girişken davranma cesaretim olsaydı...
23. EĞER geçmişteki fırsatları değerlendirmiş olsaydım...
24. EĞER insanlar benim sinirimi bozmasaydı...
25. EĞER eve ve çocuklara bakmak zorunda olmasaydım...
26. EĞER biraz para biriktirebilseydim...
27. EĞER patron beni takdir etseydi...
28. EĞER bana yardım edecek biri olsaydı...
29. EĞER ailem beni anlasaydı...
30. EĞER büyük bir şehirde yaşasaydım...

31. EĞER her şeye yeni başlamış olsaydım...
32. EĞER özgür olsaydım...
33. EĞER bazı insanların kişiliği bende olsaydı...
34. EĞER bu kadar şişman olmasaydım...
35. EĞER yeteneklerim bilinseydi...
36. EĞER elime bir "fırsat" geçseydi...
37. EĞER şu borçlarımdan kurtulsaydım...
38. EĞER başarısız olmasaydım...
39. EĞER nasıl yapacağımı bilseydim...
40. EĞER herkes bana karşı çıkmasaydı...
41. EĞER bu kadar çok endişelenecek şeyim olmasaydı...
42. EĞER doğru insanla evlenseydim...
43. EĞER insanlar bu kadar aptal olmasaydı...
44. EĞER ailem bu kadar savurgan olmasaydı...
45. EĞER kendimden emin olsaydım...
46. EĞER şans bana karşı olmasaydı...
47. EĞER yanlış yıldızın altında doğmasaydım...
48. EĞER bu kadar çok çalışmak zorunda olmasaydım...
49. EĞER olacak olanlar böyle olmasaydı...
50. EĞER paramı kaybetmemiş olsaydım...
51. EĞER başka bir mahallede yaşıyor olsaydım...
52. EĞER böyle bir "geçmişim" olmasaydı...
53. EĞER kendi işim olsaydı...
54. EĞER diğer insanlar beni dinleseydi...
55. EĞER*** ve içlerinde en önemlisi de budur... *eğer* kendimi olduğum gibi görme cesaretim olsaydı, *neyimin yanlış olduğunu bulur ve onu düzeltirdim.* O zaman hatalarımdan yararlanma fırsatı bulur ve diğerleriyle olan deneyimlerimden bir şeyler öğrenebilirim, çünkü bende yanlış giden bir şeyler olduğunu biliyorum, öyle olmasaydı şu anda, zayıflıklarımı analiz etmek için daha fazla ve

mazeret bulmak için daha az zaman harcasaydım istediğim yerde olurdum.

Başarısızlığı açıklamak için mazeret bulmak herkes için bir eğlencedir. İnsan ırkı kadar eskidir ve *başarı için çok tehlikelidir!* İnsanlar neden mazeretlerine sıkı sıkı yapışırlar? Cevap açıktır. Mazeretlerini savunurlar, çünkü onları kendileri yaratır! İnsanın mazereti kendi hayal gücünün ürünüdür. Kendi buluşunu savunması insanın doğası gereğidir.

Mazeretler bulmak kökleri derine uzanan bir alışkanlıktır. Alışkanlıkların bırakılması zordur, özellikle yaptığımız bir şeyi haklı gösteriyorlarsa. Plato, "Birinci ve en iyi zafer insanın benliğini fethetmesidir. Benliğin insanı fethetmesi ise en utanç verici ve en kötüsüdür," dediğinde aklında bu vardı.

Başka bir filozof, "Diğer insanlarda gördüğüm çirkinliklerin kendi yapımın bir yansıması olduğunu keşfetmek benim için çok şaşırtıcı oldu," derken aklında yine aynı düşünce vardı.

"İnsanların neden zayıflıklarını örtmek için mazeretler uydurarak kendilerini kandırmakla bu kadar çok zaman harcadıkları benim için hep merak konusu olmuştur," diyor Elbert Hubbard. "Oysa bu kadar zaman zayıflığın iyileştirilmesi için yeterli olur ve mazeret aramaya gerek kalmazdı."

Veda ederken size şunu hatırlatmak istiyorum: "Hayat bir satranç tahtasıdır ve karşınızdaki rakibiniz zamandır. Eğer harekete geçmeden önce tereddüt eder ya da hemen harekete geçmeyi ihmal ederseniz tahtadaki piyonlarınız zaman tarafından alınacaktır. Kararsızlığa tahammül edemeyen bir rakibe karşı oynuyorsunuz!"

Daha önce, hayatın neden istediğiniz şeyi size vermediği konusunda mantıklı bir bahaneniz olabilirdi, ancak bu bahane artık geçerli değil, çünkü artık hayatın zenginliklerine giden kapıyı açan asıl anahtar var elinizde.

Bu anahtar elle tutulamaz, ama çok güçlüdür! Belirli bir zenginlik şekli için *zihninizde* ateşleyici bir arzunun yaratılması ayrıcalığıdır bu. Anahtarın kullanılmasıyla ilgili bir ceza yok, ama eğer kullanmazsanız ödemeniz gereken bir bedel var. Bu bedel başarısızlıktır. Eğer anahtarı kullanırsanız çok büyük bir ödül var. *Kendini fetheden ve hayatı istediği şeyi vermesi için ısrar eden* herkese sunulan tatmin ödülüdür.

Ödül çabanıza değer. Bir başlangıç yapıp ikna olacak mısınız?

"Eğer bir bağımız varsa," demişti Emerson. "Tanışacağız." Kapanışta bu düşünceyi ödünç alıp, "Eğer bir bağımız varsa, bu sayfalarda tanıştık," demek istiyorum.

AKILDA TUTULMASI GEREKEN NOKTALAR

- Korkular ortaktır ve bazıları haklı gösterilebilir. Ama korku tohumunu büyüten kararsızlık ve şüpheden kurtulmadığınız takdirde bu tohumlar kök salıp siz farkında olmadan büyüyebilir.
- Kullandığınız mazeretler sizin hakkınızda çok şey söyler. *Siz Düşünüp Zenginleştikçe* size engel olacak hiçbir mazerete gereksiniminiz yoktur.
- Zenginliği parasal olarak ve -paranız mutluluk, uzun bir hayat, eğlence, huzur bulmanıza yardımcı olsa da- parayla ölçülemeyen şekillerde elde edebilirsiniz.
- Korkuyu yenip korkunun neden olduğu bütün hastalıklardan kurtulduğunuzda en değerli hazine, yani sağlıklı olmak sizindir. Hayatın en büyük hazineleri uzanıp onları almanız için sizi bekliyor!
- Korkusuz insan uzak ufuklarda başarılı olur.

BOB PROCTOR HAKKINDA
(Life Success Şirketler Grubu Yönetim Kurulu Başkanı
Uluslararası Konuşmacı ve Yazar)

Son 40 yılın en tanınmış koçu ve başarı uzmanı olan Bob Proctor, tanıdığınız birçok uluslararası yazarın ve eğitmenin hocası ve mentörüdür.

40 yıldan uzun bir süredir Bob Proctor tüm gücünü insanların hayatlarında daha iyi sonuçlar alabilmeleri, daha başarılı, daha zengin, daha sağlıklı ve daha mutlu bir hayata sahip olabilmeleri için gerekli bilgileri anlatmakla geçirmektedir. Yirmili yaşlarının ortasında, Napoleon Hill'in *Düşün ve Zengin Ol* kitabı ile tanıştığı bilgilerle hayatını tersine çevirdi ve büyük zenginlikler kazandı. Bütün dünyayı dolaşarak binlerce insanın başarıya ve zenginliğe ulaşmasını sağladı. Kurumsal hayatta da birçok şirkete danışmanlık yapan Bob Proctor'un müşteri listesinde RE/MAX, IBM, Volkswagen, Proctor&Gamble, Malezya Havayolları, Birleşik Devletler Çelik Grubu, Metropolitan Sigorta gibi dünyanın önde gelen birçok şirketi dikkat çekiyor. Bob Proctor Life Success Şirketler Grubu ile büyümeyi, öğrenmeyi ve daha çok insanla bu evrensel bilgileri paylaşmayı amaçlamaktadır.

"Sahneden bakarken görüyorum, değişik meslek, değişik gelir seviyelerinden gelen insanlar aniden kavrıyorlar, sanki odada parlak bir ışık aniden yanmış gibi. Bir anda gözleri bana her şeyi söylüyor. Artık neyi bildiklerini biliyorlar. 40 yıldan sonra bile o an benim için nefes kesici oluyor, çünkü o anda birinin hayatı değişiyor."

Bob Proctor

TİMUR TİRYAKİ HAKKINDA

Boğaziçi Üniversitesi Endüstri Mühendisliği Bölümü'nü bitirdikten sonra Procter & Gamble Satış'ta kariyerine başladı. Intel'e Pazarlama Müdürü olarak transfer oldu. Sıradışı pazarlama aktiviteleri ile Intel'de Avrupa çapında ve dünya çapında birçok ödül kazandı. 1999 yılından bu yana düşünce gücü, farkındalık, yaratıcılık, çekim yasası ve meditasyon alanlarında yaptığı araştırmalarını iş hayatına aşılayan eğitimler geliştirerek birçok insanın hayatını değiştirdi. Kişisel gelişim alanında dünya çapında tanınan uzmanlardan eğitim almış ve birlikte çalışmış olup Bob Proctor'un Türkiye danışmanı ve ortağıdır. Bob Proctor'un mentörlüğünde uluslararası bir koç olma yolunda hızla ilerleyen Timur Tiryaki'nin en büyük tutkusu başarıyı, parayı ve üretkenliği, içsel bütünlük, huzur ve evrensel yasalar ile bir araya getirmektir.

KARAR VERİN VE HAREKETE GEÇİN

Şu andaki hayatınıza baktığınızda nasıl hissediyorsunuz? Sonuçlarına bir bakın...

Kazandığınız parayı, mutluluk seviyenizi, tatmin seviyenizi yükseltmek ister miydiniz?

Şimdiye kadar sahip olduğunuz inançlarınız sizi buraya getirdi ve artık şu anda aldığınız sonuçlardan farklı sonuçlar, daha iyi sonuçlar almak istiyorsanız, şu anda yaptığınızdan farklı bir şeyler yapmanız lazım. Yeni bir bakış açısı, yeni inanç kalıpları edinmeniz lazım ve bunu uygulamaya geçirerek içselleştirmeniz lazım. Yeni bir bakış açısı edinmeniz için gerekli temel bilgileri bu kitapta okudunuz. Bu bilgileri özümsemek ve hayatınızda uygulamaya geçirebilmek için bizimle temasa geçmenizi, eğitimlerimize katılmanızı veya profesyonel koçluk ekibim ile birebir çalışmanızı öneriyorum.

Hepinize sonsuz başarı ve mutluluk diliyorum.

Timur Tiryaki

- Bir Yaşam Koçu'yla birebir çalışmak ve hayatınıza yön vermek istiyorsanız,
- Bob Proctor Sertifikalı Profesyonel Yaşam Koçlarından olmak ve insanların hayatlarına yardımcı olmak istiyorsanız,
- Şirketinize düşünce yönetimi, farkındalık ve başarı eğitimleri vermemizi istiyorsanız,
- Bir yönetici olarak koçluk becerilerinizi geliştirmek, takımınızın performansını ve motivasyonunu yükseltmeyi öğrenmek istiyorsanız,
- Toplantılarınıza motivasyon ve başarı katacak profesyonel bir konuşmacı arıyorsanız,

Hemen bizimle temasa geçin:

www.basariakademisi.com